基于有机生长理论的
长株潭城市群空间结构研究

RESEARCH ON SPATIAL STRUCTURE OF CHANGSHA–ZHUZHOU–XIANGTAN URBAN
AGGLOMERATION BASED ON THE ORGANIC GROWTH THEORY

朱 政 著

湖南师范大学出版社

图书在版编目（CIP）数据

基于有机生长理论的长株潭城市群空间结构研究／朱政著 . —长沙：湖南师范大学出版社，2016.6

ISBN 978 - 7 - 5648 - 2486 - 0

Ⅰ.①基… Ⅱ.①朱… Ⅲ.①城市群—空间结构—研究—湖南省 Ⅳ.①F299.276.4

中国版本图书馆 CIP 数据核字（2016）第 111503 号

基于有机生长理论的长株潭城市群空间结构研究

朱 政 著

◇组稿编辑：黄道见

◇责任编辑：黄道见

◇责任校对：徐江涛

◇出版发行：湖南师范大学出版社

　　　　　　地址／长沙市岳麓山　邮编／410081

　　　　　　电话／0731.88873071　88873070　传真/0731.88872636

　　　　　　网址/http：//press. hunnu. edu. cn

◇经销：新华书店

◇印刷：湖南雅嘉彩色印刷有限公司

◇开本：710mm×1000mm　1/16

◇印张：13

◇字数：220 千字

◇版次：2016 年 6 月第 1 版　2016 年 6 月第 1 次印刷

◇书号：ISBN 978 - 7 - 5648 - 2486 - 0

◇定价：38.00 元

凡购本书，如有缺页、倒页、脱页，由本社发行部调换

本社购书热线：0731.88872256　88872636

投稿热线：0731.88872256　13975805626　QQ：1349748847

前 言

　　有机生长理论原本是生物学的一种理论，但已被应用于城市规划学的研究中。该理论认为，城市和城市群与生物细胞具有类似的生长方式，均能分为孕育、萌芽、发育、成熟等生长阶段。随着时间的变迁，城市和城市群的空间结构将发生一定变化，但一般不会偏离一定的方向和范围。这些方向和范围实际上就是城市和城市群有机生长的内在规律。对这些规律进行透彻的研究，就能准确把握城市和城市群空间结构的内在发展机制，为制定科学的优化方案打下基础。

　　近年来，随着工业化和城镇化进程不断加快，城市群已经成为了我国城市化的主要力量。与国外的大都市带、都市区相比，我国的城市群具有显著的特征，主要表现在城市之间留有生态区、城乡分野明显、城市群中存在职能等级结构等方面。在这些特征的影响作用下，我国城市群具有相对清晰的空间结构。建立城市群有机生长理论，对空间结构的形成、发展、演化、影响进行研究，有利于我们准确把握中国城市群发展的内在规律。

　　长株潭城市群位于我国中部地区，是我国资源节约型、环境友好型社会建设的重点示范区，目前正处于快速发展的阶段，亟须科学地引导和优化。对长株潭城市群展开研究，与对沿海地区已成熟的城市群展开研究相比具有更大的实际价值。本书在参考国内外有机生长理论、城市群空间结构相关理论和研究方法的基础上，利用要素分析、空间分析对长株潭城市群空间结构的现状和历史特征进行分析，并利用动态模拟法对其未来发展态势进行预测。以此为依据制定了空间结构的优化方案，并针对优化方案提出了一系列的保障措施。本书试图以长株潭城市群空间结构的研究，证明有机生长理论应用于中国城市群的可能性，丰富城市群空间结构研究方法论，并为研究中国城市群的学者提供思路和方法上的参考。

本书分为十大部分。第一部分主要阐述本书的研究背景、理论价值、实践价值以及主要研究思路。第二部分主要介绍与本书相关的国内外研究动态，并明确城市群有机生长理论的概念和内涵。第三部分主要建立城市群有机生长理论体系，并对相关理论来源进行梳理。第四部分主要分析长株潭城市群的交通区位、历史沿革、发展背景，以及城市、产业、经济、社会等方面的发展现状。第五部分利用要素分析对长株潭城市群的空间结构现状进行研究。第六部分利用方格网分析法、离心分析法对长株潭城市群进行空间分析，归纳出长株潭城市群的有机生长趋势，并对空间结构模式进行判定。第七部分以动态模拟法对长株潭城市群的有机生长趋势进行模拟，对空间结构演变进行预测，演绎 2020 年、2030 年长株潭城市群的发展态势。第八部分对长株潭城市群进行主体功能分区，制定科学合理、符合全局利益的长株潭城市群空间结构优化方案和有机生长优化方案。第九部分依据优化方案提出相应的保障对策。第十部分对本书的研究进行总结，归纳出主要借鉴意义和下一步研究的重点。

朱　政

2016 年 5 月

目 录

第一章　导论

第一节　选题的背景与意义

一、研究的背景

20 世纪以来，随着经济的快速发展和交通技术的不断提升，世界城市化的方式发生了显著的转变[①]。原本孤立发展的城市，经由高速公路、铁路、航空交通等途径产生了密切的联系。同时，金融证券、保险信托等现代服务业的快速发展，使得城市之间的协作不断加强。在此背景下，世界上一些地区中多个城市之间的联系和协作不断加深，形成某种固定关系，在经济发展方面或空间结构方面呈现出整体化、系统性的特征。于是就形成了城市群（Urban Agglomeration）[②]。城市群自诞生以来，一直作为世界城市化的主流力量和区域发展的主体增长极，在国际竞争中扮演重要角色。

20 世纪 80 年代后，随着经济全球化进程的日益加速，世界城市化的重心逐渐由欧美发达国家向亚洲、非洲、拉美等发展中国家转移[③]。改革开放后的中国把握住这个机遇，实现了城市化的飞跃式发展[④]。至 2010 年，中国已形成 13 个主要的城市群，分别是：长三角城市群、珠三角城市群、京津唐城市群、辽中南城市群、成渝城市群、北部湾城市群、山东半岛城市

---

① 姚士谋. 中国的城市群 [M]. 合肥：中国科技大学出版社，1995：33.
② 姚士谋. 我国城市群区战略规划的关键问题 [J]. 经济地理，2008（4）：529 – 534.
③ 吴缚龙，等. 转型与重构中国城市发展多维透视 [M]. 南京：东南大学出版社，2007：106.
④ 郑伯红. 现代世界城市网络化模式研究 [M]. 长沙：湖南人民出版社，2005：88 – 102.

群、海峡西岸城市群、环鄱阳湖城市群、大武汉城市群、关中天水城市群、中原城市群和长株潭城市群①。这 13 个城市群覆盖我国 22 个省、直辖市、自治区和特别行政区，在我国经济增长、产业发展、社会建设等方面起着举足轻重的作用。作为我国实现经济又好又快发展，全面建设小康社会的主要场所，在近年来的发展过程中，这些城市群大多经济增长迅速，城市快速扩张，并形成了强有力的主导产业，成为所在区域的主体增长极。但不可忽略的是，部分城市群在保持高速经济增长的同时，忽视了对资源的合理利用和对环境的保护，以牺牲环境质量为代价换来更快的发展速度，造成城市环境质量下降、水体污染超标、生态绿地急剧减少等一系列问题。这与我国坚持科学发展观，实现可持续发展的战略精神是不符合的②。因此，如何在维持城市群发展速度的同时降低资源能源消耗，保护生态环境，成为了学者、管理者、决策者共同关心的焦点问题。

长株潭城市群位于我国中部地区，湖南省中部偏东，核心区包括长沙、株洲、湘潭三个城市，是我国内地的重要城市群之一。2007 年 12 月，长株潭城市群获国务院批准成为"资源节约型、环境友好型社会建设综合配套改革实验区"（简称两型社会建设实验区）③，明确了长株潭城市群的发展方向，即在坚持合理高效使用资源，严格保护环境的前提下实现又好又快的发展。在此背景下，长株潭城市群必须利用有限的资源和空间去创造最大的经济、社会效益。同时，还必须对基础设施布局、城市建设、产业发展方向进行合理安排，在日益激烈的竞争中获得优势。这就要求从空间结构的层面对长株潭城市群制定科学的规划，对其生长方向进行合理引导，在坚持"两型"特色的同时保持城市群的高速发展④。

20 世纪 90 年代以来，我国许多城市群制定了发展的空间规划。但从近 20 年的发展历程来看，部分城市群并未按照空间规划中的方向发展，某些城市群按照空间规划发展建设，却未得到预期的效果，某些城市群甚至完全

---

① 迟福林. 城市化时代的转型与改革 [M]. 北京：华文出版社，2010：30.

② Friedmann J，Wolff G. World City Formation：An Agenda for Research and Action [M]. London：Royal Prime Press，1982：42 – 51.

③ 叶舜赞. 城市化与城市体系 [M]. 北京：科学技术出版社，1994：22.

④ Lo FC，Yeung YM. Emerging World Cities in Pacific Asia [M]. Tokyo：United Nations University Press，1996：32 – 36.

抛弃了空间规划，进行自由发展①。对城市群空间规划进行观察可以发现，这些规划往往编制得十分细致，对城市建设、产业发展、基础设施布局都有详细的安排，对于未来发展也制定了近期和远期的规划。但值得注意的是，这些规划的立足点往往只是规划编制当时城市群的发展现状，对于城市群未来发展的规划仅是基于一个时间截面来进行，忽略了城市群发展的历史进程以及自然生长趋势。这样编制的空间规划，往往违背了城市群的总体生长趋势，使各项建设事倍功半，难以对城市群未来发展起到正确的引导作用②。本书的研究旨在以长株潭城市群为例，研究城市群的历史发展脉络，把握城市群的有机生长趋势，并在尊重生长内在规律的同时对城市群空间结构进行优化调整，实现城市群又好又快发展。并试图以有机生长理论在长株潭城市群的应用，寻求一条适合中国城市群的空间规划道路。

二、研究的理论意义

第一，提出系统性的城市群有机生长理论（The Organic Growth Theory of the Urban Agglomeration）。本书对生态学、建筑学、城市规划学中的各类相关理论和学派进行广泛借鉴，归纳出与建筑、城市、城市群有机生长相关的理论精髓。在此基础上，试图提出城市群有机生长理论并构建其理论体系。该理论认为，城市与城市群的发展过程类似于生物体，具有诞生、扩张、形成联系、加速膨胀等有机生长阶段。如果在生长过程中给予正确的引导和培育，城市与城市群就能以健康的趋势生长。如果在生长过程中给予不正确的规划和过度的干预，就难以保持其健康生长，并带来更高的资源、环境成本。本书在结合国内外建筑学、城市规划学等相关理论的基础上，进一步丰富了有机生长理论的内涵，使其更适于中国城市群的研究。如果本书中能以有机生长理论对长株潭城市群的发展历程进行科学解释，对其未来发展趋势进行准确预测，则能为中国城市群研究提供一种新的思路。

第二，提出城市群有机生长理论的整套研究方法。本书试图利用多种世界前沿的研究方法，结合中国城市群实际情况，创造出能准确分析中国城市群空间结构的研究方法体系。本书的研究方法包括三大层次，即要素分析、空间分析和动态模拟预测。其中，要素分析主要利用 SPSS 软件对城市群的

① 郑伯红，陈瑛. 重庆大都市区 CBD 系统演变的机制与规律 [J]. 经济地理，2004（1）：48-52.

② 丁晓宇. 中国崛起方略——八大城市集群规划 [M]. 北京：中国文联出版社，2007：63.

城市和各级城镇进行数理分析；空间分析旨在利用方格网分析法（Analysis of Gird Cells）、离心分析法（Analysis of Centrifugal）对城市群各个历史阶段的发展状态进行分析，并得出有关城市群发展趋势方面的结论[①]；动态模拟法主要依据城市群现行发展趋势，利用动态模拟模型预测出城市群未来的生长趋势。本书利用的方法能把握一个城市群现行与未来的生长趋势，这在国内外城市群研究中尚不多见，有助于丰富中国城市群研究方法论。

三、研究的实践意义

第一，指导城市群空间规划编制。本书提出的城市群有机生长理论以及相关的研究方法，能对中国城市群空间规划及产业规划、管制规划的编制起到一定的指导作用。如果能采取本书的相关方法对城市群生长趋势展开研究，把握其总体发展脉络，并在顺应其有机生长趋势的条件下提出科学合理的优化方案，就能在较低的资源环境成本下实现城市群职能体系的优化、产业功能的合理配置、基础设施的集约利用、交通网络的通达便捷，充分保证城市群的快速高效发展。

第二，引导城市群产业的发展与布局。本书将对城市群有机生长和资源节约、环境友好社会建设之间的关系进行详细的研究。试图以长株潭城市群为例，针对城市群内部各个区域的现实条件和发展趋势，制定针对性强的产业发展导向。站在整个城市群的高度，明确现代农业、先进制造业、生产性服务业、生活性服务业、旅游业等产业的空间布局模式和建设要点，从而保证城市群产业的优化布局、高效发展。

第三，提出保障城市群空间结构优化的对策措施。本书针对保持长株潭城市群的优化生长提出了一系列对策措施，涵盖城市规模控制、土地开发导则、环境保护原则、服务型政府建设、财税支持体系、信息平台构建、科技产业化等方面，致力于全方位地实现城市群空间组织和管理模式的优化。本书提出的对策措施对于中国内地的其他城市群亦具备一定的参考意义，能够为城市群的发展和管理提供政策指导。

四、研究的主要价值

本书的主要价值在于三个方面：

---

① Monzon, Andres, Cascajo, et al. Metropolitan Mobility in Spain 2002—2005 ［J］. Public Transport International, 2007 (4)：40 –43.

第一，丰富中国城市群研究的相关理论。目前城市群的发展已成为中国城市化的主流力量。研究城市群及其空间结构，比研究单个城市更能宏观地把握城市发展的实质，从而为中国未来城市化的发展提供理论支撑和实践依据。本书试图通过以城市群有机生长理论研究长株潭城市群空间结构，深入挖掘中国城市群发展的内在规律，从而进一步丰富中国城市群研究的相关理论。

第二，推进中国城市群规划水平提升。随着城市群的加速发展，城市群规划已被提上各地方政府的议事日程。由于我国城市群发展起步较晚，城市群规划尚处于初期阶段，在指导思想、规划手法、对策措施等方面与国际前沿水平尚有一定差距。本书的研究有利于将国际前沿理论与中国城市群有机结合，创造出具有针对性的方法论体系，从而为国内城市群规划的编制提供参考。

第三，推动中国城市群的"两型"社会建设。目前，资源节约型、环境友好型的"两型"社会建设是我国城市群发展的主要目标。本书提出的有机生长理论旨在引导城市群的合理扩张和高效发展，避免重复投资和资源浪费，以较小成本实现城市群空间结构的优化，从而使城市群的发展具备资源节约和环境友好的"两型"特色。同时，本书将提出一系列关于城市规模控制、产业选择、环境保护等方面的对策措施。本书提出的理论和对策措施，都将在一定程度上推动中国城市群的"两型"社会建设。

第二节　研究的内容与结构

一、研究的总体思路

本书以科学发展观、"两型社会"建设理论为核心，以新型工业化、新型城镇、循环经济、低碳经济、又好又快发展为指导思想①，试图将国际前沿理论与中国城市群研究实践相结合，创造出具有中国特色的城市群有机生长理论，依据该理论对长株潭城市群的空间结构进行研究，对其生长趋势进

---

① 杜黎明. 主体功能区区划与建设——区域协调发展的新视野 [M]. 重庆：重庆大学出版社，2007：102.

行预测，并提出科学合理的优化方案及对策。本书的研究可分为五大部分，分别是：理论研究、现状研究、要素与空间分析、发展预测、优化方案与对策。

理论研究：对国内外有机生长理论和城市群空间结构相关理论进行梳理，对国内外研究现状、趋势以及本书的理论基础进行综述。对相关的理论进行梳理和提炼。最后，在充分结合中国城市群发展实际的背景下，系统地提出城市群有机生长理论。

现状研究：对本书研究对象长株潭城市群发展的政策背景、区位条件、经济增长、产业发展、城市建设等情况进行分析和评价，并对基础资料和数据进行初步处理和分析，作为下一步研究的基础。

要素与空间分析：为本书的核心部分，分为要素分析、空间分析两大层面。其中要素分析以数据资料为基础，采取主成分分析、聚类分析等方法，以行政单元为单位对长株潭城市群进行分析，旨在归纳各行政单元的发展差异及特征。空间分析采用方格网分析、离心分析等方法，以单元格为单位对长株潭城市群进行分析，旨在归纳其发展、演变的总体特征。在此基础上，结合要素分析和空间分析两方面的结论，归纳长株潭城市群空间结构模式特征及生长趋势。

发展预测：立足于要素与空间分析的结论，依托有机生长理论的思路，利用动态模拟法对长株潭城市群未来 20 年的发展态势进行预测，作为空间有机生长优化方案制定的重要参考。

优化方案与对策：在发展预测的基础上，依据上述分析的结论，为长株潭城市群制定科学合理的空间结构、有机生长优化方案。同时，提出一系列保障优化方案顺利、高效实施的政策措施。为长株潭城市群未来发展提供指导与参考。

二、研究的主要内容

本书拟将城市群有机生长理论与中国城市群实际相结合，从数理分析、空间分析两个角度对长株潭城市群空间结构进行研究，明确其生长趋势和历史演变特征，并预测其未来发展趋势，为长株潭城市群提出科学合理的空间结构、有机生长优化方案和对策措施。

本书的主要内容分为十章：

第一章为导论，主要阐述本书的研究背景、理论价值、实践价值，研究的内容和结构，研究采用的主要方法以及研究的基本概念的界定。

第二章为文献综述，主要介绍与本书相关的国内外研究动态，包括技术学派、田园学派、经济地理学派等主流理论，主要研究方法，前沿理论以及研究趋势。

第三章为理论体系构建，对城市群有机生长理论的相关理论知识进行梳理，对理论来源进行介绍，并构建理论框架，提出主要观点。

第四章为发展现状分析，主要分析长株潭城市群的交通区位、历史沿革、发展背景，以及城市、产业、经济、社会等方面的发展现状，并作出评述。

第五章为要素分析，利用 SPSS 软件的主成分分析（Analysis of Principal Components）、系统聚类分析（Analysis of Hierarchical Cluster）对长株潭城市群 8 个地级市和下辖的县、市、区在 20 个方面的指标数据进行分析，得到有关城镇职能等级结构、功能分区、产业发展格局等方面的结论。

第六章为空间分析，利用方格网分析法、离心分析法对长株潭城市群进行空间分析，得到城乡、区域、人口密度、污染程度的方格网分布图和离心曲线图。结合上述分析，得出有关城镇扩张趋势、空间结构模式等方面的结论，并归纳出长株潭城市群的有机生长趋势。

第七章为动态模拟预测，依照城市群有机生长理论，以动态模拟法对长株潭城市群的有机生长趋势进行模拟，对空间结构演变进行预测。绘制出城市群有机生长的三维动态模拟图，演绎 2020 年、2030 年长株潭城市群的发展态势。

第八章为空间结构优化方案，在综合分析和发展预测的基础上，对长株潭城市群进行主体功能分区，并制定科学合理、符合全局利益的长株潭城市群空间结构优化方案和有机生长优化方案。对优化方案带来的影响进行动态模拟预测，并对预测结果进行评价。

第九章为优化保障政策，依据优化方案提出相应的保障对策。涵盖城市规模控制、土地开发导则、环境保护原则、服务型政府建设、基础设施建设、产业门槛设置、产业经济带打造、国际化发展等方面。

第十章为结论，对本书的研究进行总结，归纳出主要结论、创新点和下一步研究的问题。

三、研究的技术路线

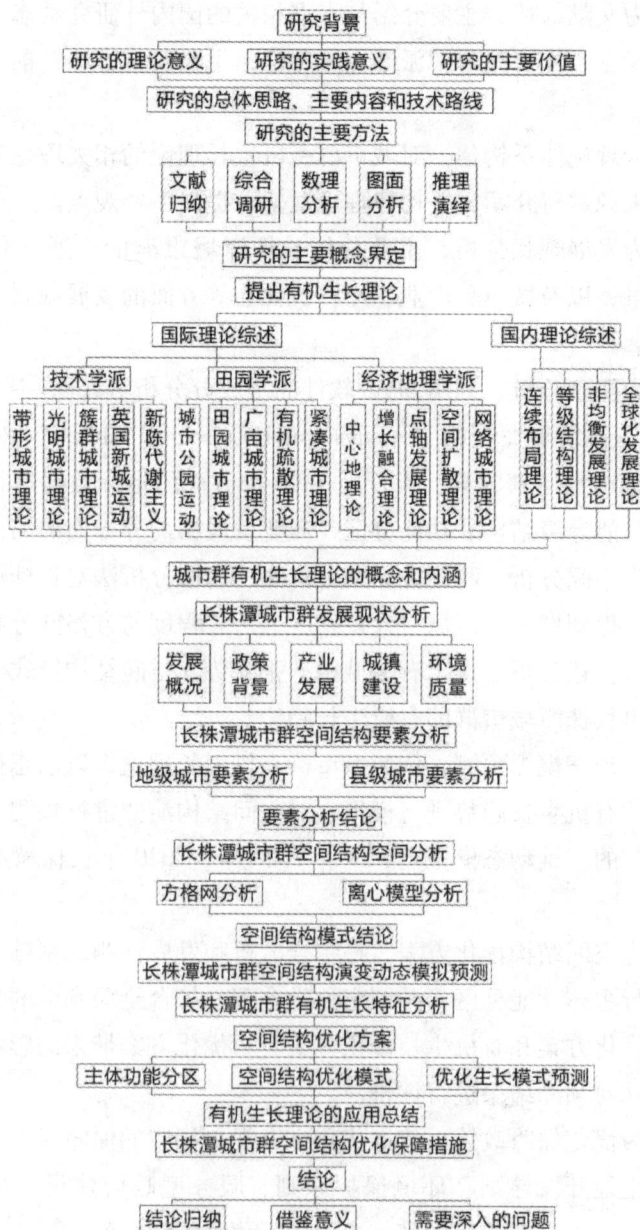

研究背景

研究的理论意义　研究的实践意义　研究的主要价值

研究的总体思路、主要内容和技术路线

研究的主要方法

文献归纳　综合调研　数理分析　图面分析　推理演绎

研究的主要概念界定

提出有机生长理论

国际理论综述　　　　　　　国内理论综述

技术学派　　田园学派　　经济地理学派

带形城市理论　光明城市理论　簇群城市理论　英国新城运动　新陈代谢主义　城市公园运动　田园城市理论　广亩城市理论　有机疏散理论　紧凑城市理论　中心地理论　增长融合理论　点轴发展理论　空间扩散理论　网络城市理论　连续布局理论　等级结构理论　非均衡发展理论　全球化发展理论

城市群有机生长理论的概念和内涵

长株潭城市群发展现状分析

发展概况　政策背景　产业发展　城镇建设　环境质量

长株潭城市群空间结构要素分析

地级城市要素分析　　　县级城市要素分析

要素分析结论

长株潭城市群空间结构空间分析

方格网分析　　　　离心模型分析

空间结构模式结论

长株潭城市群空间结构演变动态模拟预测

长株潭城市群有机生长特征分析

空间结构优化方案

主体功能分区　空间结构优化模式　优化生长模式预测

有机生长理论的应用总结

长株潭城市群空间结构优化保障措施

结论

结论归纳　　借鉴意义　　需要深入的问题

图 1-1　本书的技术路线图

第三节　研究采用的主要方法

一、综合调研法

本书对长株潭城市群中的 8 个地级市以及下辖的 64 个县、市、区级行政单位进行综合调研。调研涵盖经济发展、城镇建设、对外联系、人民生活、科教水平五大部分，主要调查 20 余个方面的数据。在调查的过程中，对各市、县、区的统计局、规划局、国土局、建设局等相关部门进行走访，以获得详尽的数据和研究素材，并听取负责领导和管理人士的意见与建议。同时，搜集各市、县、区的行政区划图、城市总体规划中的不同时期用地现状图、卫星遥感地形图等图件资料。

二、文献归纳法

本书拟对国内外有机生长理论、城市群空间结构理论进行一次较为全面的梳理，从而形成自身的理论基础。通过查阅 60 篇以上 SCI、EI 期刊的外文文献和 100 篇以上 CSCD、CSSCI 期刊的中文文献，总结当代国内外有机生长理论、城市群空间结构研究的相关理论和方法，为城市群有机生长理论体系的构建和总体思路的形成打下基础。

三、要素分析法

本书利用 SPSS 软件对长株潭城市群中 8 个中心城市和 64 个市、县、区级行政单位的数据指标进行要素分析。首先，利用主成分分析法对中心城市进行分析，找出有效主成分，并将其乘以各自的权重，得出中心城市在各个主成分中的评分。并将各个主成分的评分进行加权综合，得出各个中心城市的综合得分。其次，利用系统聚类分析，对中心城市在各个主成分中的评分和综合得分进行聚类，从而明确中心城市的职能等级结构。下一步，利用类似的方法，对 64 个市、县、区进行主成分分析和系统聚类分析，明确整个城市群的空间结构特征。

四、空间分析法

本书将利用方格网分析法和离心分析法，对长株潭城市群空间结构的发展趋势进行研究。方格网分析法的步骤为：首先，在长株潭城市群区域中建立基准方格网①，方格网由 6808 个单元格组成，南北长 92 个单元格，东西宽 74 个单元格，每个单元格均为边长为 5 公里的正方形，面积为 25 平方公里，之后，依据该方格网，对 1980、1990、2000、2010 年四个时间段的长株潭城市群的建成区变迁、人口密度变迁进行分析，并按照一定的判定原则对各时期的方格网图进行分色标注。离心分析法的步骤为：首先，明确各个城市的发展中心，建立离心模型，并依据方格网图建立各城市群的离心曲线图；之后，通过对方格网图和离心曲线图的分析，明确长株潭城市群有机生长的总体趋势和空间结构的演变特征。

五、动态模拟预测法

本书将在要素和空间分析的基础上，确定动态发展常数，建立动态模拟模型。之后，依据历史发展趋势，利用动态模拟模型构建三维的动态模拟曲线图和空间发展趋势图，并演绎未来 20 年长株潭城市群的有机生长趋势和空间结构模式。在此基础上制定的空间结构优化方案，更能顺应长株潭城市群生长的内在趋势，符合其发展的长远利益。

第四节　研究的基本概念界定

一、城市群的概念界定

城市群（Urban Agglomeration）起初是一个广义的概念，泛指各种由多个城市组成的综合体。由于城市群的形成机制和发展动力不同，在空间结构上的差异也很明显。举例来说，美国 20 世纪 60 年代以后形成的波士华（Boswash）、芝匹兹（Chipitts）、圣圣（Sansan）城市群均由数个大型城市

---

① Richard Walker. Industry Builds the City：The Suburbanization of Manufacturing in the San Francisco Bay Area, 1850—1940 ［J］. Journal of Historical Geography, 2001（1）：36 – 57.

及其周边的中小城镇共同组成。这些城市群中，城镇化程度相当高，城镇呈带状绵延分布，城乡分野不明显，故又称为大都市绵延带（The Megalopolis）①。英国的大伦敦都市区（Mega London Metropolitan）、日本的东京城市圈（Tokyo Metropolitan）等城市群由一个大型的核心城市和周边若干个副中心、组团城市共同组成，城镇分布呈同心圆状、树枝状或网络状。这些城市群中的核心城市占有绝对优势，对区域发展有明显的引领作用，故而又称为大都市区（The Metropolitan）②。这些大都市绵延带与大都市区承载了重要的政治、经济、产业功能，作为所在地区的主体增长极，对周边区域产生强有力的辐射带动作用。但同时也由于城市规模过大、分布过密产生了一系列城市问题，如交通拥挤、环境污染严重等，因此并不为当代学界所提倡。

城市群（Urban Agglomeration）这一概念在国内外学界的运用更为广泛，并有了新的定义③。主要指在一定区域范围内由多个城市组成，城市彼此之间保持一定空间距离且联系紧密，具有明显职能等级结构的城镇综合体。这种城镇综合体在欧美发达国家、亚非拉美发展中国家都存在着，且在区域城镇化的进程中占据主导地位。与大都市绵延带、大都市区相比，城市群的生长状态具有更强的理性，在发展过程中具备更高的可塑性。彼得霍尔（Peter Hall，2004）等学者指出，城市群已成为当代世界城镇化发展的主流力量④。

我国的城市群与欧美国家的大都市绵延带、大都市区在空间结构上有较明显的差异。姚士谋（1998）指出，中国与欧美城市群的主要差异反映在各城市建成区不相连，城市之间留有生态和农业用地，城镇等级结构较明显等方面。中国城市群不具备大都市绵延带或大都市区的特征，与城市群（Urban Agglomeration）这一概念则十分类似⑤。因此，中国大部分的城市群

---

① Roberto Camagni, Maria Cristina Gibelli, Paolo Rigamonti. Urban Mobility and Urban Form: The Social and Environmental Costs of Different Patterns of Urban Expansion [J]. Ecological Economics, 2002 (2): 199 – 216.

② Mohammad A Qadeer. Urbanization by Implosion [J]. Habitat International, 2004 (2): 1 – 12.

③ Alisson F Barbieri, David L Carr. Gender-specific Out-migration, Deforestation and Urbanization in the Ecuadorian Amazon [J]. Global and Planetary Change, 2005 (7): 99 – 110.

④ Peter H Verburg, Ton C M de Nijs, Jan Ritsema van Eck, et al. A Method to Analyse Neighbourhood Characteristics of Land Use Patterns [J]. Computers, Environment and Urban Systems, 2004 (6): 667 – 690.

⑤ 姚士谋. 沪宁杭地区城市群发展规划探索 [J]. 长江流域资源与环境, 2005 (3): 32 – 35.

都应沿用 Urban Agglomeration 这一名词。

本书的研究对象长株潭城市群（The Changsha-Zhuzhou-Xiangtan Urban Agglomeration），区域范围内共有 8 个主要城市，40 余个中小城镇。这些城镇的建成区基本不相连，彼此之间有生态区域分隔，城乡分野明显，与目前国内外城市群的定义十分符合，并且在未来一段时间内也难以发展成为连片分布的大都市绵延带或大都市区。因此，本书中将长株潭城市群作为一个典型的城市群（Urban Agglomeration）加以考虑①。

二、有机生长理论的概念界定

有机生长理论最初来源于生物学。生物学中的有机生长理论是一个相对复杂的理论体系，其核心内容为：所谓有机生长，指的是在一定条件下，生物体积和重量逐渐增加，由小到大的过程。动植物细胞中的 DNA 是决定生物生长方式的根本要素。举例来说，无论生长环境如何，营养条件如何，草本植物的种子只能生长成为草本植物，无法长成乔木。如果阳光与雨水充沛、营养充足，生物个体也能生长得相对快速、健康，如果得不到足够的阳光、雨水与营养，生物个体将生长缓慢、停滞甚至衰退②。

从 19 世纪中叶至今，许多学者在研究过程中，发现城市和城市群也有类似的有机生长过程，并指出应将城市和城市群作为一个不断生长的生物体进行考虑。如勒·柯布西耶（Le Corbusier）在光明城市模式中将城市看做由脑、躯干、四肢、血管组成的人体③。又如新陈代谢主义将城市视为由多个细胞组成的生命体④。目前，有机生长理论已成为一种城市规划学理论，广泛应用于城市设计、片区规划、山区城市规划的研究中。国内外对于有机生长理论的定义有一定差别，但大体可概括为：将城市或片区视为一个处于有机生长过程中的生物体，着重研究其生长发育的机制和趋势，以制定顺应

---

① 许学强. 改革开放 30 年珠江三角洲城镇化的回顾与展望 [J]. 经济地理, 2009 (1)：55 - 57.

② Barney Cohen. Urbanization in Developing Countries：Current Trends, Future Projections, and Key Challenges for Sustainability [J]. Technology in Society, 2006 (1)：63 - 80.

③ Kevin B Crooks, Andrew V Suarez, Douglas T Bolger. Avian Assemblages along a Gradient of Urbanization in a Highly Fragmented Landscape [J]. Biological Conservation, 2004 (2)：451 - 462.

④ 林中杰. 丹下健三与新陈代谢运动——日本现代城市乌托邦 [M]. 北京：建筑书店（原建筑社），2011：33 - 45.

城市优化生长方向、符合城市发展内在需求的空间规划①。可以认为，当代的有机生长理论结合了新陈代谢理论、有机疏散理论的精华，对于城市规划有重要的指导意义。

本书提出的有机生长理论融汇了上述理论的精华，并针对中国城市群实际情况进行了一定改进，故称为城市群有机生长理论。该理论认为：城市群的发展都具有先天性的特征，如所处区域的地形地貌、水体环境、行政区划等。这些特征类似于动植物的 DNA，决定了城市群的生长方向，对城市群空间结构起塑形作用。举例而言，一个地处河流入海口的城市群，其生长必然受水体影响；一个地处峡谷或盆地的城市群，其生长必定受地形的限制。同时，行政区界限、区位条件也对城市群的生长起到一定的制约作用。这些先天性特征都是城市群的生长的内部条件，是城市群规划所难以改变的。另一方面，城市群的生长也受到外部条件影响，如城市群空间规划、政策环境、重大项目布局、基础设施建设等。这些外部条件虽然无法从根本上改变城市群的生长趋势，却能加快或减慢城市群发展的速度，提升或降低城市群的环境质量，对城市群的发展同样有着塑形作用。外部条件是城市群的决策者和规划者可以加以改变和利用的，也是有机生长理论的主要研究对象。在城市群的生长过程中，如果能够充分考虑城市群发展的先天性特征，在大体顺应城市群自然生长趋势的同时，对其空间结构进行科学合理的优化，则能有效保证城市群生长的健康、高效，避免过高的生态环境成本。如果不考虑先天性特征和自然生长趋势，对城市群的发展进行盲目规划，则会导致城市群生长的无序和不健康，从而造成更高的生态环境成本。

三、城市群空间结构的概念界定

城市群空间结构（The Spatial Structure of Urban Agglomeration）泛指城市群在空间方面的形态、特征、联系等表征的总和。狭义的城市群空间结构的内涵往往只包括城市群中城镇建成区的面积、区位、形状及空间分布特征。广义的城市群空间结构的内涵还包括城市群中各个城市的发展状况、主要功能、环境质量以及城市彼此之间的联系状况。由于城市群往往由一定区域中若干个不同规模的城市共同组成，所以，对其空间结构进行考察，就能

---

① Peter B Evans. Livable cities—Urban Struggles for Livelihood and Sustainability [M]. San Francisco: University of California Press, 2002: 41 – 47.

明确城市群的生长趋势、发展状态等一系列信息。可以认为，对城市群空间结构的研究是城市群空间规划的基础。

国外对于城市群空间结构的研究起步较早。克里斯塔勒（W. Christaller, 1933）提出的中心地理论中，也构建了理想正六边形城市群空间结构模式。之后，许多学者提出的带型城市、走廊城市、簇群城市、网络城市等理论，都构建了各具特色的城市群空间结构模式。总的来看，国外学者认为城市群空间结构的内涵主要包括区域中不同等级、规模的城市的分布形式以及联系方式。

国内对于城市群空间结构的研究起步相对较晚。周一星（1988）提出了都市连绵区（MIR）这一具有中国特色的城市群空间结构概念，认为都市连绵区是以若干城市为核心，大城市与周边城镇保持强烈交互作用和密切社会联系，沿一条或多条交通走廊分布的巨型城乡一体化区域①。姚士谋（1992）指出，中国城市群中，往往有一个或多个城市规模大、人口多、经济实力强，作为整个城市群的主体增长极，而其他城镇则受其辐射带动影响。与国外城市群空间结构的定义相比，我国学者更强调城市群中的城镇等级职能体系，以及中心城市对组团城市、一般城镇的影响机制②。

本书所研究的城市群空间结构可定义为城市群区域内各类要素在空间层面上的表征的总和，包括三个层次的内涵：第一，城市群中各级各类城市建成区在规模、密度、分布等方面的空间特征；第二，城市群中各级各类城市的职能分工、产业发展侧重点、在城市群网络中担负的角色，以及彼此之间的联系模式；第三，城市群中各类重大项目和基础设施布局等影响城市群总体发展的要素。总而言之，城市群空间结构是一个涵盖城市群空间形态、职能体系等要素的大系统，主要表现城市群三维的、静态的发展情况。

四、城市群有机生长理论的概念界定

城市群有机生长理论是一个有机生长理论与城市群研究相结合的理论体系。有机生长理论的研究范围包括城市、城市群、社区、组团及各类形式的人类聚落。城市群有机生长理论的研究对象则仅限于城市群。与三维的、静态的城市群空间结构研究不同，城市群有机生长理论加上了时间维度，主要

---

① 周一星. 改革开放条件下的中国城市经济区 [J]. 地理学报，2003（2）：122 – 125.
② 姚士谋. 中国城市群 [M]. 合肥：中国科学技术大学出版社，1992：3 – 10.

考察城市群四维的、动态的变化趋势①。

城市群有机生长理论试图通过三方面的研究来达到两个目的。三方面的研究为：第一，研究城市群中各级城镇在一定时间范围内发展、扩张的总体方向和具体增量；第二，研究各级城镇在一定时间内经济增长、产业发展、社会建设等方面的变化情况；第三，研究城市群范围内城镇用地、农村用地、生态用地、水体等区域在面积、范围、环境质量等方面的变化趋势。两个目的分别为：第一，把握城市群空间结构现状特征、有机生长的总体趋势，并预测未来生长趋势；第二，提出适合城市群发展的优化方案与对策。

总的来说，城市群有机生长理论是将城市群视为生物体进行研究，试图把握其有机生长脉络，从而构建具有优化生长方案的城市规划学理论。城市群有机生长理论是在糅合了建筑学、城市规划学、生态学、经济地理学等学科的理论精华的基础上形成的，具有自身独特的思路、内涵和框架体系。下文将对城市群有机生长理论进行进一步的阐述。

---

① 胡序威. 区域与城市研究［M］. 北京：科学技术出版社，1998：42.

第二章　国内外理论综述

第一节　国际理论综述

从 19 世纪中叶开始，建筑、城市规划、经济地理等领域的学者对城市和城市群空间结构的诞生、演化、形成进行了大量的研究。学者们试图明确两方面的问题，即空间结构形成机制及其对城市的影响，并致力于设计出更优越的空间结构模式。在此研究背景下，许多相关理论应运而生，包括带形城市理论、田园城市理论、光明城市理论、簇群结构理论、新城理论、新陈代谢理论、有机疏散理论、广亩城市理论、增长融合理论、点轴发展理论、梯度扩散理论等。这些理论按照研究的范围和特征，可以分为三种类别：第一类理论广泛认为城市群空间结构是工业技术的产物，应从城市规划、建设技术的角度对其进行营造、改良，因此，该类理论可称为技术学派；第二类理论将城市群视为一个有机体，致力于以空间结构的改善谋求城市群与自然界的和谐发展。该理论以霍华德的田园城市理论为代表，因而可称为田园学派；第三类理论以经济地理学的定性、定量研究手法对城市群进行研究，因而可称为经济地理学派。下面，针对各类学派的理论成果展开探讨。

一、技术学派

技术学派的代表学者包括索利亚·伊·玛塔（Arturo Soria Y Mata）、勒·柯布西耶（Le Corbusier）、小组十（Team 10）、彼得·霍尔（Peter Hall）、索莱利（Paolo Soleri）、丹下健三、黑川纪章、菊竹清训、德勒兹

（G. Deleuze）等。下面分别探讨他们对于城市群有机生长理论的主要贡献。

带形城市理论（Theory of Linear City）：索利亚·伊·玛塔（1882）提出了一种用绿地夹着城市建设用地，沿交通干道不断延伸的城市空间结构模式。由于该模式中城市的二维平面呈长条状，因而称为带形城市模式。带形城市的主旨在于通过纵向拉伸减少城市的宽度，回避由城市规模扩大造成的中心区拥挤、环境恶化等现象，使居民能在贴近自然的环境中生活[①]。其后，托尼嘎涅（Tony Garnier, 1917）、希尔勃赛玛（Hilberseimer, 1940）在此基础上提出了带形工业城市模式，即将城市的居住区设计为条带状，与工业区呈垂直分布，由快速干道相连，并以绿化隔离带相分隔，从而避免工业对居住区的污染[②]。带形城市理论在哥本哈根（1948）、巴黎（1965）、华盛顿（1961）、斯德哥尔摩（1966）等城市的规划中都得到过不同程度的体现。由于城市中心区土地的稀缺性和级差地租的影响，交通干道两厢的绿地难以持续保留，带形城市的理论并未完整地得到实施。作为一种早期理论，带形城市理论塑造了一种新型的城市发展模式，即城市按照一定规律沿交通干线不断延伸的模式。在此模式中，城市的空间结构由交通干线和生长速度所共同决定，城市的发展实际上是一种二维线性生长的过程。带形城市理论认为城市具有生长现象，并提出了一种理想化的生长模式，对城市群有机生长理论有重要的启蒙作用。

光明城市理论（Theory of Bright City）：勒·柯布西耶（1926）提出了光明城市的理论及理想模式。该理想模式中，城市与人体类似，有自上而下的管理系统。行政办公区域作为城市的大脑，主次干道系统作为城市的骨架，居住、商业建筑作为城市的肌肉，工业区作为城市的四肢，内部循环道路作为城市的血管。城市整体空间结构方正规整，道路、广场、绿地用地面积比例高，中心区以大体量的摩天大楼为主，阳光可以照耀到城市的绝大部分角落[③]。光明城市旨在以明确的功能分区解决城市拥挤脏乱、绿地广场少、交通混乱等问题，试图以向空中立体发展的方式留出更大面积的绿地、

---

①　J-K Seo. Re-urbanisation in Regenerated Areas of Manchester and Glasgow: New Residents and the Problems of Sustainability [J]. Cities, 2002 (2): 113 – 121.

②　T Scarlett Epstein, David Jezeph. Development—There is Another Way: A Rural-Urban Partnership Development Paradigm [J]. World Development, 2001 (8): 1443 – 1454.

③　Véronique Dupont. Conflicting Stakes and Governance in the Peripheries of Large Indian Metropolises—An introduction [J]. Cities, 2007 (4): 89 – 94.

广场，主张对城市进行大刀阔斧的改造，拆除混乱、无序的旧城区。光明城市理论对二次世界大战之后欧美国家的城市规划产生了很大的影响，也带来了较大的负面作用。由于大量摩天大楼的建设增加了市中心的人口密度，提高了土地价格，因而市中心的绿地、广场迟早将被建筑所侵占，拥挤问题未得到解决。同时，大拆大建的行为对城市历史文脉破坏较大。光明城市理论将建筑学相关技术与城市规划学有机结合，率先提出了以人体器官模拟城市功能区的观点。与人体器官类似，光明城市中的肌肉（居住、商业区）、四肢（工业区）、血管（内部循环道路）亦可不断生长延伸，使得城市持续壮大。光明城市理论认识到了城市生长并不是一个均质过程，而是随各分区功能的不同而有所差别，是一个相对复杂、有机的过程。可以认为，光明城市理论认识到了城市生长的有机性，对城市群有机生长理论有重要的推动作用①。

簇群城市理论（Theory of Cluster City）：以史密森夫妇为首的十次小组（1954）提出了簇群模式。簇群模式是一种城市群的空间结构模式，在该模式中，城市群由若干个基本单元构成，单元之间由树枝状的"枝"、"干"相连接。同时，每个单元都是相对封闭的，内部存在各自的特征和功能②。在簇群模式的城市群中，城市之间以三叉形式的交通干道相连，以森林绿地和水体相分隔。这种城市群也是可以生长变化的，即先由"枝干"向外延伸，发展出新的城市，再由新城市蔓延出更多作为"枝干"的交通线路。簇群城市能够有效地缓解单核空间结构所带来的无序蔓延、过度膨胀的现象，有助于合理控制城市的规模，并有利于城市群交通体系的构建。簇群城市理论将单个城市的生长引申到多个城市的研究过程中，是城市规划学与城市群研究的重要结合。簇群城市理论中提出的以某种基本单元为基础构建城市，向外延伸出枝干，形成新的城市，最终形成城市群的过程，实际上是对城市群有机生长的一种理想化描述。可以认为，簇群城市理论对城市有机生长研究成果与城市群研究成果进行了糅合，是有机生长理论向城市群研究深

---

① Keramatollah Ziari. The Planning and Functioning of New Towns in Iran [J]. Cities, 2006 (6): 412 – 422.

② Ambe J Njoh. Urbanization and Development in Sub-Saharan Africa [J]. Cities, 2003 (3): 167 – 174.

入的重要里程碑①。

英国新城运动（British New Town Movement）：二次世界大战之后，英国在战后重建背景下由瑞斯勋爵（Lord Reith）领衔开展了大规模的新城运动。从 1945 年至 1970 年，英国建设了斯蒂夫尼奇（Stevenage）、坎伯诺尔德（Cumbernauld）、斯凯尔摩斯代尔（Skelmersdale）、雷迪奇（Redditch）、特尔福德（Telford）等新城，共计 34 座②。彼得·霍尔对英国新城运动的主要内容、影响及意义进行了总结。他指出：新城运动原本是缓解战争带来的大城市破坏、住房短缺、劳动力过剩等问题的权宜之计，但在建设过程中却在经济、社会、财政等方面取得了成功，并大大推动了城市规划科学的前进。新城的居住区由若干个邻里单元组成，配置有集中服务的公共设施。新城的交通组织更加理性、清晰和便捷。新城的功能分区更加明确，且设有专门的绿地系统。最为重要的是，新城在很大程度上对大城市起到了疏散作用，有效减少了大城市中心区由于过度拥挤而产生的种种城市病。英国新城运动试图以新城的建设，为城市、城市群的生长寻求长远且可持续发展的道路。新城建设改变了过去城市的机械离心式扩张方式，形成了更为宜居的区域和新的经济增长点，为良性城市群空间结构的形成打下了基础。英国新城运动以新城建设实践探讨了城市群优化生长的可能模式，为城市群有机生长理论提供了重要的实证研究基础③。

仿生城市理论（Theory of Bionic City）：20 世纪 60 年代，意大利建筑师索莱利借助生态学中的生长范式，设计了仿生城市的模型。仿生城市整体表现为大树状的巨型结构，以植物生态形象模拟城市的规划结构，把城市的居住区、商业区、企业、街道广场、公园绿地等组成要素以三维立体的形式，层层叠叠地布局在该巨型结构中④。在索莱利 1968 年规划的仿生城市结构

① Zev Ross, Michael Jerrett, Kazuhiko Ito, et al. A land Use Regression for Predicting Fine Particulate Matter Concentrations in the New York City region [J]. Atmospheric Environment, 2007 (11): 2255 -2269.

② Rodney H Matsuoka, Rachel Kaplan. People Needs in the Urban Landscape: Analysis of Landscape And Urban Planning Contributions [J]. Landscape and Urban Planning, 2008 (4): 7 - 19.

③ Weizhong Su, Chaolin Gu, Guishan Yang, et al. Measuring the Impact of Urban Sprawl on Natural Landscape Pattern of the Western Taihu Lake watershed, China [J]. Landscape and Urban Planning, 2010 (6): 61 - 67.

④ Barbara Fraser. Latin America's Urbanisation Is Boosting Obesity [J]. The Lancet, 2005 (17): 1995 - 1996.

中，中部为一巨型主干，布有公共建筑、市政设施及公园绿地。从主干向外悬挑出四个类似于枝叶的平台，作为城市的居住区。主干基部为一个巨大的托盘式平台，布有各类企业和商业设施，作为工作区。1971 年，索莱利设计了一座可居住 600 万人口的巨型摩天楼仿生城市，命名为 Balel IID。该城市的上部为一数千米高的塔形建筑，容纳成千上万个涵盖居住、工作、游憩功能的城市单元。下部为一个系状的巨型平台，容纳市政设施、商业中心、城市公园、散步场所等公共设施。塔形建筑和平台之间由数千座电梯相连。仿生城市理论将生物学的自然规律与建筑学的技术相结合，模拟未来城市建设模式，试图利用"生长"、"微缩"、"集成化"等理念解决城市土地稀缺、拥挤等问题。仿生城市理论是建筑学技术手法与城市规划学的结合，试图以巨型建筑向空中发展为城市有机生长提供空间。该巨型建筑与大树类似，由主干、枝叶、根系组成，具有不断生长的可能性。仿生城市理论利用植物生长的象形模式解决城市未来生长问题的思路，拓宽了城市群有机生长理论的思路[1]。

新陈代谢主义（City Metabolism）：20 世纪 70 年代，日本建筑师丹下健三、黑川纪章、菊竹清训等人提出了新陈代谢主义。该主义认为，过去的城市空间结构往往在城市的几何中心设立商业区、行政区、服务区等，使其成为实际的市中心，再由市中心向外不断发挥辐射功能。随着城市规模不断扩大，市中心的辐射功能将分解给城市外围区域，从而构建副中心。这种发展过程类似于"树型"，树干粗大，而枝叶弱小，是一种不均衡的空间结构[2]。而"细胞"型的空间结构更为科学。在这种空间结构模式中，城市的各类功能区相互缠绕，呈交错状态，不存在绝对的单个中心。城市一直处于变化生长的过程中，但新建城区拥有自己的设施系统，不依赖老城的设施。城市如需大规模扩展，只要在周边建立新的设施系统即可，就像细胞繁殖一样，不会影响到城市总体的平衡。新陈代谢主义中的城市空间结构适合于规模大又无法避免膨胀的城市，能有效引导城市合理扩张，并科学高效地配置城市功能[3]。新陈代谢主义提出了一种新的城市群生长模式，与传统的单中心、

---

① Michael Neuman. Regional design：Recovering a Great Landscape Architecture and Urban Planning Tradition ［J］. Landscape and Urban Planning, 2000（4）：115 – 128.
② 黑川纪章. 共生思想 ［M］. 覃力，译. 北京：中国建筑工业出版社，2006：24 – 46.
③ 丹下健三. 建筑与城市 ［M］. 香港：世界文化出版社，1975：12 – 26.

离心生长方式不同，该生长模式采取多个增长点共同生长的模式，试图达到区域均衡发展，使传统的城市中心不复存在。城市中心的消失有利于城市功能更加合理的划分，并有助于城市长远健康的生长。新陈代谢主义是城市规划学对有机生长理论的重要的应用研究，为城市群有机生长理论提供了思路、模式方面的支撑①。

"根茎"理论（Theory of Rhizome）：法国学者德勒兹和伽塔里（F. Guattari）在《根茎》（The Rhizome，1976）、《千高原》（Trans. A Thousand Plateaus，1987）等书中提出了生态城市形态审美的"根茎"图式，包括"茎干"、"簇群"、"网络"三大图式层面②。"茎干"代表道路、公共空间等构建城市空间结构骨架的线形要素，既承载城市建筑与设施的物质性，又承载了作为公共交往空间的社会性，集中了交通、商业、休闲、文化等流动性功能。"簇群"是"茎干"向纵深层面的发展，代表城市中一个个具有一定功能、彼此异质的单元空间。"簇群"实现了公共空间向私密空间的转变，形成了连续多变的城市肌理。"网络"是"茎干"、"簇群"二者叠合，拓扑发展的结果，是一个相对开放的子系统。"网络"中可能会出现暂时性的中心和次中心，但由于其开放性，随时会在外围延伸出新的"茎干"和"簇群"，总体上还是处于均衡发展的趋势。总的来看，"根茎"理论描述了一种相对自由开放，发展受限较小，能保护城市肌理和历史文脉的城市发展模式。这种模式实际上也是将城市作为一个生物体，强调以各类城市要素的建设来营造开放、均衡的发展形势。作为技术学派较晚的理论，"根茎"理论对光明城市理论、簇群城市理论、新陈代谢主义进行了有机整合，从理论框架、思路、模式等方面实现了对前人理论的传承和发扬，提出了更为优越的城市群有机生长方式。可以认为，"根茎"理论为城市群有机生长理论提供了理论框架的参照③。

从 19 世纪末的带形城市理论到 20 世纪 80 年代以后的"根茎"理论，

---

① 菊竹清训. 城市规划与现代建筑［M］. 安怀起，译. 上海：上海翻译出版社，1985：33 – 40.

② 吉尔·德勒兹. 资本主义与精神分裂（卷二）：千高原［M］. 姜宇辉，译. 上海：上海书店出版社，2010：12.

③ Kunzmann K R. World City Regions in Europe：Structural Change and Future Developments in F-c Lo and Y-m Yeung（eds）Globalization and the World of Large Cities［M］. Tokyo：United Nations University Press，1998：37 – 75.

技术学派越来越倾向于将城市视为一个有机生长的生物体。这个生物体是人类改造自然的产物，又具备自我生长扩张的能力。换言之，城市与城市群的发展是一个有机生长的过程。人类改造自然的能力（工业技术、设计水平等）对城市与城市群的生长具有塑形作用，可以引导城市空间结构模式的形成和演变。技术学派的学者倾向于认为对城市二维、三维形体的塑造可以解决各类城市问题，实现城市优化生长①。随着时间的推移，技术学派越来越趋向于从城市二维空间形态的设计、城市交通系统的构建、城市主次中心的营建、城市功能区的配置、城市之间联系的建立等方面着手，设计更为完美的空间结构模式。试图利用模式优化城市群的发展状态，达到减少城市病、合理控制城市扩张、提升环境品质等目的②。

二、田园学派

田园学派的代表学者包括马切（G. P. March），霍华德（E. Howard），莱特（F. L. Wright），沙里宁（E. Saarinen），亚历山大（C. Alexander），贝尔赫尼（Breheny）等。下面分别阐述他们对于城市群有机生长理论的主要贡献。

城市公园运动（Movement of City Gardens）：19 世纪 50 年代，美国的许多城市中掀起了一场保护环境，建设公园绿地的运动。马切（1856）对城市中人与自然、动植物之间的联系进行了研究，认为城市与自然环境之间存在着一种相互依存的关系，主张城市的建设必须与自然和谐共存③。因此，城市中必须有足够的供动植物生长、栖息的绿地和公园。这些公园绿地同时也成了人与自然互动的主要场所。奥姆斯特德（F. L. Olmsted，1870）指出，城市规划必须为后人考虑，不应破坏式建设，也不应将土地开发殆尽，应留有充分的余地，即"呼吸的空间"。城市本身必须不断地更新，从而为全体市民提供服务。城市公园运动倡导城市与自然环境和谐共存，强调在城市建设中对环境的保护。这些理念为欧美学者广泛重视，成为了田园学派的重要启蒙思想。同时，城市公园运动中留出发展余地，打造城市公共绿地的思

① Sassen S. Global Networks, Linked Cities [M]. New York：Rout ledge, 2002：16 - 19.
② Qureshi Intikhab Ahmed, Huapu Lu, Shi Ye. Urban Transportation and Equity：A Case Study of Beijing and Karachi [J]. Transportation Research Part A：Policy and Practice, 2007 (8)：141 - 145.
③ Michael Greenberg. Brownfield Redevelopment as a Smart Growth Option in the United States [J]. The Environment, 2001 (2)：129 - 143.

想，为城市群有机生长理论提供了基础思路。

田园城市理论（Theory of Garden Cities of Tomorrow）：霍华德（1898）在他的《明日的田园城市》一书中提出了田园城市模式。田园城市为一种理想化的城市群空间结构模式，由一个 58000 人口的中心城市和六个 9000 人口的田园城市共同组成。中心城市和田园城市之间由铁路、运河相连，留有大量的森林、农田等生态用地。中心、田园城市中央设有大面积的中心公园，周边设有一系列的工业和服务设施。霍华德提出了城乡二磁体的概念，认为城市具有较好的经济区位、就业条件和较高的收入，农村则拥有较好的生态环境，较大的发展空间。这二者类似于两个磁体，此消彼长地拉动着城乡人口转移[1]。田园城市模式则可以实现城市和乡村的调和，兼备城市的产业优势和农村的环境优势。恩温（Unwin）和帕克（Parker）在莱奇华斯（Letchworth）的规划中尝试运用了田园城市模式，为日后的英国新城建设树立了典范[2]。之后的米尔顿·凯恩斯（Milton Keynes）、哈劳（Hawlor）、朗科恩（Runcorn）等人在新城建设中亦广泛运用田园城市理论的相关思想。20 世纪 50 年代以后，田园城市的概念被一再引申[3]。佩里（Parry）依据田园城市的居住区规划的原则提出了邻里单元（Neighborhood Unit）概念[4]。斯坦因（Stein）根据田园城市交通组织原则提出了人车交通分离模式。当代，田园城市的相关思想仍被广泛应用于区域规划和居住区规划中[5]。霍华德的田园城市理论实际上是城市规划界对城市与自然和谐并存模式的早期探索，虽然也提出了理想模式，但更强调城市群中留足生态用地、生长空间的重要性。田园城市理论的和谐发展思想对田园学派影响深远，为城市群有机

① Boon Lay Ong. Green plotratio：An Ecological Measure for Architecture and Urban Planning ［J］. Landscape and Urban Planning, 2003（3）：197 – 211.

② Riccardo Buccolieri, Mats Sandberg, Silvana Di Sabatino. City Breathability and Lts Link to Pollutant Concentration Distribution Within Urban-like Geometries ［J］. Atmospheric Environment, 2010（4）：1894 – 1903.

③ ThomasCrow, Terry Brown, Raymond De Young. The Riverside and Berwyn Experience：Contrastsin Landscape Structure, Perceptions of the Urban Landscape, and Their Effects on People ［J］. Landscape and Urban Planning, 2006（5）：282 – 299.

④ Dr Karl Wolfgang Menck, Hamburg. Approaches to the Solution of Urbanization Problems ［J］. INTERECONOMICS, 1976（9）：252 – 254.

⑤ Godfrey, B J, Zhou Y. Ranking World Cities：Multinational Corporations and the Global Urban Hierarchy ［J］. Urban Geography, 1999（4）：268 – 281.

生长理论中的优化生长模式提供了重要的思路和方法论①。

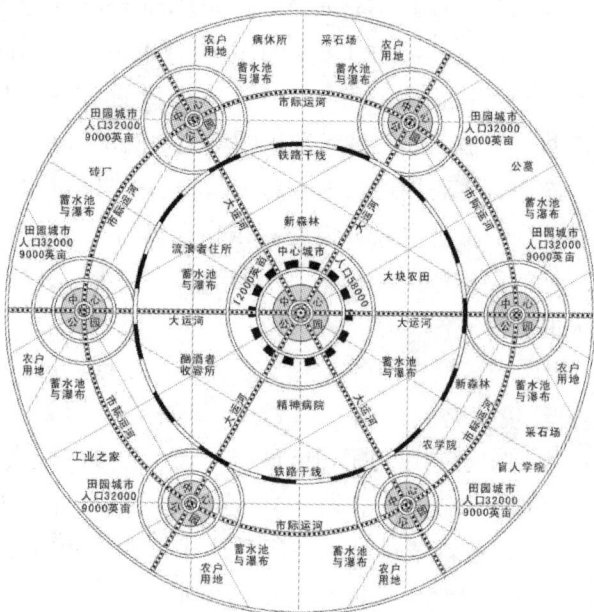

图 2 - 1　田园城市模式

广亩城市理论（Theory of Broadacre City）：莱特（1932）在对近现代欧美城市的弊病进行分析的基础上，提出了广亩城市理论。他指出，城市不断向高空发展，将导致中心区的拥挤加重，污染物无法扩散出去，越来越多的人口集中在小范围的区域中。实际上，城市在人类活动范围中所占的比例有限，可以将人口和产业以相对扩散的形式布局在更大的区域中。在此基础上，莱特提出了广亩城市模式。该模式中，城市被扩散到了广大的农村区域中。主要的建筑物和构筑物均被广大的绿地和农田所包围，高层建筑被一栋栋的住宅所取代，每栋住宅周边都有一英亩的土地，形成与自然生态密切结合的独立居住单元。各类建筑之间以大运量的高速公路网络相连②。广亩城市强调将城市功能进行分散布局，利用生态绿地和农田包围各类城市建筑，从而模糊城乡分野，保持城市与自然的和谐发展。广亩城市理论实际上是从

---

① Scott. Global City-regions Trends, Theory, Policy [M]. Oxford：Oxford University Press, 2001：15 - 36.

② Hill G C, Kim J W. Global Cities and Development States：New York, Tokyo and Seoul [J]. Urban Studies, 2000（12）：2167 - 2195.

建筑学的角度对城市优化生长的科学设想，试图以分散性的布局降低集中式发展所产生的城市问题。与田园城市理论相比，广亩城市理论的分散性更高，与自然的结合更加紧密，为城市群有机生长理论提供了思路支撑。

有机疏散论（Theory of Organic Decentralization）：芬兰学者沙里宁（1934）在他的《城市，它的发展、衰败与未来》一书中提出了有机疏散论。该理论将城市视为一个类似于细胞的有机体，其内部生长秩序与细胞有机体的生长秩序是一致的，是一个有秩序的有机生长过程。机体中某一部分的衰败或生长过快，都将使秩序遭到破坏，从而造成城市整体的衰退①。现代城市中出现的环境污染、交通拥挤、人口超载等问题，实际上并不是先进技术带来的负面作用，而是城市的功能没有得到合理的疏散所导致的。针对这些问题，应对城市的功能进行有机疏散，从而减轻城市的压力，恢复城市生长的秩序。应对城市的二维形体和功能布局进行有机的更新，不能听任城市凝聚成拥挤无序的块体。重工业、轻工业必须疏散至城市外围，居住、商业、服务等功能也必须尽量远离中心。城市中心区仅具有必要的行政办公等功能。随着城市产业和居住区的外迁，人们将适应远离市中心的生活，从而降低中心区的人口密度，将城市无序的集中变为有序的分散②。在此过程中，新城不是机械地与母城分开，而是以一种有机的方式向外分离并疏散。有机疏散论认为城市与城市群的生长是一个可控的过程，将功能向外部疏散有利于促进城市与城市群的优化生长。这种疏散必须采取有机的形式，保持城市与城市群在各个生长环节的健康和高效。有机疏散论将城市视为具有生命的细胞，是生物学与城市规划学中有机生长理论结合的重要成果，是城市群有机生长理论最重要的思路和方法论基础③。

新都市主义（New Urbanism）：美国学者亚历山大（1977，1978，1980，1983）通过《建筑模式语言》《俄勒冈试验》《城市设计新理论》《建筑的

---

① 沙里宁. 城市，它的生长、衰败与未来 [M]. 顾启源，等，译. 北京：中国建筑工业出版社，1986：20 - 24.

② Knox P L. Globalization and Urban Change [J]. Urban Geography, 1996 (17)：115 - 117.

③ Akinobu Murakami, Alinda Medrial Zain, Kazuhiko Takeuchi, et al. Trends in Urbanization and Patterns of Land use in the Asian Mega Cities Jakarta, Bangkok, and Metro Manila [J]. Landscape and Urban Planning, 2005 (3)：251 - 259.

永恒之道》等著作，提出了新都市主义的思想体系①②③。20 世纪 60 年代以后，欧美国家城市中的交通拥挤、环境污染、人口超载等问题越来越突出，人们为了躲避市中心的拥挤，开始纷纷向郊区迁移。由于在迁移的过程中缺乏合理的规划设计，使得城市规模恶性膨胀，新区无序开发而旧区日益衰落。新都市主义则旨在解决城市发展过程中产生的种种矛盾，在传承城市文脉、保持旧区活力的同时，实现新区的高水平开发，使城市的发展扩张与历史文脉、自然环境的保护和谐并存。新都市主义重视区域规划，试图以区域发展的方式协调城市与历史、自然的关系。同时，强调以人为中心，注重城市环境的宜居性及对社会活动的促进作用。新都市主义试图利用邻里单元、特色功能区、交通走廊的建设促使城市健康有序发展。新都市主义是田园学派中关于规划手法的重要理论，该理论重视城市与历史文脉、自然生态的关系，提出对城市进行科学的空间规划，以保持其生长过程的健康高效。新都市主义认为城市和城市群不但要与自然生态和谐并存，而且还要有与历史文脉有机结合的思想，这为城市群有机生长理论增加了更为深入的内涵④。

紧凑城市理论（Theory of Compact City）：紧凑城市的概念最早由丹提兹（G. Dantzig）、萨蒂（T. Satty）于 1973 年提出，但未受到广泛的重视。1990 年，欧共体委员会（CEC）发布的城市环境绿皮书中明确提出了紧凑城市的概念，并将其作为一种解决居住和环境问题的途径。之后，贝尔赫尼（1997）、纽曼（Neuman, 1999）、格拉斯特（Glaster, 2001）等学者对紧凑城市的概念、内涵进行了详细的说明⑤。所谓紧凑城市，即对发展和蔓延进行严格控制，将多种功能集中在特定区域的城市，其具有三个方面的主要特

---

① 亚历山大. 建筑模式语言［M］. 王昕度，周序鸣，译. 北京：知识产权出版社，2002：32.

② 亚历山大. 俄勒冈实验［M］. 刘小虎，赵冰，译. 北京：知识产权出版社，2002：103 - 106.

③ 亚历山大. 城市设计新理论［M］. 汤昱川，陈治业，译. 北京：知识产权出版社，2002：57.

④ Kenneth Button. City Management and Urban Environmental Indicators［J］. Ecological Economics, 2002（2）：217 - 233.

⑤ Hualou Long, Guoping Tang, Xiubin Li, et al. Socio-economic Driving Forces of Land-use Change in Kunshan, the Yangtze River Delta Economic Area of China［J］. Journal of Environmental Management, 2007（3）：351 - 364.

征：第一，高密度的城市开发，利用较少的用地积极向空中发展，从而控制城市面积，降低总体通勤量，并避免对周边环境的破坏；第二，混合的土地利用模式，将居住、商业、服务、行政等功能进行混合，就近布局，降低交通需求和能源消耗，并可有效加强人与人之间的联系；第三，优先发展公共交通，控制小汽车的保有量和出行率，并大力推行自行车和步行交通方式，从而减少尾气排放量，促使人们采取健康的生活方式。紧凑城市理论试图解决由于城市规模过大而造成的额外通勤量、生态用地占用、环境污染等问题，强调城市规模不宜过大，城市应充分接近自然而不是破坏、侵占自然，并鼓励采取低碳环保的交通方式①。紧凑城市理论看似与广亩城市理论、有机疏散论相反，实则本质相同，均以缩小城市单元面积、提升城市单元数量的方式来加强城市与环境的联系。紧凑城市理论实际上是学者根据当代城市与城市群发展现状，对田园学派相关理论进行传承与糅合的结果，集中了城市公园运动、田园城市理论中增加生长空间，广亩城市理论中加强与环境的联系，有机疏散论中控制下的疏散等思想。紧凑城市理论作为当代田园学派的主导理论，为城市群有机生长理论提供了现实借鉴。

从 19 世纪中叶的城市公园运动，到 20 世纪末的紧凑城市理论，田园学派一直试图寻求一条城市与自然生态、农村和谐发展之道。田园学派将城市视为一个生物体，将其发展过程视为有机生长过程，这方面与技术学派的思想类似。与技术学派不同的是，田园学派并不强调过分地改变城市的形态，追求高度的秩序性，或大力营造某种特定的空间形态模式，而是以适度的改进促使城市适应自然环境。针对近现代城市中出现的种种问题，田园学派提出了许多切实可行的解决方案，如扩大绿地总量，增加城市与绿地的接触面积，合理疏散城市功能，重新组织城市交通，推进绿色出行模式等。当代的田园学派更倾向于强调以人为本，突出人的重要性，将人居环境的营造摆在城市规划的首位，试图寻求城市发展与生态环境和谐并存之道。田园学派中的理论对当代中国城市群建设资源节约型、环境友好型社会有很强的参考价值和借鉴作用，将成为城市群有机生长理论重要的思路支撑。

---

① Kay Leng Ng, Jeffrey Philip Obbard. Strategic Environmental Assessment in Hong Kong [J]. Environment International, 2005 (4): 483 – 492.

三、经济地理学派

经济地理学派的代表学者包括克里斯泰勒（W. Christaller）、廖士（A. Losch）、杜克西亚斯（C. A. Doxiadis）、惠贝尔（Whebell）、佩鲁（F. Perroux）、弗里德曼（J. Friedmann）、格迪斯（P. Geodes）、哈格斯特朗（T. Hagerstrand）、哈盖特（P. Haggett，1988）、肯尼斯（E. C. Kenneth，2000）等人。下面，分别介绍他们对于城市群有机生长理论的主要贡献。

中心地理论（Central Place Theory）由克里斯泰勒（1933）和廖士（1940）分别提出，至1950年左右形成完整的理论体系。中心地理论是在探索城市空间组织与布局规律的过程中提出的一种理想模式①，即假定某个区域的人口、资源分布是均匀的，为满足中心地发展的需求，将会形成中心地商业区位的六边形复合网络。所谓中心地，即为其周边区域的居民提供服务和商业功能的集中型场所。一定区域中往往存在若干个数量少、服务范围广的高级中心地和数量多、服务范围小的低级中心地。高级、低级中心地，交通干线及其相互关系共同组成六边形的网络。中心地理论中的六边形网络是通过对各级市场分布、道路系统、行政原则的综合计算而确定的。因此，中心地理论实际上是经济学定量方法与地理学相结合的产物。中心地理论能够较完整地解释一定区域内城镇等级、职能、规模的形成机制及城市空间结构的规律性②。更为重要的是，该理论提出了一种思维方式，即将数理分析和推理演绎的方法应用于城市与区域的研究过程中。这种思维方式为后世的经济地理学派所广泛运用。中心地理论是经济地理学派对城市群空间结构的较早探索，是数理分析方法应用的先驱，是城市群有机生长理论的方法论启蒙。

增长融合理论（Theory of Merged Growth）是较早的城市群空间结构理论之一。该理论认为，多个距离相近的城市依托某种类型的联系，其建成区不断扩张，最终融合到一起，是城市群主要的形成机制。城市群的空间结构具有空间上的连续性，内部不具备明显的城乡分野③。希腊学者杜克西亚斯

---

① 顾朝林. 中国城市地理 [M]. 北京：商务印书馆，1997：114–117.

② Carlabbott. The International City Hypothesis: An Approach to the Recent History of U. S Cities [J]. Journal of Urban History, 1997 (11)：233–239.

③ Atef Al-Kharabsheh, Rakad Ta'any. Influence of Urbanization on Water Quality Deterioration During Drought Periods at South Jordan [J]. Journal of Arid Environments, 2003 (4)：619–630.

（1970）提出，增长和融合是当代城市的主要发展趋势。他预测城市将持续扩张和膨胀，从而形成连片巨型大都市区（Ecumunopolis）①。惠贝尔（1972）提出的走廊理论（Theory of Corridors）认为，若干个城市由高度发达的现代化运输线连接彼此，并通过初始占据、商品交换、铁路运输、高速公路网络形成等阶段，最终将形成走廊状的城市群②。布鲁恩（Brunn，1984）和威廉姆斯（Williams，1984）指出，城市群的出现是时空耦合的空间特征之一。他们认为在城市之间的交通干线和通讯网络附近，新的行政管理中心和工业区会不断地填入，从而使得城市群具有连片发展的趋势。库默斯(I. B. F. Kormoss，2002）和霍尔（P. Hall，2002）分别对西北欧城市群和英格兰大都市带进行了研究，他们认为在经济高速增长的情况下，一定区域内的各个城市将会不断扩张自身的规模，从而连接到一起，形成大范围的城市地带。西班牙学者蒙佐（Monzon，2007）和安德里斯（Andres，2007）认为，大型城市依靠政治、经济、区位等优势不断扩张其规模，吞并周边的城市，从而形成一定区域范围内的高密度城市群③。增长融合理论中的城市群空间结构可称为大都市绵延带（Megalopolis）或大都市区（Metropolitan），具有城镇建成区相连，城乡分野不明显的特征。增长融合理论以欧美地区的城市群作为案例，对城市群空间结构的形成机理和生长机制进行了分析④。虽然当代世界的城市群并不都遵循这些机理和规律，但增长融合理论提出的研究手法和解释方法，在当代城市群研究中仍有较强的借鉴价值，为城市群有机生长理论提供了方法论的借鉴。

点轴发展理论（Theory of Centers-Axis）是增长极理论（Theory of Growth Pole）和轴线发展理论（Theory of Developed Axis）在城市群研究领域的结合。该理论认为，一定区域范围内的城市通过联系和竞争，形成一个或多个增长极，增长极和其他城市构成固定的发展轴线，即形成点轴发展的城市群空间结构。该理论指出城市群空间结构不需要具备空间的连续性，城

① Deborah Potts. Urbanization and Migrancy in an Imploding African Economy—The Case of Zimbabwe [J]. Geoforum, 2006（4）：536–551.

② C Weber, A Puissant. Urbanization Pressure and Modeling of Urban Growth：Example of the Tunis Metropolitan Area [J]. Remote Sensing of Environment, 2003（3）：341–352.

③ Alonso W. Urban and Regional Imbalances in Economics Development [J]. Economics Development and Cultural Change, 1968（17）：1–14.

④ Joan Marull, Josep M Mallarach. A GIS Methodology for Assessing Ecological Connectivity：Application to the Barcelona [J]. Metropolitan Area Landscape and Urban Planning, 2005（3）：72–73.

市之间应留有一定的生态区域或农村地区，各个城市通过发展轴线保持密切联系①。法国学者佩鲁（1955）提出了增长极理论。他认为，城市通过经济交往形成密切的联系轴线，某些城市在交往中获得优势，成为增长极，再通过轴线带动周边城市发展，即为城市群形成与发展的本质②。弗里德曼（1964、1973、1976）在罗斯托（Rostow）的起飞论的基础上提出了基于"经济增长引起空间演化"机理以及"支配空间经济的首位城市"的增长极理论。他认为，经济发展与空间演化的相关模式反映了城市群的发展阶段与过程，而城市群的形成和发展可以分为四个阶段：第一，聚落自然分布；第二，形成集聚经济效益；第三，形成区域经济中心；第四，中心带动，区域整体发展。在这个过程中，强有力的区域首位城市，对于城市群空间结构的演化起着决定性作用③。古格勒（J. Gugler，2004）通过对美国城市群的实证研究指出，点轴发展模式有利于充分利用中心城市的区位优势，形成集聚经济效益，提升城市群的总体实力，从而打造具有国际影响力的城市群④。可以认为，与增长融合理论相比，点轴发展理论能更准确地解释世界城市群的形成机制和空间特征。该理论中的标准城市群空间结构为增长极城市组团发展的模式，这种模式与当今世界许多城市群的发展情况十分类似。可以看出，点轴发展理论相比增长融合理论，更适于描述和分析发展中的城市群。其中，以中心带动、组团发展的方式十分切近中国城市群的情况。从这个层面来看，点轴发展理论为城市群有机生长理论提供了清晰的思路，为其对中国城市群的研究带来了便利。

梯度扩散理论（Theory of Gradient Diffusion）是一种传统的理论，最初用来解释大城市的城市化形式。1980 年以后，该理论被广泛应用于城市群研究领域，并被赋予新的内涵。该理论认为，核心城市的人口、产业、经济辐射力向周边区域扩散是城市群形成的主要方式。城市群的空间模式是由一定区域内核心城市的布局形式和扩散能力决定的，核心城市辐射带动中心城

---

① Thomas L Hoffmann. Environmental Implications of Acoustic Aerosol Agglomeration [J]. Ultrasonics, 2000 (3): 353 –357.

② Paul Z. Gulezian, Dennis W Nyberg. Distribution of Invasive Plants in a Spatially Structured Urban Landscape [J]. Landscape and Urban Planning, 2010 (2): 161 –168.

③ Shalini Sharma. Persistence and Stability in City Growth [J]. Journal of Urban Economics, 2003 (2): 300 –320.

④ Gugler J. World Cities beyond the West: Globalization, Development, and Inequality [M]. Cambridge: Cambridge University Press, 2004: 16 –19.

市，中心城市带动组团城市，组团城市带动周边地区，构成具有层级的城市
等级结构。英国学者格迪斯（P. Geodes，1915）指出，由于中心城区地价
的不断提升，城市的人口、产业将向城市的边缘区不断扩散，使得城市规模
不断扩张，并吞并周边的中小城市，形成集合城市（Conurbation）①。瑞典
学者哈格斯特朗（T. Hagerstrand，1968）提出现代空间扩散理论，认为大型
城市对周边区域有着有形和无形的扩散效应，其中有形的扩散包括人流、物
流、资金流、产业流等，无形的扩散包括文化流、信息流和区位优势的改善
等。该理论认为大型城市的扩散效应直接维系了城市群的空间结构。哈盖特
（P. Haggett，1988）提出了金字塔式（Prymaid）城市群等级结构，认为一定
区域范围内的某些城市具有较大的规模，保持较快的发展速度，成为核心城
市。核心城市带动周边城市发展，形成若干个中心城市。中心城市又带动周
边中小城镇发展，形成组团城市②。核心城市、中心城市的辐射带动能力决
定了城市群的规模和发展速度。日本学者村上晓信（Akinobu Murakami，
2005）认为，城市的过度膨胀将产生各类城市问题，因此将巨型城市的功
能扩散到中小型城市中去十分有必要，一方面能减轻巨型城市的负担，另一
方面能实现中小城市的快速发展③。可以认为，梯度扩散理论准确地解释了
城市群中优势城市对一般城市的辐射影响的方式。该理论中标准的城市群空
间模式可概括为核心城市带动中心城市发展，中心城市带动组团城市发展的
层级模式。在此模式中，上级城市对下级城市具有显著的扩散作用，这种情
况在世界各国、各地区的城市群中都十分普遍。相对于增长融合理论和点轴
发展理论，梯度扩散理论更重视城市群的生长对其空间结构的塑形作用，注
重演化和影响的过程性研究。梯度扩散理论也同样适用于发展中国家的城市群，
尤其是中国的城市群，为城市群有机生长理论提供了重要思路与方法论④。

　　网络城市理论（Theory of Urban Network）是一种较新的城市群理论，
出现于 21 世纪初期，是经济全球化和通信技术飞跃发展背景下的产物。该
理论认为 21 世纪的城市群将由强有力的金融业、全球化的商务功能和覆盖

　　① Geddes Patrick. Cities in Evolution [M]. London Ben, 1915: 32 – 36.
　　② Breheny. Urban Compaction: Feasible and Acceptable? [J]. Cities . 2002 (4): 19 – 22.
　　③ Olds K, Yeung H. Path Ways to Global City Status: Views from a Developmental City-state [J]. Review of International Political Economy, 2004 (11): 489 – 521.
　　④ Forrest R, Grange A L, Yip N M. Hong Kong as a Global City? Social Distance and Spatial Differentiation [J]. Urban Studies, 2004 (1): 207 – 227.

全球的光纤网络所维系，表现为基于信息网络、航空交通的新型城市集合形态，其具有独有的弹性结构。肯尼斯（E. C. Kenneth，2000）指出，2000年以后的城市群由信息网络技术的推动而产生，传统的工业区位和交通优势被技术水平和服务能力所取代，从而形成智能走廊（Intelligent Corridors），经由光纤和航空交通形成高度合作的产业集群①。美国学者卡斯特尔斯（F. Castells，2000）在《网络社会的崛起》一书中提出了非场所性社会（Non‐place Society）的概念，指出随着世界经济的发展，某些城市的服务功能远远超过了其周边区域的需要，形成了全球性的服务中心。这使得城市所在区域的功能得以重新配置，从而形成智能化的"走廊"城市群②。萨森（S. Sassen，2002）提出了全球化网络城市的概念，认为在信息化高速发展的背景下，城市金融、商务等服务业的功能的重要性不断突出，如能对一定区域范围内的城市的功能进行合理配置，集中高端服务业，即能培育出在世界城市网络中占据重要地位的国际化城市。拉贝特（Labate，2001）认为，跨国银行和高端生产性服务业是当代城市群维持活力的根本。城市群要在竞争激烈的世界经济中谋求生存与发展，就必须参与到世界城市网络中来，并积极参与国际分工。对此，城市群应加快完善自身功能，提升应对国际市场冲击的能力③。可以看出，网络城市理论认为经由光纤技术和航空交通可以大大缩短城市之间的距离，从而使得在空间上距离较远，而在经济方面具有合作潜能的城市得以相互协作，构成新型的城市群空间结构。城市群必须具有强有力的金融和服务业，从而更好地参与国际分工。与之前的理论相比，网络城市理论认识到跨区域、国际化因素对城市群生长的影响，重视新的交通联系方式对城市群的塑形作用，为当代城市群形成机制与演化过程的研究提供了新的思路。网络城市理论中的思路与方法，使城市群有机生长理论得以与新的经济形势和全球化浪潮密切结合④。

总的来看，经济地理学派的学者用经济学、地理学中的各类研究手段对

---

① Harris N. Cities in a Global Economy: Structural Change and Policy Reactions [J]. Urban Studies, 1997 (4): 1693 – 1703.

② Sassen Saskia. The Global City [M]. Princeton University Press, 1991: 25 – 28.

③ Hugh Millward. Urban Containment Strategies: A Case-study Appraisal of Plans and Policies in Japanese, British, and Canadian Cities [J]. Land Use Policy, 2006 (23): 473 – 485.

④ Alderson A S, Beckfield J. Power and Position in the World City System [J]. American Journal of Sociology, 2004 (5): 32 – 46.

城市和城市群进行定性或定量研究，用数据、公式、模型推导出城市和城市群的空间结构和生长趋势。当代的经济地理学派尤其注重产业、经济、交通等要素对城市和城市群的影响，认为城市和城市群的形成、发展、壮大、衰落等状态均由这些要素所决定，并试图依托这些要素的分析，掌握更为准确的城市群研究方法论。在此基础上，经济地理学派提出了大量的研究方法和研究思路，为城市和城市群研究提供了宝贵的方法论。本书在研究长株潭城市群的过程中也将广泛应用经济地理学派的思想和方法。

四、国际前沿研究方法动态

城市群空间结构的研究方法伴随着城市群空间结构理论的诞生而诞生，旨在通过对于城市群空间变迁趋势的研究，找出城市群空间变化的相关规律，从而总结出城市群空间结构的模式、相关特征及其对城乡区域的影响。目前，国际上流行的城市群空间结构的研究方法包括图面分析、数理分析、动态模拟分析等。

图面分析：近年来，许多学者借助于 MAPGIS 等软件对城市群空间结构进行图面分析，试图找出城市群二维空间方面的变化趋势，将之作为城市群空间结构研究的基础。美国学者麦克戈里格（K. McGarigal，1995）提出的方格网分析法（Grid Cells）中，将某一包含了城市、乡镇、村庄、农田、森林、水体的区域划分为一个由若干个正方形格网单元组成的方格网。每个格网单元依据其占主导地位的土地要素（如城市、村庄、农田等）确定其性质，并以不同色块进行标注。对方格网进行观察，即可明确某一区域的景观结构。该方法首先用于景观研究，但由于其适应于城市、乡村、生态用地并存的区域的研究，很快就被运用到城市群空间结构的研究中来[①]。哈斯（A. K. Hahs，2005）和麦克唐那（J. M. McDonnell，2005）运用方格网分析法对澳大利亚大墨尔本地区的城乡梯度进行了研究。他们将大墨尔本地区划分为一个由 3250 个边长为 1 公里的正方形组成的方格网。在此基础上，利用城市用地比例、人口密度、景观形状指数三方面的指标对该方格网的所有单元格进行了评价，并依照与程度相对应的颜色对单元格进行标注，得到了城市用地分布、人口密度分布、城乡景观区域分布等方格网图。在此基础

---

① Bruce Anderson, W Edgar Watt, Jiakuan Chen, et al. Urbanization, Land Use, and Water Quality in Shanghai: 1947—1996 [J]. Environment International, 2003 (5): 649–659.

上，将大墨尔本地区的中心商务区，即雅拉河注入菲利普湾处，作为中心，计算距中心一定距离范围内的单元格在三方面的变化趋势。对距离中心商务区最近的六条三横三纵方格网进行了着重观察，并以数量模拟的方式得到了城市用地、人口密度、城乡景观区域分布与距中心商务区距离的关系曲线图①。波兰学者索隆（J. Solon, 2009）采用 MAPGIS 软件的空间运算功能，对华沙大都市区的 1950 年至 1990 年以来的城市化变迁进行了研究。他未采用普通的方格网分析法，而是采用轴线和节点相结合的方法分析了城市区域变迁和地块与交通干道和城市中心区之间的距离的相互关系。如此能更准确地量化交通干线对于城市群空间结构的塑造性作用。阿多夫松（Adolphson, 2009）在对大斯德哥尔摩地区（The Stockholm Region）的案例研究中，利用 MAPGIS 软件对人口、城市用地、道路密度等参数在空间上的集聚程度进行了测算，并将测算结果以不同深度的颜色在图面上进行表示。结果在大斯德哥尔摩地区范围内出现了多个中心城市。依据分析结果，他认为大斯德哥尔摩地区为典型的多中心空间结构（Polycentric Urban Structure）②。从国际学者的研究成果来看，可以认为，图面分析方法能够借助 MAPGIS、ENVI 等软件的空间分析功能，对城市群历史与现状的空间结构进行量化，找出城市区域变迁的规律，从而归纳出城市群的有机生长趋势和空间结构模式③。

数理分析：是一种以定量分析为主的研究方法，广泛应用于经济地理学的研究过程中。安托普（M. Antrop, 2004）利用主成分分析法（The Principal Component Analysis）对欧洲中部大城市近 20 年的城市化进程进行了研究。他收集了 36 个大型城市的人口、用地、经济总量、对外贸易、工业产值、环境质量等方面的资料，以此为基础进行了主成分分析。确定了四个有效主成分，分别代表城市的规模和经济实力、对外联系状况、环境质量和对外吸引力。将有效主成分的变量与其载荷相乘，得到了各城市在各有效主成分中的评分。依据评分，即可量化 36 个大城市在各个方面的发展程度。蒙

---

① Leao S, Bishop I, Evans D. Simulating Urban Growth in a Developing Nation's Region Using a Cellular Automata-based Model [J]. Journal of Urban Planning and Development-ASCE, 2010 (3): 145 – 158.

② Marc Antrop. Landscape Change and the Urbanization Process in Europe [J]. Landscape and Urban Planning, 2004 (3): 9 – 26.

③ Smith D A, Timberlake M. World City Networks and Hierarchies 1979—1999: An Empirical Analysis of Global Air Travel Links [J]. American Behavioral Scientist, 2001 (4): 1656 – 1677.

佐（K. Monzon，2007）利用主成分分析法和聚类分析法对西班牙的大马德里区域进行了研究。他对大马德里区域内具有镇（town）以上行政级别的城镇的人口规模、用地面积、经济实力等资料进行了统计，利用这些数据进行主成分分析，求出 3 个有效主成分，并将 3 个有效主成分分别与其载荷相乘并累加，得到各个城镇的综合得分。对各城市综合得分进行聚类分析（The Cluster Analysis），得到大马德里区域的城镇等级结构①。其中马德里市为一级，托莱多（Torrador）、萨拉曼卡（Saramanca）等大中城市为第二级，中小城市为第三级，小城镇为第四级。蒙佐指出该等级结构为上小下大的金字塔形结构②。此外，理查德·沃克（R. Walker，2001）、安德森（B. Anderson，2003）、强森（B. J. Johnson，2010）等学者也利用主成分分析法和聚类分析法对欧美的城市和城市群进行了分析，分析方法大体类似③。总的来说，主成分分析法是当今国际上广泛采用的城市群空间结构数理分析方法。数理分析能准确量化城市群中各级城市、城镇的生长特征，但在区域整体差异分析方面有所欠缺。

动态模拟分析：是一种较新的分析方法，多被应用于城市群在某一时间段内空间结构的变化趋势的研究。雷奥（Leao，2004）利用元胞自动机模型（The Cellular Automata-based Model）对发展中国家的城市区域进行分析。在此模型中，城市中心区、产业园区等对城市化有重要拉动作用的节点被视为一个个的细胞单元，观察这些细胞单元周边城市用地的变化趋势，即可通过ENVI 软件的多元空间分析功能（The Multiple Spatial Analysis）模拟一定时间范围内城市扩张的总体趋势和特征，并得到城市扩张三维曲线图④。金姆（D. S. Kim，2005）利用空间扩散模型（The Spatial Diffusion Model）对城市用地向城乡结合部和乡村扩散的趋势进行了分析。首先考虑 10 年以上城市用地变迁的空间趋势，依据这些趋势确定一些扩散元（The Diffusion Cells），即引导城市用地扩散的核心或增长极。对扩散元的分布和影响程度进行描

① Monzon, Andres, Cascajo, et al. Metropolitan Mobility in Spain 2002—2005 [J]. Public Transport International, 2007 (9): 40 - 43.

② Friedman J. The World City Hypothesis: Development & Change [J]. Urban Studies, 1986 (2): 59 - 137.

③ Yusuf S, Wu W. Pathway to a World City: Shanghai Rising in an Era of Globalization [J]. Urban Studies, 2002, 39 (7): 1213 - 1240.

④ Lacroix V, Idrissa M, Hincq A. Detecting Urbanization Changes Using SPOT5 [J]. Pattern Recognition Letters, March, 2006 (3): 226 - 233.

述，即可得到城市用地变迁趋势的三维曲线图①。大多数动态模拟分析必须依赖 ENVI、MAPGIS、SPSS 等软件来进行。就目前国外学者的研究方法来看，动态模拟分析主要应用于城市群空间结构演变的时间序列分析，其结果主要反映城市群空间结构的时间维度的变化趋势，非常适合研究城市群有机生长趋势。

五、国际前沿理论动态

2000 年以后，关于城市群有机生长及优化方法的理论层出不穷，普遍集中于两个问题：一、哪种空间发展模式适合当代的城市群；二、应该如何对城市群有机生长进行优化。技术学派方面，美国学者史密斯（D. A. Smith，2001）认为，当代城市群空间结构呈临空型的布局趋势，即通过靠近航空港和航空交通枢纽进行重点布局的模式。依托航空港和连接航空港的高速公路进行的城市群的空间布局将有利于城市群国际化功能的培育。田园学派方面，夸迪尔（A. Qadeer，2004）指出，在后工业化进程中，新兴的服务业不断取代传统工业，而金融、商务等产业对于土地的要求远低于工业，因此当代城市群应将产业集中，将城市周边的传统工业区转变为生态功能区，从而打造以服务业为主的生态化城市群。索塔尼（A. Soltani，2006）认为，当代的城市群应回避大都市区或大都市绵延带的空间发展模式，应采取功能结构清晰，城市之间留有生态缓冲区的模式。大量高品质的生态缓冲区应作为城市群发展水平的主要评价指标之一②。经济地理学派方面，沙里尼（S. Shalini，2003）认为，当代城市群应采取提升开发模式，即把城市群发展的着眼点从城市的扩展、城市群规模的扩大转到城市内部的提升、产业的升级上来。应利用城市中心区土地进行提升，尽可能避免对周边区域生态环境的侵占③。安德森（A. S. Alderson，2004）指出，城市群要在国际城市网络中获得一席之地，就必须对现有产业结构进行调整，突出服务业功能，并将多个城市的产业进行捆绑式开发，以加速形成国际化产业集

---

① Roger C K Chan，Yao Shimou. Urbanization and Sustainable Metropolitan Development in China：Patterns，Problems and Prospects [J]. Geo-Journal，1999 (49)：269 – 277.

② Soltani Ali Allan. Analyzing the Impacts of Microscale Urban Attributes on Travel：Evidence from suburban Adelaide [J]. Journal of Urban Planning and Development，2006 (3)：132 – 137.

③ Beaver stock JV，Taylor PJ，Smith RG. A Roster of World Cities [J]. Cities，1999 (6)：445 – 458.

群。总的来看，当代学者认为城市群空间结构的选择应参考城市群在世界城市网络中所处的地位和能够发挥的功能，并充分依托海港、航空港等交通的优势。城市群应加快产业的升级，大力发展服务业，并适当地将优势产业集中至核心城市，从而培育国际化产业核心。同时，城市群应避免对环境的过度侵占，应在城市之间留有较大面积的生态绿地①。

总的来看，2000 年以后关于城市群有机生长理论的研究更趋向于与当代的新型交通、产业发展、已存在的空间结构相结合，并一再提出留足生态用地的重要性。可以认为，与城市群有机生长理论相关的国际前沿理论传承了技术学派对模式的重视，田园学派和谐发展与留足发展空间的思想，经济地理学派的方法论，并与现代经济发展形势结合起来。

第二节　国内理论综述

国内针对城市群空间结构的研究起步较晚，对有机生长理论的研究十分有限。1985 年，姜敏在《中国东北"黑三角"——辽宁中部城市群在崛起》一文中探讨了辽宁中部城市群的布局和功能，是我国城市群空间结构研究发表最早的文章②。此后，姚士谋、周一星、许学强、郑伯红、宁越敏、顾朝林等学者不断对我国城市群空间结构进行深入的研究，并将国外城市群理论与中国的实际情况相结合，创造了具有中国特色的城市群理论体系。按照对城市群空间结构特征和形成机制的解释的区别，可将上述理论分为连续布局理论、等级结构理论、产业推动理论和全球化发展理论。

一、连续布局理论

连续布局理论（Theory of Continuously Layout）是我国最早出现的城市群空间结构理论之一，主要来源于国外大都市绵延带（Megalopolis）、大都市区（Metropolitan）、都市圈（Metropolitan Circle）的相关理论。连续布局

---

① Kunzmann K. The Attern of Urbanization in Western Europe [J]. Ekistics, 1991, 50 (2): 156 – 178.

② 陈群元，喻定权. 我国城市群发展的阶段划分、特征与开发模式 [J]. 现代城市研究，2009 (2): 44 – 45.

理论认为中国城市群与国外的大都市绵延带和大都市区相似，具有连片发展的趋势，在未来将形成大规模的片状城市群。叶舜赞（1994）认为，我国的城市化具有向心性趋势，即中小城市向大城市发展，大城市向特大城市靠拢的趋势。这种趋势会使得城市群在未来形成巨大的雪花状连续型空间结构。胡序威（1998）认为，产业的发展使得城市群中主要城市的规模不断扩大，并带动周边城市的发展，从而不断减小城市之间的距离，使得城市群形成连续布局的空间结构①。冯建（2004）认为，长三角、珠三角等城市群的发展实例表明，我国城市群中各级城市的规模都在不断扩大，在未来有突破行政界线并融为一体的可能，这将在很大程度上加剧城市现有的一系列问题②。方创琳（2007）认为，我国城市群现阶段的发展趋势表明，产业对于土地的要求较高，将不断占据城市周边的土地。如果不对城市群的发展进行干预，那么在未来数十年内，我国将形成许多建成区相连的庞大城市绵延区③。可以看出，2000 年以前我国的连续布局理论直接套用国外理论，难以准确解释中国城市群发展趋势。2000 年以后，我国学者将连续布局理论与中国城市群实际情况进行了结合，指出我国城市群在缺乏管理与控制的情况下，可能会形成连续布局的空间结构，但这并不是一种科学的模式。近年来学者更指出应从各方面避免形成这种模式。连续布局理论实际上为城市群有机生长理论提出了一种反例，即在无序生长的情况下，城市群有可能生长为连续布局的大片城市带，造成各种城市问题。城市群有机生长理论要解决的主要问题，即为避免中国城市群无序生长，形成连片布局城市带。应致力于保持城市群的优化生长，形成城市之间留有充足绿地、城市规模合理的城市群空间结构。

二、等级结构理论

等级结构理论（Theory of Functional Classification）是我国学者在对中国城市群进行广泛实证研究的基础上产生的，能准确解释中国城市群的空间结构及其形成机制。该理论并不将城市群作为一个由多个城市绵延而成的板

---

① 胡序威，周一星，顾朝林，等. 中国沿海城镇密集地区空间集聚与扩散研究［M］. 北京：科学出版社，2000：142 - 225.

② 冯健. 转型期中国城市内部空间重构［M］. 北京：科学出版社，2004：30 - 36.

③ 方创琳，等. 区域规划与空间管治论［M］. 北京：商务印书馆，2007：233 - 245.

块，而是将之视为一定区域内多个城市以一定功能等级结构组成的有机整体，强调城市作为功能个体在等级结构中所担负的角色。姚士谋（1992）在《中国城市群》一书中提出，在特定的地域范围内具有相当数量的不同性质、类型和等级规模的城市，依托一定的自然环境条件，以一个或两个超大或特大城市作为地区经济的核心，借助于综合运输网和信息网络，共同构成相对完整的城市"综合体"，即城市群①。许学强（1995）以珠江三角洲地区的城市化作为研究对象，认为珠三角地区的城市具有明显的职能等级结构，中心城市对次中心、组团城市有明显的带动作用②。张京祥（2000）研究了城市群体空间演化基本机理和城市群体空间运行系统，进而提出我国城市群等级结构的形成规律，包括有序竞争群体优势律、社会发展人文关怀律、城乡协调适宜承载律和敞密有致空间优化律在内的空间组合规律，以及城市群体空间发展组织调控模式③。朱英明（2001）对我国城市群发展的等级、功能、再分配和增长特征进行了综合分析，并提出了城市群发展如何进行空间等级规定与衔接、统一规划、及时调整城市群管理战略与方针的问题④。周昌林（2007）分析了长三角城市群自改革开放以来格局演化的特征及其动力机制。认为长三角城市群具有明显的城市等级结构，这个等级结构有着自上而下的辐射带动作用，对城市群空间格局的演化具有很强的作用力⑤。总的来看，等级结构理论能更确切地解释中国城市群的空间结构特征，即城市在一定范围内呈不连续的分布状态，且城市之间具有明显的等级结构。等级结构理论十分适合用于研究中国城市群空间结构的形成机制和演化特征，对城市群有机生长理论在中国的应用有积极的意义。

三、产业推动理论

产业推动理论（Theory of Industries Advance）是我国学者在总结中国城市群形成机制的基础上形成的。该理论认为，中国城市群空间结构的形成，

---

① 姚士谋，汤茂林，陈爽. 区域与城市发展论［M］. 合肥：中国科学技术大学出版社，2009：45-49.

② 许学强. 珠江三角洲的工业化与城市化［J］. 地理学与国土研究，1995（1）：35-42.

③ 张京祥. 城镇群体空间组合［M］. 南京：东南大学出版社，2000：135-147.

④ 朱英明，孙钦秋，李玉见. 我国城市群发展特征与规划发展设想［J］. 规划师，2001，17（6）：78-82.

⑤ 周昌林，李江，长三角城市群的格局演进、动力机制与发展趋势探究［J］. 经济经纬，2007（5）：42-46.

与城市的产业发展有密切的关系。制造业、服务业的发展需要大量的劳动力和土地，大大拉动了城市扩张。城市之间的产业协作，则明确了辐射与被辐射，引导与被引导的关系，从而形成职能分工明显的城市群空间结构。与等级结构理论相比，产业推动理论也试图解释城市群的形成机制，但更偏重于研究产业对于城市群的重要影响。闫小培（1997）在对于粤港澳城市群的研究的基础上，分析了城市群空间结构生成的动因，即产业化和区域协作。中心城市以服务业辐射周边的组团城市，促进其工业发展；组团城市又以工业作为中心城市的支撑，从而强化各城市之间的空间联系①。宁越敏（1999）通过对于长三角城市群形成机制的分析，认为产业化是推进长三角城市群各个城市发展的主要因素，各城市在产业结构和产业部门方面的差异使得城市之间保持合作关系，从而形成产业走廊和经济带②。胡序威（2000）通过对于中国沿海城镇密集区域城市化与产业化的研究，认为城市群的形成与产业化的推进密不可分。产业化的加速发展使得沿海地区的城镇规模不断扩张，并形成一种特定的职能分工。这种职能分工直接影响了城市群的功能布局模式，从而决定了城市群的空间结构。顾朝林（2001）通过对于长三角城市群性状特征和形成机制的分析，找出了影响其空间结构的主要因素，即城市间的产业分工及协作。产业的发展为城市带来机遇，从而带动了城市在管理体制、运作模式方面的转型③。许学强（2007）总结了改革开放以来珠三角城市群的城市化特征，认为快速的产业化和制造业的高速发展是珠三角城市群发展与扩张的主要动力，城市群通过产业发展累积了大量的资本，从而促进了基础设施的建设，为城市的进一步扩张提供了有利条件。但多数城市对于制造业功能的偏重造成了城市群整体的功能失衡④。总的来看，产业推动理论认为产业的区域分工影响到各个城市的发展方向和发展速度，同时构建了一定范围之内的协作实体，如经济圈、产业带等。相对于连续布局和等级结构理论，产业推动理论更重视产业化和城市化的联系，指出城市的主导产业的选择和功能布局决定城市群的生长趋势，对城市群空

---

① 闫小培，郭建国，胡宇冰. 粤港澳都市连绵区的形成机制研究 [J]. 地理研究，1997，16（6）：22 – 29.

② 宁越敏. 国外大都市区规划体系评述世界 [J]. 地理研究，2003（1）：150 – 153.

③ 顾朝林. 长江三角洲都市连绵区性状特征与形成机制研究 [J]. 地球科学进展，2001（2）：52 – 56.

④ 许学强. 国外大都市区研究历程回顾及其启示 [J]. 城市规划学刊，2007（2）：53 – 56.

间结构有显著的塑形作用。该理论充分认识到产业对于中国城市群空间结构的重要影响，为城市群有机生长理论对中国城市群的研究提供了准确的思路。

四、全球化发展理论

全球化发展理论（Theory of Globalization）是在经济全球化时代，我国学者在充分研究世界经济发展趋势的基础上提出的理论，试图在日益激烈的世界竞争中谋求中国城市群的发展之道。该理论认为，在经济全球化的形势之下，世界上的所有城市群都将参与到国际市场竞争中来，分享机遇，面临挑战。在此背景下，城市群必须顺应全球化的大潮，做出准确的发展定位和功能选择，主动参加国际分工，方能在世界经济中获得生存与发展。顾朝林（1999）立足于全球化背景和世界城市化的新趋势，对中国城市群的发展定位进行了研究，认为中国城市群应转变发展方向，积极发展生产性服务业，为参与国际分工打下基础①。郑伯红（2005）分析了世界城市网络化的趋势，认为包括金融、证券、保险、会计、法律服务、广告、管理咨询等的高级服务业的信息流动是当代世界城市网络化的成因。高速流动的信息网络对信息中心的要求日益提高，促使一些功能在城市密集区不断积聚②。这一方面将加强伦敦、纽约、东京等老牌世界城市的地位，另一方面也将为发展中国家城市群的国际化发展带来机遇。段杰（2003）以珠三角地区的生产性服务业为研究对象，分析了全球化背景下生产性服务业对于城市群发展的重要影响，指出生产性服务业是引导城市群进行国际化发展的主要动力③。周振华（2006）认为全球城市区域是我国城市群的主要发展方向。长三角、珠三角、环渤海这三大城市群将首当其冲地成为发达的全球城市区域。全球城市区域具有发达的制造业和生产性服务业，国际交往频繁，并有完善的国际交流平台④。我国应积极借助全球制造业网络，大力发展生产性服务业，

---

① 顾朝林．大都市伸展区：全球化时代中国大都市地区发展新特征［J］．规划师，2002（2）：44－51.

② 郑伯红，张方，廖荣华．资源型城市的核心竞争力的演变与调控［J］．人文地理，2002（6）：54－59.

③ 段杰，阎小培．粤港生产性服务业合作发展研究［J］．地域研究与开发，2003（3）：77－79.

④ 周振华．全球城市区域：我国国际大都市的生长空间［J］．开放导报，2006（10）：21－26.

建设开放程度高、基础设施好、发展潜力大的世界城市区域，为国际化大都市的建设打下基础。与以上理论相比，全球化发展理论更注重城市群在宏观的世界城市网络中的地位、功能和影响，强调城市群的研究应该站得更高，看得更远。这为中国城市群参与世界经济发展，面临全球化的机遇与挑战提供了指导意义，也成为城市群有机生长理论必须考虑的问题。如能合理利用全球化发展带来的机遇，积极培育国际化的高端服务业产业集群，必能为城市群的有机生长带来强大的推动力。

五、国内前沿研究方法动态

我国城市群空间结构的研究方法诞生于 20 世纪 90 年代。其创始之初以数理分析方法为主，之后不断融入空间分析方法的内容。目前，大多数学者均采用数理分析与空间分析相结合的方法研究城市群的空间结构，在方法论上较大幅度地借鉴了欧美学者的数理和图面分析法。近年来，一些新颖的研究方法，如流量值分析法等，不断涌现，使我国的城市群空间结构研究方法不断丰富且日益完善。

数理分析方法是我国学者在城市群空间结构研究方面应用最早且最广泛的一种研究方法。许学强（2006）对珠三角城市群的人口、社会总产值、国民收入、农业总产值和工业总产值等 10 项指标进行了相关分析，构建了相关系数矩阵。同时，计算了 15 个城市的产值、人口与工业总产值的相关程度，从而明确了工业化对珠三角城市群空间结构的塑造性作用，认为工业化加速了特大城市、大城市、中等城市、小城市空间结构体系的形成[1]。宁越敏（2006）利用万有引力模型构建了经济强度联系指数公式，对长三角城市群空间结构进行了分析，认为长三角城市群中与上海联系强度越大的城市越能获得发展优势。这种情况使得长三角城市群具有对上海向心发展的趋势[2]。我国早期的数理分析方法大多将城市群中的城市看做一个个均质空间进行考虑，并通过一些模型的构建和数据的计算来量化城市群中各城市的联系度和相互关系，从而确定城市群中城市的等级体系，以此作为城市群空间形态确定的依据。国内的数理分析方法应用的手法与思路和国际主流方法应用的手法与思路基本类似，均适宜研究城市群内各城市、城镇有机生长趋势

---

① 许学强. 珠江三角洲城市群的城市竞争力时空演变 [J]. 地理科学, 2006 (2): 17-22.
② 宁越敏. 上海大都市区空间结构的重构 [J]. 城市规划, 2006 (S1): 45-49.

的差异。

数理分析和空间分析相结合是当前我国城市群空间结构研究的主流方法。顾朝林（2007）统计了长三角城市群区域中 55 个城市和 1417 个建制镇的人口规模和经济实力，对这些城镇进行了聚类分析，分为六个主要等级。同时，将各等级城镇的辐射影响范围标注在图面上，通过观察图面明确了几个主要的发展中心和发展轴线，从而确定长三角城市群的空间结构[①]。张杜鹃（2009）利用城市地理信息系统（UGIS）对珠三角城市群进行了分析。利用国内生产总值、人口规模等数据确定了各城市的经济扩散能力，并利用 UGIS 软件量化了各城市在缓冲边界中的影响程度[②]。于涛方（2009）利用 SPSS 和 MAPINFO 软件对 2000 年以来珠三角城市群空间结构及其变迁进行了研究。首先，采集 2005 年 1% 人口抽样调查资料，用涵盖各大产业部门和主要城市功能的 30 个方面的指标计算了城市功能集中度系数[③]。对珠三角城市群中 123 个地理单元（县、市、区）的集中度系数进行主成分分析，得出各个地理单元在有效主成分上的得分。依据得分进行聚类分析，将各城市确定为高级服务业主导、一般服务业主导、制造业主导等类别。同时，将分类结果以不同色块体现在 123 个地理单元上，并计算主要地理单元的核心区、辐射区和外围区，从而确定珠三角城市群的空间结构为多中心模式。数理分析与空间分析相结合的方法较适合解释中国城市群区域间具有差异，城市间具有等级结构的现象，因此成为了当代中国城市群研究的主流方法。城市群有机生长理论也将利用数理分析与空间分析相结合的方法展开研究。

值得注意的是，我国的城市群空间分析中，常将城市群中的各个城市按照其行政边界视为一个个封闭的空间，在图面上往往将城市作为点状单元。这与国外忽略城市行政边界，采用方格网、放射环等方法研究城市群区域全局的图面分析法有较大区别。前者更适应于中国的国情，后者则能更准确地把握城市群空间结构的变化趋势。如何将二者结合，对中国城市群进行更为准确的分析，是城市群有机生长理论研究的主要问题。

---

① 顾朝林. 长江三角洲城市群发展展望 [J]. 地理科学, 2007 (1)：98 – 103.

② 张杜鹃, 刘科伟. 基于 UGIS 的珠江三角洲城市群经济增长缓冲空间分析 [J]. 地理科学进展, 2009 (2)：12 – 19.

③ 于涛方, 李娜, 吴志强. 2000 年以来珠三角巨型城市地区区域格局及变化 [J]. 城市规划学刊, 2009 (1)：45 – 49.

六、国内前沿理论动态

近年来，我国城市群空间结构研究主要集中在三个方面：

第一，适合中国国情的城市群空间结构模式的探究。周惠来（2007）认为，当代中国的十余个主要城市群中，大部分的空间结构未达到最优状态。中国城市群由于行政区划限制等因素，不应片面追求大都市区或超大城市，应以多个在行政上独立，在经济上紧密联系，在区域上同步发展的城市共同构建职能等级分明的城市群空间结构①。程俐骢（2005）认为，金字塔状的等级体系适合于中国东部沿海地区的城市群。一个结构完善、联系紧密、运行高效的城市群应该具有一个强有力的核心、几个各具特色的区域中心、若干个功能组团和广阔的发展腹地②。盛广耀（2007）认为，多中心模式是中国内地城市群发展的必然选择。多个中心城市有利于扩大中心城市的辐射范围，提升中心城市对周边区域的带动能力，缩短中小城市与中心城市之间的联系距离③。

第二，城市群空间规划研究。姚士谋（2005）提出，我国城市群在发展过程中出现了内部结构不完善、整体规划滞后、忽视环境影响、管理体制不顺等一系列问题，需要以城市群空间规划进行调控。根据这些问题，城市群空间规划的要点包括重点培育核心城市、加强各级城市协作、创造合理的地域功能、重视自然要素评估、综合组织区域交通、合理配置城市经济要素、把握好城市群边界尺度等④。顾朝林（2006）认为，城市群空间规划的主要目的在于建设完善的交通体系，控制城市无序蔓延，加强城市群范围内环境保护三大方面。城市群空间规划的主要内容包括经济社会总体发展策略、城市群空间组织、产业发展与就业、基础设施建设、土地利用与区域空间管制、生态建设与环境保护、区域协调与政策建议七个要点⑤。

第三，生态城市群建设。郭丕斌（2006）认为，新型工业化和生态城

---

① 周惠来，郭蕊. 中国城市群研究的回顾与展望 [J]. 地域研究与开发，2007（5）：59－66.

② 程俐骢，吴光伟. 我国城市化滞后于工业化的成因分析 [J]. 同济大学学报（社会科学版），2005（1）：33－35.

③ 盛广耀. 城市密集区人口变动研究——以长江三角洲、珠江三角洲、京津唐地区为例 [J]. 现代财经，2007（6）：48－51.

④ 姚士谋，陈彩虹，陈振光. 我国城市群区空间规划的新认识 [J]. 地域研究与开发，2005（3）：48－52.

⑤ 顾朝林. 中国城市发展的新趋势 [J]. 城市规划，2006（3）：15－21.

市建设应作为当代城市群空间结构优化的主要方法。应积极推动产业转型，提升服务业比重，使原本高能耗、高污染、低产出的"两高一低"产业向低能耗、低污染、高产出的"两低一高"产业转化。应以产业转型引导城市主导功能转型，降低产业发展对土地、资源的要求，为城市之间留出足够的公共绿地和生态缓冲区，建设生态型的城市群①。马道明（2008）指出应从总体规划的角度确立各个城市空间发展的尺度和范围，限制不理性的建设行为，避免城市建成区的无序蔓延和恶性扩张。将环境质量、宜居程度作为城市考核的主要指标，引导城市群中各级城市保持适宜的规模，与环境和谐共存②。徐新（2010）认为，生态宜居的城市群是当前中国城市群建设的大势所趋。为此，应更重视城市中心区的提质发展而不是对外扩张，应重视人居环境的建设而不是片面的产业提升。生态宜居城市群的标志是：各城市保持适度的规模，城市间留有广阔的绿地，产业进入园区发展，避免在城市群范围内出现高污染工业③。

　　总的来看，国内学者们针对中国城市群发展实际提出了许多模式，适用于中国不同的地区。这些模式有一个共性，即都为层级分明，具有明确的发展偏重的空间结构。同时，学者们对城市群空间规划给予了高度重视，认为城市群空间规划是改善城市群空间结构，提升城市群运行效率，保护城市群生态环境的重要抓手。在此基础上，生态城市群理念的重要性不断凸显。根据这些理论，城市群有机生长理论应从城市群空间结构的优化调控入手，充分贯彻生态城市群理念，利用城市群空间规划对其生长趋势进行优化调控，从而保持城市群的生态宜居。

　　① 张培峰. 不同空间尺度的经济发展与城市化的相关分析［J］. 资源环境与发展，2006（7）：42 - 45.

　　② 张捷，赵民. 新城运动的演进及现实意义——重读 Peter Hall 的《新城——英国的经验》［J］. 国外城市规划，2002（5）：58 - 59.

　　③ 陈仲常，王芳. 中国城市化进程中的滞后城市化、超前城市化与城市中空化趋势［J］. 当代经济科学，2005（2）：45 - 51.

第三章　城市群有机生长理论体系构建

第一节　城市群有机生长理论脉络梳理

城市群有机生长理论是一个综合性理论，集纳了技术学派、田园学派、经济地理学派以及国内学界的相关理论。上述各学派在时间层次、主要观点、研究偏重方面有所差别，但对于城市群有机生长理论均有重要贡献。因此，有必要对各学派的理论脉络进行梳理。

一、技术学派理论脉络

技术学派对城市群有机生长理论的相关研究出现较早。1882年诞生的带形城市理论研究了多个城市在二维平面上的带状连续布局模式。1900—1950年这段时间中，技术学派主要探讨城市在中观层面的分区与布局，如光明城市理论中的人体器官功能分区模式，又如英国新城运动中的城市中心区的功能向新城疏散。1950年以前，技术学派大多趋向于设想理想城市群模式，提出了许多关于城市群发展布局模式、生长方式的例子。此时，技术学派的研究主旨已得到确立，即设计出优越的城市群空间结构模式或有机生长方式，引导城市群的优化生长。

1950年以后，技术学派开始重视现代城市中产生的拥挤、环境污染等城市问题。技术学派普遍认为，城市问题并不是城市规模扩大所产生的必然现象，而是城市功能结构不合理所产生的恶果。因此，创造一种具有可持续性的发展模式，对城市与城市群的功能进行合理安排，应能长远地解决城市问题。在此背景下，簇群城市理论（1954）、新陈代谢主义（1968）、"根茎"理论（1987）试图创造一种类似于生物体的发展模式，保持城市群自身不断更新，实现可持续生长。

2000年以后，技术学派更加注重与先进交通技术、通讯技术的结合。临空型布局等理论拓展了城市群生长与布局的思路。但通过设计城市群空间结构和有机生长方式优化城市群发展模式的主旨并未改变。可以看出，当代以及未来的技术学派将吸取更多先进的工业技术、规划理念和设计思想，趋向于设计更优越、更完美的城市群空间结构模式，以空间规划和设计的角度对城市群有机生长趋势进行总体优化。

二、田园学派理论脉络

田园学派对城市群有机生长理论的相关研究出现最早。早在1856年发起的城市公园运动中即提出了留出城市"呼吸空间"的思想。1898年的田园城市理论建立了经典的田园城市模型和"城乡二磁体"概念，提出了城市与农村、生态区和谐发展的理想模式。可以看出，在20世纪以前，田园学派就树立了主旨，即追求城市群与自然环境的和谐并存。

1900—1950年这段时间内，田园学派开始注意到工业发展和城市加速建设对城市群带来的不良影响，主要集中在城市中心区恶性拥挤的问题上。莱特提出的广亩城市理论、沙里宁提出的有机疏散论都试图解决恶性拥挤的问题，偏重有所不同。莱特试图大幅提升单体建筑周边的绿地面积，使城市规模变大，中心城区的意义变得模糊。而沙里宁则试图通过城市功能向外疏散的过程，保持城市的良性生长与扩张。二者虽然在静态、动态调控上有所区别，但都试图对拥挤的城市的功能进行扩散，以实现城市与自然环境的和谐共处。

1950年以后，田园学派的思想偏向于理性。1977年的新都市主义提出了城市历史文脉的重要性，倡导城市不但要与自然环境和谐并存，还必须与历史文化城区和谐共处，传承城市文脉。1990年的紧凑城市理论试图对城市功能进行紧凑布局，以减少生态用地侵占、环境破坏。这时的田园学派认识到现代城市与城市群的发展必须解决一些新的问题，比如文脉传承、建设宜居环境等。追求城市群有机生长、和谐发展的主旨没有改变，但增加了许多新的要素。

2000 年以后，田园学派理论开始考虑更多的影响因素，向综合化的方向不断迈进。生态化城市群理论对产业发展、土地储量、全球化环境进行了综合考虑，认为当代城市群应重点发展对土地要求较少的服务业，留出更多的生态用地，建设污染少、环境友好的生态化城市群。可以看出，当代的田园学派趋向于寻求更为和谐的城市群发展道路，利用改良性手法实现城市群与自然环境的和谐并存。

三、经济地理学派理论脉络

经济地理学派对城市群有机生长的研究略晚，但在研究方法论方面的贡献最大。1915 年的集合城市理论探讨了一种城市群生长思路，为之后经济地理学派的研究定下了主要方向，即研究城市群有机生长的机制。1933 年的中心地理论从产业发展、行政中心与公共设施布局等角度探索城市群形成的规律，提出了正六边形的理想化空间结构，并提供了定量分析方法。从此时开始，经济地理学派的主旨已确定，即利用定量与定性相结合的研究方法，找出城市群有机生长的机制和特征。

1950 年以后，经济地理学派对于城市群的解释方式与研究方法层出不穷。增长极理论、增长融合理论指出城市的增长与扩张，是城市群有机生长的主要动力，并对这种动力的形成、影响机制进行了详尽的分析。点轴发展理论、梯度扩散理论指出，发展中的城市群往往具有明显的等级结构。该等级结构由作为点的城市和作为轴的交通干线共同组成，高等级的城市对低等级城市有辐射带动效应，即形成梯度扩散过程。点轴发展理论和梯度扩散理论对城市群空间结构的成因、内部作用机制进行了透彻的研究。可以认为，该阶段的经济地理学派以实证分析为主，归纳了许多城市群的形成机制，并创造了大量可行的研究方法。

2000 年以后，经济地理学派开始重视在全球化发展背景下城市群有机生长的模式与特征。网络城市理论以流量计算等方法研究了新的信息交通条件对于当代城市群的塑形作用。国际化产业推动理论则对国际化产业对城市群有机生长的作用进行了详细探讨，认为国际化产业将引导城市群以全新的模式进行有机生长。可以看出，当代经济地理学派趋向于掌握更为准确的城市群研究方法，以利于分析城市群的生长机制及其影响规律。

四、国内学派理论脉络

国内学界对城市群有机生长的研究较晚。1992 年才出现对于中国城市群的概念界定。但国内学界对中国城市群的认识十分深刻，没有完全照搬欧美国家的概念和理论，根据中国城市群的特色创造出了一系列概念、思路和方法论体系。

1992—2000 年中，国内学派发展迅速，形成了连续布局、等级结构、产业推动、全球化发展等理论。这些理论或多或少地运用了国际上的一些思路或方法论，但都密切结合了中国城市群的形成、生长特征。连续布局理论认识到了欧美国家大都市带的弊端，指出中国城市群应避免形成连片都市带。等级结构理论探讨了推动中国城市群形成的实质因素，对等级职能结构形成的动力机制进行了分析。产业推动理论研究了产业对城市群有机生长的拉动作用，证实产业对城市群职能分工有重要影响。全球化发展理论中明确了中国城市群在国际上的发展定位，指出中国城市群应重点发展的产业。总的来看，2000 年以前的国内学派对中国城市群已有了一个全面而清晰的认识，提供了丰富的实证研究基础。

2000 年以后，国内学界更为重视国际化对中国城市群的影响。世界城市网络化理论研究了全球化背景下中国城市群的生长机制和演化特征，指出中国城市群必须积极参与到世界城市网络分工中去。生态宜居城市群理论则试图通过国际化功能的培育以及生态环境的改善，建设与国际接轨的新型生态宜居城市群。可以看出，当代国内学界越来越趋向于在全球化背景下实现中国城市群空间结构的优化，并试图寻求引导城市群优化生长更完善的方案。

五、总体理论脉络梳理

总体来看，技术学派、田园学派、经济地理学派、国内学界这四大学派对城市群有机生长理论均有重要的贡献。其中，田园学派起步最早，在思路方面的贡献最大，趋向于寻求更为和谐的城市群发展道路。技术学派起步较早，在模式方面的贡献最大，趋向于设计更完美的城市群空间结构模式。经济地理学派起步略晚，在方法论方面贡献最大，趋向于掌握更为准确的城市群研究方法。国内学界起步较晚，在实证研究方法方面贡献最大，趋向于优化中国城市群的空间结构。

	技术学派	田园学派	经济地理学派	国内学界
1850		城市公园运动 马切(1856)		
1900	带形城市理论 索利亚·伊·玛塔(1882)	田园城市理论 霍华德(1898)		
1910				
1920	光明城市理论 勒·柯布西耶(1926)		集合城市理论 格迪斯(1915)	
1930		广亩城市理论 莱特(1932) 有机疏散论 沙里宁(1934)	中心地理论 克里斯泰勒(1933)	
1940	英国新城运动 瑞斯勋爵等(1945)			中国城市群概念界定 姚士谋(1992)
1950	簇群城市理论 十次小组(1954)		增长极理论 佩鲁(1955)	连续布局理论 叶舜赞等(1994)
1960	仿生城市理论 索莱利(1968)		点轴发展理论 古格勒(1964)	等级结构理论 许学强(1995)
1970	新陈代谢主义 黑川纪章等(1970)	新都市主义 亚历山大(1977)	增长融合理论 杜克西亚斯(1970)	产业推动理论 闫小培等(1997)
1980				全球化发展理论 顾朝林等(1999)
1990	"根茎"理论 吉尔·德勒兹(1987)	紧凑城市理论 欧共体委员会(1990)	梯度扩散理论 哈盖特等(1988)	等级结构形成规律 张京祥等(2000)
2000	临界型布局理论 史密斯等(2001)		网络城市理论 肯尼斯等(2000)	世界城市网络化理论 郑伯红等(2005)
2010		生态化城市群理论 夸迪尔等(2004)	国际化产业推动理论 安德森等(2004)	生态宜居城市群理论 徐新等(2010)
年份	趋向于设计更完美的城市群空间结构模式	趋向于寻求更为和谐的城市群发展道路	趋向于掌握更为准确的城市群研究方法	趋向于优化中国城市群空间结构

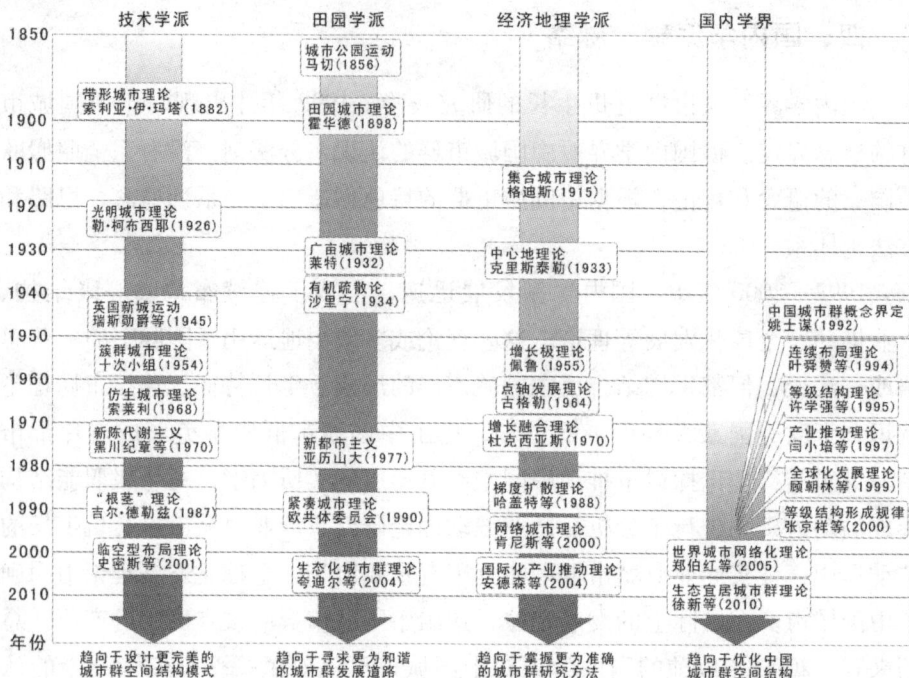

图3-1 城市群有机生长理论脉络梳理

城市群有机生长理论是在对这四大学派相关理论的总结、浓缩、传承的基础上形成的，借鉴了四大学派的理论精华要素。对于技术学派，主要借鉴了其模式方面的成果，如平面延伸的空间形态、人体组织状的城市结构、枝干体系状的城市群空间结构等。同时，也采纳了一些重要的思想，如对城市进行疏散更新，以新陈代谢实现可持续扩张，利用生物体图示进行仿生发展等。城市群有机生长理论试图在准确把握中国城市群发展实质的情况下，利用技术学派的模式成果创造出最适合中国情况的发展模式。对于田园学派，主要借鉴了其思路方面的成果，如留出"呼吸空间"的思想，城市与乡村、生态区和谐并存的思路，城市功能分散布局与向外疏散的思想，新城区与传统城区和谐共处的思路，城市功能相对紧凑布局且增加生态接触面积的思想等。城市群有机生长理论试图采用田园学派中的思路，实现对中国城市群空间结构的合理优化，并保持有机生长过程的健康与高效。同时，田园学派相关理论也是建设资源节约、环境友好的"两型"城市群必不可少的指导思想。对于经济地理学派，主要借鉴其方法论和机制研究成果，如中心地理论中的定量分析方法，增长融合理论中关于连续布局机制的研究成果，点轴发展理论中轴线带动机制的研究成果，梯度扩散理论中关于各级城市辐射带动作用量化的研究成果，网络城市理论中通过流量计算研究城市群网络联系的方法等。要准确把握中国城市群的有机生长趋势，就必须利用经济地理学派中的方法体系展开研究。对于国内学界，主要借鉴其实证研究方面的成果。如连续布局理论中应避免城市绵延发展的观点，等级结构理论中对中国城市群等级结构形成的研究，产业推动理论中对中国城市群职能分工的解释，全球化发展理论中对中国城市群国际发展定位的概况，生态城市群理论中对建设国际化产业主导的生态宜居城市群的设想等。城市群有机生长理论要完善并准确地分析中国城市群，提出切实可行的优化方案，必须参考国内学界的实证研究。

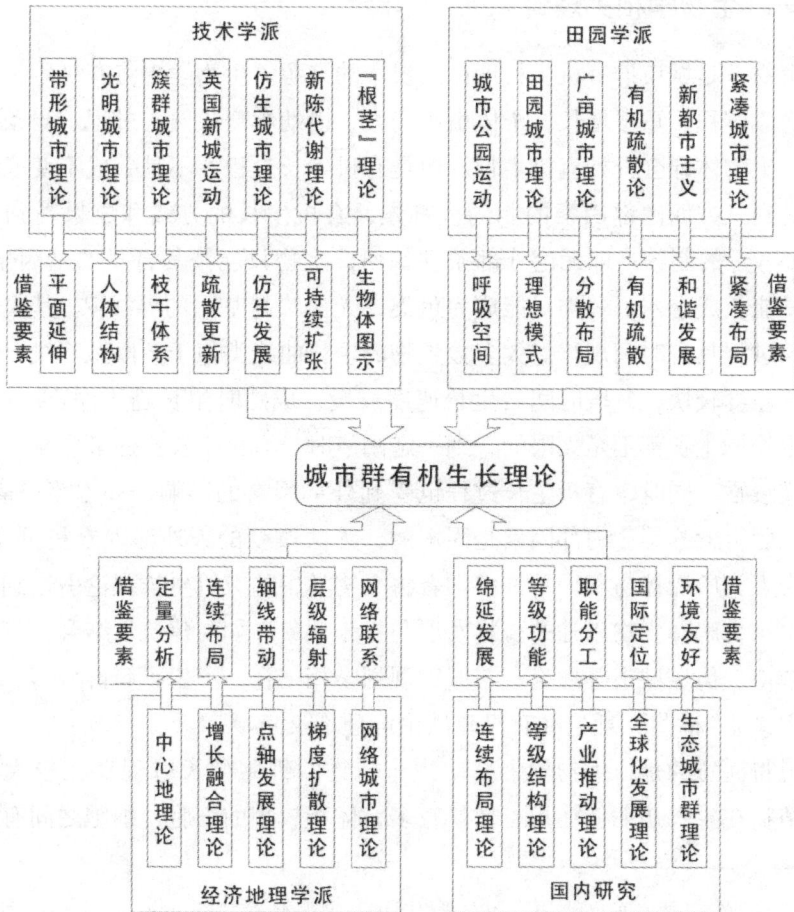

图 3-2　各学派对于城市群有机生长理论的理论贡献

第二节　城市群有机生长理论来源辨析

城市群有机生长理论的理论基础由建筑学、城市规划学、经济地理学、生物学、产业经济学等多个学科的相关研究成果组成，形成了技术学派、田园学派、经济地理学派等研究各有侧重的学派。这些学科、学派中关于城市群空间结构、有机生长的研究成果均被归纳演绎、取其精华，并纳入城市群有机生长理论基础中。

一、生物学相关理论

生物学是城市群有机生长理论最根本的来源。生物学中将有机生长定义为生物体体积、重量增长，个体由小变大，由幼小变成熟的过程。当条件合适时，生物体即会开始有机生长。但是有机生长过程并不是一成不变或无限的，受到三方面内部因素的制约。首先，有机生长的方式和成果受到基因（即 DNA）的制约。即无论外部条件如何，生物只能按其自身的基因生长，灌木只能长成灌木、鱼类只能成为鱼类，无法跨越基因的界线①。其次，有机生长过程具有时间规律。大多数生物的生长曲线类似于一段抛物线，开始时生长速度较快，一段时间后生长速度放慢，成熟时生长趋于停止。第三，任何生物的生长都不是无限的，到一定阈值时，有机生长会逐渐停止，甚至衰退或衰亡。同时，有机生长过程也受到外部因素的影响，如温度、氧气、水分、肥料营养等。内部因素是固定的，无法改变的，外部因素是可变的，可以为人类所操控与利用。许多学者将生物学中的有机生长理论引用到自己领域中来，解释生物以外的事物发展与扩张现象。如与建筑学结合，产生了光明城市、仿生城市等理论；与城市规划学相结合，产生了簇群城市、新陈代谢主义、"根茎"理论、有机疏散论等理论②。

值得注意的是，生物学中，动物与植物的细胞生长过程存在较大的差异。植物在生长初期往往具有数量较多，体积较小的细胞，细胞之间有固定

---

① 李保峰. 仿生学的启示 [J]. 建筑学报, 2002 (9)：45–51.

② 王佐. 有机生长理论及思考——从有机生长理论到可持续发展理论 [J]. 清华大学学报（哲学社会科学版）, 1997 (2)：117–121.

的细胞壁。随着生长过程的推移,植物细胞个数基本不变,体积不断增长,最终形成植物组织和成熟的植物。动物在生长初期往往仅有一个受精卵细胞,随着生长过程的推移,该细胞成几何级数不断分裂,最终形成生物组织和成熟的生物体。城市群有机生长理论对动物、植物细胞的生长过程均进行了借鉴,认为这两种生长方式均存在于城市群生长过程中。从宏观上来看,区域中城市的数量、位置基本不变,但会随着城市群的生长而不断扩大规模,这类似于植物细胞的生长方式。从微观上看,许多城市在规模扩张的同时会在周边建设卫星城或产业园区,使原本单一的城区分裂为多个城区单元,这类似于动物细胞的生长方式。城市群有机生长理论认为,在中国城市群生长过程中,这两种生长方式相辅相成,均有重要作用。

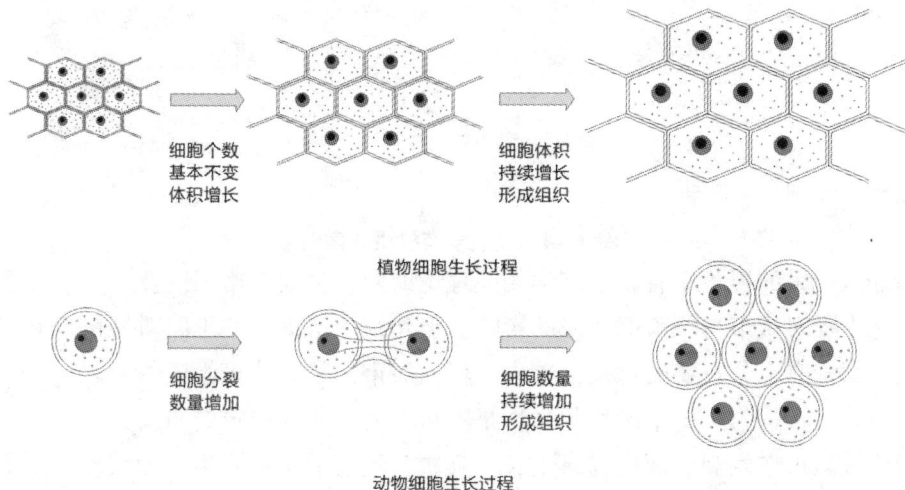

图 3-3 动植物细胞生长过程差异

二、建筑学相关理论

建筑学是城市群有机生长理论重要的思路来源。2000 年以前技术学派、田园学派的相关理论,大多都是由建筑师所提出的,如提出带形城市理论的索利亚·伊·玛塔,提出光明城市理论的勒·柯布西耶,提出广亩城市理论的莱特,提出仿生城市理论的索莱利,提出新陈代谢主义的黑川纪章、菊竹清训,提出新都市主义的亚历山大等。建筑师的视角有利于研究城市、城市群在微观层面的有机生长过程。带形城市理论中提出建设条带状的居住区单元,沿交通干线不断延伸即形成城市。广亩城市理论中提出建设由 1 英亩绿地包围的住宅单元，由大量这样的单元组成城市。实际上都是由单个建筑组成组群、组团，再由组群、组团组成城市的模式。仿生城市理论是这类理论的重要代表，也是以建筑学视角研究城市与城市群有机生长问题的高峰。仿生城市理论所提出的大树状仿生模式中，居住单位为基本单元，多个居住单位组成居住组群，多个居住组群组成功能组团，多个功能组团加上公共设施组成城市单元，多个城市单元加上附属设施则形成巨型城市结构。这种思想明显地利用了生物学的有机生长理论，即多个细胞通过有机生长形成组织，多个组织形成器官，多个器官形成生物体的规律。可以认为，建筑学的相关理论十分注重与生物学的结合，同时也积极地应用到城市规划的范畴中来，致力于从建筑、建筑群的层面解释城市、城市群有机生长的实质①。

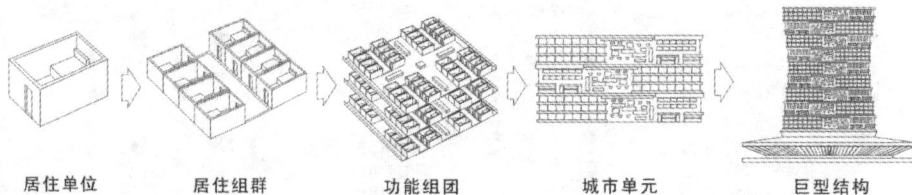

居住单位　　居住组群　　功能组团　　城市单元　　巨型结构

图 3 - 4　建筑学有机生长案例

从今天的视角来看，建筑学相关理论或多或少地忽略了产业、社会、国际化进程对城市与城市群带来的影响。但建筑学所提出的思路对城市群有机生长理论有十分重要的意义。首先，任何城市都是由建筑组成的，忽略这一点而将城市视为一个个的块状区域是不科学的。研究建筑的布局方式，有利于促进城市在微观层面的健康生长。其次，建筑学中单元生长为组团、组团生长为城市的思路十分适用于发展中的城市群。城市群中卫星城、组团城市、新城区的建设，均可应用这种思路，有利于规范化的建设和管理。第三，建筑学相关理论与生物学的结合方式对城市群有机生长理论有重要的借鉴意义，有助于明确城市、城市群的有机生长实质，即与动物细胞类似，是一个单位由少变多，总体由小变大的过程。此过程可分为若干阶段，质变和量变相互结合。总的来看，建筑学为城市群有机生长理论提供了思路来源，并为其与生物学的更好结合带来了便利。

---

① 滕堂伟，曾刚. 集群创新与高新区转型 [M]. 北京：科学出版社，2009：32.

三、城市规划学相关理论

城市规划学是城市群有机生长理论最为重要的基础理论来源。与建筑学不同，城市规划学主要强调一个自上而下的过程，试图通过设计一个总体发展模式，或对已有的空间结构进行调控，积极引导城市群的优化生长。城市规划学的相关理论大致可以按技术、田园学派分为两种思路。其中，技术学派的理论，如勒·柯布西耶的光明城市理论、十次小组的簇群城市理论、吉尔·德勒兹的"根茎"理论等，往往试图通过理想城市模式的设计，使城市与城市群的有机生长更为健康而有序。而田园学派，如霍华德的田园城市理论、沙里宁的有机疏散论、欧共体委员会的紧凑城市理论等，虽然也提出了一些理想模式，但更强调对有机生长过程的调控。这些理论指出，城市与城市群的有机生长是一个长期的过程，如果缺乏规划和控制，很可能因大量侵占生态用地，规模恶性膨胀而带来城市问题[1]。主张以规模控制、留足生态用地等方式保持有机生长的健康。相比建筑学与生态学的结合，城市规划学更注重对内、外部影响因素的研究，认为城市、城市群的发展与生物体的发展一样，受到内外因的双重作用。城市、城市群的内部因素，如自然环境、地形地貌、区位条件是难以更改，不可逆转的，但城市规划、政策环境、产业发展等外部因素是可以调节和控制的。城市规划学试图在顺应内部因素的基础上，对外部因素进行科学调控，从而保证城市与城市群的优化生长[2]。

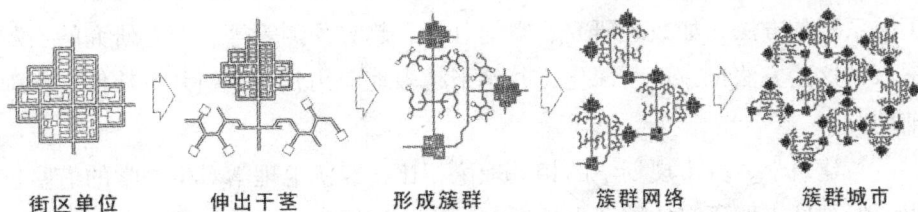

街区单位　　　伸出干茎　　　形成簇群　　　簇群网络　　　簇群城市

图 3-5　城市规划学有机生长案例

无论技术学派或田园学派，城市规划学都充分认识到了城市与城市群的有机生长是一个长期的过程，内部、外部因素在此过程中具有极其重要的塑形作用。内部因素具有不可变性，只能扬长避短，顺应并合理利用。外部因

① 陆军. 城市外部空间运动与区域经济 [M]. 北京：中国城市出版社，2001：45-49.
② 阳建强，吴明伟. 现代城市更新 [M]. 南京：东南大学出版社，1999：69.

素则是可以改变的，必须通过城市与城市群的发展模式设计、空间规划、规模控制、发展导向等手段进行调控，从而不断优化城市与城市群的有机生长过程，达到优化生长状态。城市群有机生长理论的现实意义，也就是要通过一系列的调控和规划，实现城市群的优化生长。这要求对城市规划学中模式设计、规划方式、调控手段等要素进行高度传承和发扬。

四、经济地理学相关理论

经济地理学是城市群有机生长理论的方法论来源。纵观经济地理学派的发展历程，大多数与城市群有机生长理论相关的理论均为地理学家与经济学家所提出，如克里斯泰勒提出的中心地理论、佩鲁提出的增长极理论、古格勒提出的点轴发展理论、杜克西亚斯提出的增长融合理论、哈盖特提出的梯度扩散理论等。这些理论有一个强烈的共同点，即试图通过一系列量化研究方法，描述城市群有机生长的特征与规律，解释城市群空间结构模式的成因。与建筑学、城市规划学的偏重点不同，经济地理学更注重于机制方面的研究，如城市群有机生长内部机制、空间结构形成机理、生长的影响机制等。机制研究有助于把握几个主要问题：第一，城市群按什么方式进行有机生长，有机生长的趋势如何；第二，城市群目前的空间结构的形成机理，及其对城市群各发展层面的影响；第三，目前的有机生长趋势与空间结构模式是否合理，应进行怎样的优化。为了更好地回答这些问题，经济地理学提出了一系列的方法，如数理研究、空间分析、趋势预测等等。随着研究的不断深入，这些方法也在不断深化，并越来越多地应用到了电脑分析软件，作为辅助①。

与建筑学、城市规划学的相关理论相比，经济地理学对生物学的借鉴较少，但与城市群研究的结合十分紧密。中心地理论、增长极理论、点轴发展理论、梯度扩散理论、网络化理论等经典理论，无一不是直接对城市群进行的研究。因此，经济地理学提出的方法论体系，亦可直接应用于城市群有机生长的研究范畴。城市群有机生长理论的主要目标为实现城市群的优化生长，这就要求对城市群当前及历史的生长脉络进行研究，对有机生长趋势及空间结构模式进行有效把握。为了达到这一目的，必须大量应用经济地理学

① 许学强，等. 现代城市地理学 [M]. 北京：中国建筑工业出版社，1998：56－61.

的相关方法对城市群展开透彻的研究。因此，经济地理学相关理论将作为城市群有机生长理论重要的方法论支撑。

五、城市群研究相关理论

城市群研究是城市群有机生长理论的实证来源。建筑和城市的建设迄今已有近万年的历史，而城市群仅为近百年来经济高速发展下的产物。因此，城市群研究的起步明显晚于建筑学和城市规划学。但另一方面，城市群研究能够充分借助建筑学、城市规划学的思路、观点和方法论，对全世界的城市群展开深入而透彻的研究。格迪斯的集合城市理论、佩鲁的增长融合理论、哈盖特的梯度扩散理论、肯尼斯的网络化理论等，均就当时欧美国家的城市群案例展开研究，总结了城市产生、发展、演化的趋势、动力机制以及对区域的影响。虽然，当代中国城市群与当时的欧美城市在生长机制、空间结构模式、影响方式等方面大相径庭，但这些城市群研究中的思路和方法对城市群有机生长理论仍有很大的借鉴意义。

20 世纪 90 年代以后，中国的城市群研究开始崛起。姚士谋对中国城市群概念进行了界定，叶舜赞的连续布局理论、许学强的等级结构理论、顾朝林的全球化城市理论等，以中国的长三角、珠三角、京津唐等城市群作为案例，对其形成规律、动力机制及影响展开全面的研究，把握了中国城市群发展的大致规律。与欧美城市群带状、线状发展的方式不同，中国城市群往往占有相对较大的区域面积，发展大概可分为五个阶段，即城市孤立发展—城市形成联系—城市相互作用—城市群形成—城市群继续发展。在这些阶段中，城市之间的联系不断加深，城市规模呈差异性扩大，城市群总体经济实力不断壮大，并形成了涵盖整个区域的职能等级结构与新型联系模式。中国城市群研究对这些阶段中的动力机制和发展特征进行了透彻的分析，总结了中国城市群发展演化的一般规律。

与建筑学、城市规划学相比，城市群研究更注重于实证研究，旨在通过对于一个个城市群案例的分析，把握城市群有机生长的内在规律与动力机制。对于城市群有机生长理论而言，中国城市群研究具有更大的价值。其中对于中国城市群案例的实证分析，在很大程度上把握了中国城市群形成、发展、演化的实质。城市群有机生长理论要对中国城市群展开研究，必须借鉴中国城市群研究的实证成果和方法体系。

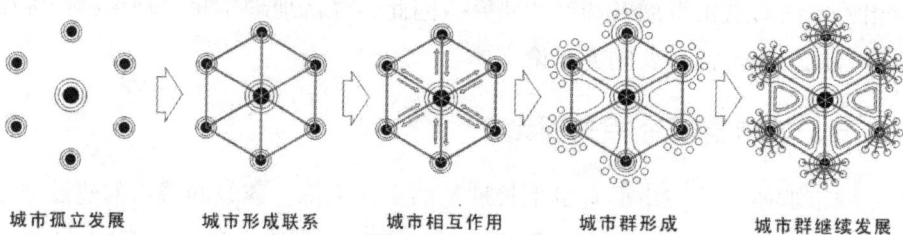

城市孤立发展　　城市形成联系　　城市相互作用　　城市群形成　　城市群继续发展

图 3 - 6　城市群研究的有机生长案例

六、产业经济学相关理论

产业经济学是城市群有机生长理论重要的基础理论来源。产业经济学本身是应用经济学的一个重要分支，试图从一个有机整体的"产业"出发，探讨在以工业化为中心的经济发展中产业间的关系结构、产业内企业组织结构变化的规律以及研究这些规律的方法。随着近现代城市群的快速发展，产业经济学开始注重产业发展对城市群重要的推动作用。许多学者利用产业经济学来解释城市群有机生长的现象与特征。如克里斯泰勒的中心地理论中，即借助产业经济学来模拟城市市场、产业区的分布，从而确定正六边形的城市群空间结构。之后的网络城市理论、国际化产业推动理论等，都分析了新型产业发展对城市群有机生长的拉动和影响作用。中国的产业经济学与城市群研究的结合更为密切。等级结构理论、产业推动理论、世界城市网络化理论都探讨了城市群中主导产业定位、城市产业分工对有机生长方式的直接影响。

产业经济学对城市群有机生长理论的重要贡献在于：认识到产业发展是城市群有机生长重要的动力机制。首先，产业发展带来了经济的增长，使得城市群聚集了更多的人口、资源和财富，为生长和扩张创造了物质条件。第二，产业的发展对城市群提出了土地、空间方面的要求，直接促进了城市群的生长扩张。第三，当产业发展达到一定阈值时，将会成为一把双刃剑，既能促进城市群的继续发展，又可能带来严重的环境污染问题。在此背景下，如何选择主导产业，如何合理布局产业，成为城市群空间规划必须面临的问题。参考城市规划学的相关理论可以发现，产业经济学试图解释城市群有机生长中重要的外部条件，即产业发展因素。在中国这样一个发展中国家，对城市群有机生长进行研究不能回避产业发展、布局与选择的问题。因此，城市群有机生长理论必须吸收产业经济学中产业影响城市群有机生长的相关理论，作为重要的基础理论来源。

第三节　城市群有机生长理论框架结构

一、城市群有机生长理论内涵

城市群有机生长理论内涵具有三个主要层面：

首先，认为城市群的发展是一个有机生长的过程。有机生长的概念来源于生物学，是自然界绝大多数生物生长的方式，是一种由内因和外因共同作用，过程可分为不同阶段，呈现抛物线性变化趋势的生长方式。城市群有机生长理论试图通过理论总结和案例分析，证明中国城市群存在有机生长的过程，并归纳其有机生长特征。

其次，认为城市群与生物体在有机生长过程中受到内部、外部因素的双重作用。内部因素作为生物体和城市群的发展本质，在生物学上表现为基因，在城市群中则表现为自然环境、地形地貌、区位条件等根本要素。内部因素影响有机生长过程的始终，是生物体和城市群均不可忽略、回避的决定性要素。外部因素在生物学上表现为水分、肥料、温度、营养等，在城市群中则表现为政策环境、经济发展状况、空间规划、设计理念等要素，同样影响有机生长的全过程，且具有可变性，是城市群有机生长理论得以利用的主要因素。当内外因素有利时，城市群将处于优化生长状态，各项功能得以合理配置，城市群保持健康发展态势。当内外因素不利时，城市群将处于亚健康或不健康生长状态，出现各类城市问题。

第三，认为城市群的发展具有与生物体类似的阶段性。处于有机生长过程中的城市群与生物体往往不以同一趋势贯穿生长的始终，而是分为孕育、萌芽、发育、成熟等阶段，每个阶段的生长趋势各具特征。影响这些阶段变迁的动力机制，是城市群有机生长理论研究的主要对象。

总的来说，城市群有机生长理论将城市群的发展和扩张视为一个存在一定规律、趋势不断变化的有机生长过程，较以往的城市群研究更加深入和细化，有利于揭示城市群发展变迁的实质。

二、城市群有机生长理论总体思路

城市群有机生长理论的主旨在于：通过研究城市群有机生长趋势，设计科学合理的城市群空间结构优化方案。根据这一主旨，城市群有机生长理论的总体思路可概况为三大步骤：

第一，研究城市群有机生长趋势。要设计真正符合城市群长远发展利益的优化方案，就必须对城市群的有机生长脉络展开详细研究。否则，制定的优化方案很可能违背城市群生长的内在规律，反而对城市群的生长带来负面影响。应对城市群的历史生长趋势、空间结构现状、未来生长方向进行深入的研究，并利用一系列方法预测城市群未来的有机生长趋势，从而得出城市群有机生长趋势结论。

第二，判断城市群有机生长状态。在对城市群有机生长趋势进行研究的基础上，应充分利用历史、当前有机生长特征以及未来有机生长趋势，判断城市群处在健康生长、亚健康生长或是不健康生长状态。一般来说，如果有机生长趋势能维持城市群发展的高效、稳定和环境友好，则判定为健康生长状态。如有机生长趋势使城市群过快或过慢发展，环境遭到破坏，资源消耗过大，则视其程度判定为亚健康或不健康生长状态。

第三，如果城市群处于亚健康或不健康生长状态，就必须依据其生长趋势制定切实可行的优化方案。之后，对优化方案在未来一段时间内可能达到的态势进行模拟和预测，判断城市群是否能达到优化生长状态。如果优化方案确实能实现城市群的优化生长，再就该方案制定可实施的对策措施。

三、城市群有机生长理论方法体系

城市群有机生长理论试图在尽可能地把握城市群生长特征的基础上，制定最适合城市群发展的优化方案。这就要求利用多种方法，对城市群的有机生长进行相对准确的研究。一般来说，城市群有机生长理论的方法体系可分为下列五个步骤：

第一，数据收集与现状分析。分析城市群的现状和历史发展情况，并搜集尽可能多而准确的数据，主要包括城市群经济、社会、环境、科技教育、医疗卫生方面的指标数据以及显示建成区范围的相关图件等。在此基础上，根据数据与图件的信息对城市群发展现状进行初步分析。

第二，要素分析与空间分析。要素分析方面，利用主成分分析、聚类分析等方法对城市群各项指标数据进行分析，利用数理结论概括城市群现阶段空间结构模式及特征。空间分析方面，利用方格网分析、离心模型等方法对城市群的有机生长状态进行研究，归纳有机生长历史趋势及特征。

城市群有机生长理论

理论内涵

城市群的发展与有机体生长特征类似

- 生长阶段类似
- 生长曲线类似
- 影响作用类似

阶段特征对应

生物体：城市群

孕育：城市孤立发展

萌芽：城市形成联系

发育：城市相互作用

成熟：城市群形成 / 继续发展

内部影响要素
- DNA
- 地形水文

外部影响要素
- 阳光水肥
- 规划政策

正面影响主导 / 负面影响主导

健康生长 / 不健康或亚健康生长

总体思路

将城市群视为有机体

分析城市群生长发育现状特征

分析并模拟城市群自然生长趋势

预测并评价城市群自然生长态势

健康生长 / 亚健康生长 / 不健康生长

保持现状 / 制定优化方案

模拟城市群优化生长态势

分析优化生长的优势

针对优化生长要求提出实施对策

方法体系

城市群现状分析

要素分析
- 主成分分析
- 聚类分析
- 综合分析

空间分析
- 方格网分析
- 离心模型
- 综合分析

空间结构模式归纳

动态模拟预测
- 历史建成区叠加
- 动态曲线图构建
- 动态模拟玫瑰图
- 三维动态模拟

演变特征归纳

空间结构预测

预测模式评价

优化方案制定

优化态势预测

保障对策措施

图3-7　城市群有机生长理论框架

第三，动态模拟预测。利用动态模拟预测方法对城市群的生长趋势进行模拟，对未来发展进行预测，从而归纳出相对准确的城市群生长趋势和演变特征，预测无干预情况下未来的空间结构，并对该预测结果进行评价。

第四，优化方案制定。在评价预测结果的基础上，制定最符合城市群需要的优化方案，包括主体功能分区、城市规模与发展速度控制、城市发展导则、区域发展定位等内容。该优化方案必须能对未来 20 年的城市群有机生长起指导作用，并能指导城市群在产业发展、城市建设、规模控制等方面的行为。

第五，优化方案预测。利用动态模拟法对优化方案将产生的空间结构进行预测，判断该优化方案是否能实现城市群的健康生长。如确定能实现，则提出保障该优化方案实施的对策措施。

第四节　城市群有机生长理论主要观点

在对国际学界的技术学派、田园学派与经济地理学派研究结论，以及国内学界研究成果进行结合的基础上，本书提出了适合研究中国城市群的城市群有机生长理论。该理论有三个主要观点。

一、城市群发展属于有机生长过程

城市群有机生长理论认为，城市群具备与生物体类似的有机生长过程。生物学中，植物、动物、微生物的生长过程有一定的差别，但都表现为由小到大增长的过程，且可分为孕育、萌芽、发育、成熟等阶段。以动物胚胎发育的过程为例，其经历了卵细胞受精、细胞核分裂、形成多个细胞、形成生物组织、形成胚胎（幼体）等过程。建筑学、城市规划学中均提出了模仿生物体有机生长的模型案例。如仿生城市模型中的巨型结构，是由居住单位向居住组群、功能组团、城市单元不断累积扩张而形成的。又如簇群城市模型，由多个街区单位伸出干茎形成簇群，多个簇群构成网络，多个网络联合成簇群城市。城市群实际上也具有类似的生长过程，可分为孤立发展、形成联系、相互作用、城市群形成、继续发展等阶段。另一方面，城市群与生物体的有机生长都受到内因、外因的双重作用。内因在生物体上表现为 DNA，在城市群中表现为地形、水文、区位等先天条件。外因在生物体上表现为阳光、温度、水肥等，在城市群中则表现为政策、规划、产业发展、经济推动等人为因素。综上所述，城市群的发展符合有机生长过程的特征，在下文中将进一步证明城市群有机生长的特性。

二、城市群的有机生长要求合理调控

城市群有机生长理论认为，必须对城市群的有机生长进行合理调控。城市群的优化生长必须具备内因、外因两方面的有利条件，如平坦的地形、充裕的水源、靠近港口和交通枢纽、拥有优秀的决策者、制定科学的发展规划等。实际上，大多数城市群并不完全具备这些条件，因而难以实现高效、健康的生长。城市群有机生长的内因具有不可变性，如强力变更将带来很高的环境、经济代价。外因则是可变的，且很可能成为有机生长的决定性因素。因此，对城市群有机生长进行合理调控十分有必要。一方面，能够对现有的生长方式进行改良，节约城市群建设的成本，加快发展效率。另一方面，能通过规划设计，发挥地形、水文、区位条件的优势，回避不利因素，填补内因的不足。可以认为，对城市群有机生长进行调控具有必要性，对发展中的中国城市群尤其重要。

三、城市群有机生长理论适用于中国城市群

城市群有机生长理论指出，中国城市群的发展需要城市群有机生长理论的支撑和引导。通过对国内外城市群研究的概览可以发现，当代欧美国家的城市群已经基本定型。美国的波士华、斯匹兹等大都市绵延带和大都市区占据了所在区域绝大部分土地，缺乏生长空间。欧洲发达国家的城市群留有一部分生长空间，但由于城市化进程已经基本停滞，缺乏生长的动力。生长的空间、动力的缺乏决定了欧美国家城市群已经不会有太大的生长，用有机生长理论对其进行分析缺乏应用价值。而中国正处于新型城市化的加速发展阶段，十余个主要城市群都在以很快的速度生长建设。以城市群有机生长理论对中国城市群进行研究，有利于把握其历史和当前的生长趋势，为其未来的生长拟定出科学合理的方案，引导城市群的优化发展，有着很强的应用价值。

第四章　长株潭城市群发展现状分析

第一节　长株潭城市群发展概况

一、长株潭城市群范围界定

长株潭城市群位于我国中部地区，湖南省中部偏东，是长江产业经济带对接珠三角经济区的重要纽带。传统意义上的长株潭城市群范围包括长沙、株洲、湘潭三个地级市及其下辖的 4 个县级市和 8 个县。随着政策环境和城市群空间规划的不断更新，长株潭城市群的范围界定也发生着变化①。

2006 年，湖南省第九次党代会上明确提出了长株潭"3 + 5"城市群的发展战略。所谓长株潭"3 + 5"城市群，即核心区的长沙、株洲、湘潭三个地级市加上辐射区的衡阳、岳阳、娄底、常德、益阳五个地级市。长株潭"3 + 5"城市群向北对接大武汉城市圈和长江产业经济带，向南联络珠江三角洲经济区，向东联系长三角城市群和环鄱阳湖城市群，向西邻接长江三峡水利枢纽工程和成渝城市群，联南继北，承东启西，是我国中南部地区重要通衢。相对于传统意义上由三个地级市构成的长株潭城市群，长株潭"3 + 5"城市群总体规模更大，区域条件更加优越，竞争优势更加明显。

2010 年以后，学界对于长株潭城市群的范围界定存在一些争议。部分学者认为，长株潭城市群应只包括核心区的三个城市，即长沙、株洲、湘

---

① 代合治. 中国城市群的界定及其分布研究 [J]. 地域研究与开发, 1998, 17 (2)：40 - 43.

潭。辐射区的五个城市目前尚未与核心区城市形成密切的经济联系或产业协作，不应纳入城市群范围内进行考虑。另一部分学者认为，虽然衡阳、岳阳、娄底、常德、益阳这五个城市与长沙、株洲、湘潭的联系尚不如长三角城市群、珠三角城市群中城市的联系密切，但已与国内的其他城市群，如山东半岛城市群、海峡西岸城市群、关中天水城市群等相差不大，甚至还有一定优势。因此，长株潭城市群应将辐射区的五个城市也纳入考虑范围。

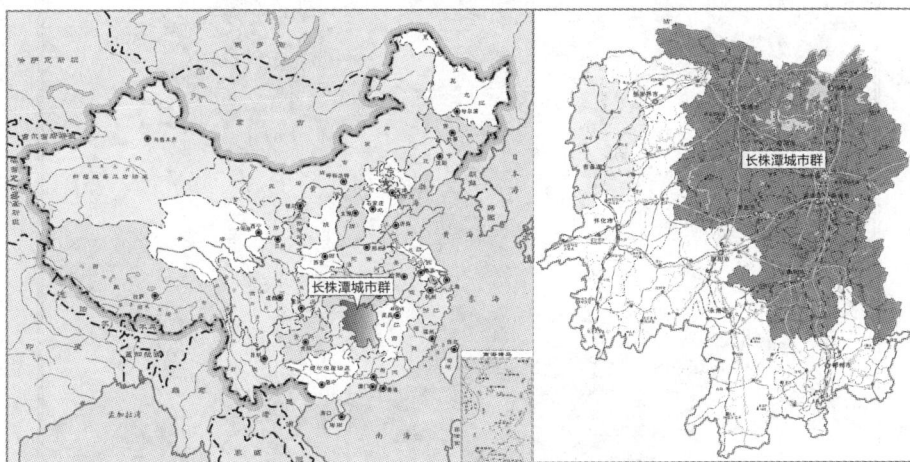

图 4 - 1 长株潭城市群区位示意

本书认为，长株潭城市群的范围应同时包括核心区的三个城市和辐射区的五个城市。纵观中国城市群可以看出，大部分城市群均由 7 个以上的地级市组成。举例而言，长三角城市群包括 1 个直辖市和 15 个地级市，珠三角城市群包括 9 个地级市和 2 个特别行政区，辽中南城市群包括 9 个地级市，山东半岛城市群包括 8 个地级市，中原城市群包括 9 个地级市，皖江城市群包括 8 个地级市，海峡西岸城市群包括 9 个地级市。在此背景下，仅有 3 个地级市的长株潭城市群，规模相对过小，经济实力过弱，无法与国内其他城市群进行竞争。同时，衡阳、岳阳、娄底、常德、益阳这五个城市，目前与长沙、株洲、湘潭已形成了较稳定的联系，在未来很有可能发展为密切的协作关系，不应忽略其一体化发展的可能性。因此，可以认为长株潭城市群必须包括核心区的 3 个城市和辐射区的 5 个城市，方能在日益激烈的区域竞争中保持优势，形成竞争力，为建设具有国际影响的城市群打下基础。由于目前学界对于长株潭城市群和长株潭"3 + 5"城市群的定义区分并不明确，而长株潭城市群与长株潭"3 + 5"城市群的提法相比，在全国范围内有更大的知名度和影响力，更适合长株潭城市群的发展。因此，本书继续沿用长株潭城市群的提法，但范围包括8个地级市及其下辖的行政单位。

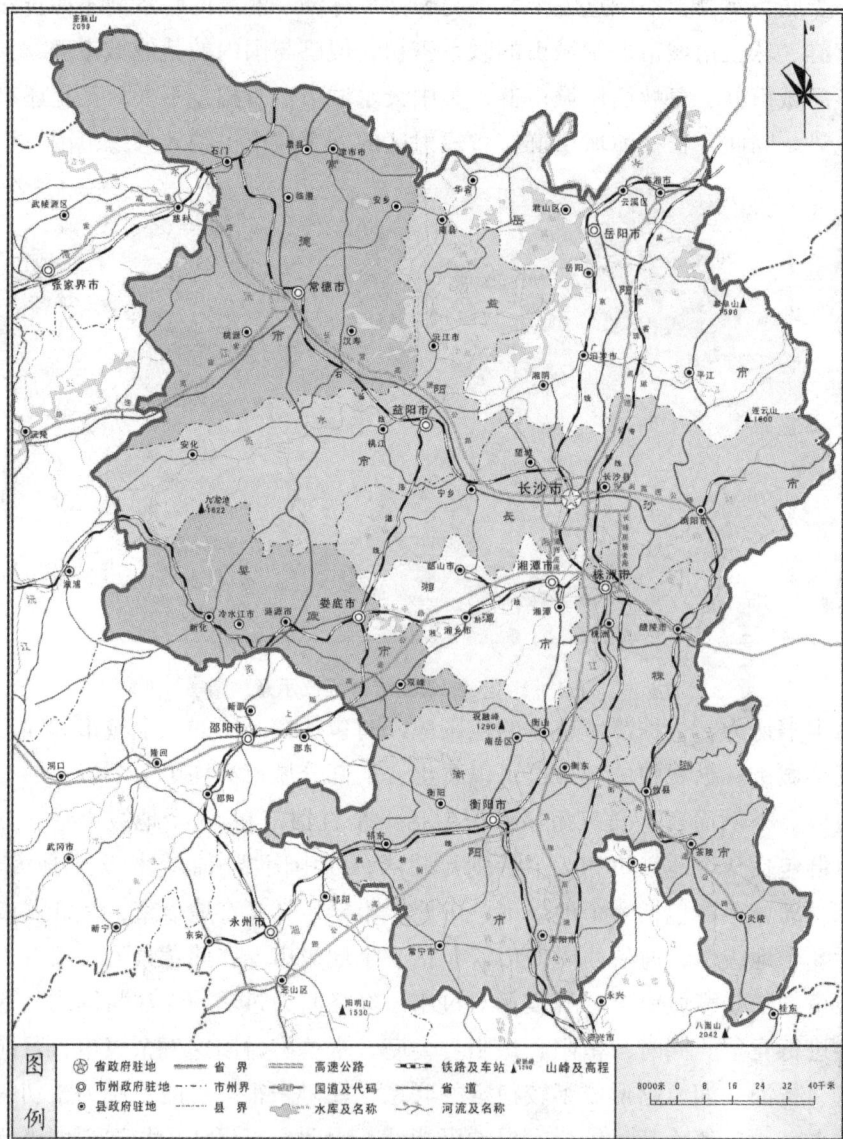

图4-2　长株潭城市群范围示意

根据上述分析，本书中的长株潭城市群包括长沙市、株洲市、湘潭市、衡阳市、岳阳市、常德市、娄底市、益阳市这8个地级市，浏阳市、醴陵市、湘乡市、韶山市、常宁市、耒阳市、津市市、临湘市、汨罗市、涟源市、冷水江市、沅江市这 12 个县级市，长沙县、宁乡县、株洲县、攸县、茶陵县、炎陵县、湘潭县、衡阳县、衡南县、衡东县、衡山县、祁东县、桃源县、汉寿县、石门县、临澧县、澧县、安乡县、岳阳县、华容县、湘阴县、平江县、双峰县、新化县、桃江县、安化县、南县这 27 个县，芙蓉区、雨花区、开福区、天心区、岳麓区、望城区、天元区、芦淞区、荷塘区、石峰区、岳塘区、雨湖区、石鼓区、雁峰区、珠晖区、蒸湘区、南岳区、武陵区、鼎城区、岳阳楼区、君山区、云溪区、娄星区、资阳区、赫山区这 25 个区。县市区共计 64 个。

二、长株潭城市群发展历史沿革

长株潭城市群是我国最早提出一体化建设的城市群之一。20 世纪 50 年代，有专家提出对长沙、株洲、湘潭进行一体化，建设"毛泽东城"。但由于当时城市化的步伐缓慢，三市的建成区难以在短时间内连接，该计划未能实现。此后一直到改革开放前，由于种种原因，关于长株潭城市群的研究和新提法有限。1980 年，随着改革开放进程的加快，我国中部地区的城市化速度不断加快，长株潭城市群的发展理念开始不断涌现，长株潭城市群开始进入快速发展的轨道。

1980 年，湖南省社科院在对长沙、株洲、湘潭三市的现状和发展趋势进行研究的基础上，提出了建立长株潭经济区的方案，得到了省委省政府的重视和支持。1984 年，长株潭经济区规划办公室成立。1993 年，长株潭经济区区域规划编制完成。1998 年，长株潭经济一体化发展协调领导小组成立。2000 年，长株潭基础设施规划编制完成。2002 年，《长株潭产业一体化规划》获批实施，湘江生态经济带开始在连接三市的 480 平方公里的区域内建设。2005 年，我国内地第一个城市群区域规划——《长株潭城市群区域规划》编制完成，提出建设生态化的网状城市群。2006 年，国务院在《关于促进中部地区崛起的若干意见》中提出，要"以武汉城市圈、中原城市群、长株潭城市群、皖江城市带为重点，形成支持经济发展和人口集聚的城市群，带动周边地区发展"。长株潭城市群的发展正式上升到国家战略层面。同年，湖南省第九届党代会上提出了长株潭"3 + 5"城市群的区域发展战略。2007 年 12 月，国务院批准长株潭城市群成为"全国资源节约型、环境友好型社会建设综合配套改革示范区"。标志着长株潭城市群的发展进入了一个新阶段。2009 年，长株潭城市群在全国率先实现三市通信同网同费。2011 年，湖南省第十届党代会上，明确提出长株潭城市群应采取"四化两型"的发展战略，坚持又好又快发展。2011 年底，国务院批准成立"大湘南承接产业转移示范区"，包括长株潭城市群的衡阳市和湖南省南部的永州市和郴州市，将作为长株潭城市群对接珠三角的桥头堡和产业协作的重要纽带。

从 20 世纪 50 年代至今的 60 年中，长株潭城市群从一个理想的概念演化到具体的规划方案，又由规划方案演化成为联系日益密切、发展日益迅速的城市群。在此过程中，长株潭城市群是以什么样的空间结构发展，其生长趋势如何，是本书需要研究的主要问题。

三、长株潭城市群发展基本情况

长株潭城市群作为湖南省对接珠三角经济区和长江产业经济带的枢纽区域，具有优越的区位环境和交通条件。既有京广、浙赣、湘黔、石长等铁路以及武广高速铁路在此交汇，又有京珠、上瑞、长常等高速公路和 106、107、319、320 等国道经过，还有长沙黄花机场、常德桃花源机场等航空港。沪昆高铁、二广高速、杭瑞高速、厦蓉高速、京珠高速复线等交通设施的建成，将进一步增强长株潭城市群的区位交通优势。至 2015 年，长株潭城市群已成为中部地区重要的综合交通枢纽。

长株潭城市群作为湖南省经济社会发展的核心区域，在湖南省的发展中占据举足轻重的地位。长株潭城市群的土地总面积为 97065 平方公里，占湖南省的 45.83%。2010 年，长株潭城市群完成国内生产总值 12560 亿元，占湖南省的 78.98%，城镇总人口 1574.6 万人，占湖南省的 52.3%，城镇建成区总面积 1635.54 平方公里，占湖南省的 64.90%，固定资产投资额 7540 亿元，占湖南省的 76.77%，社会消费品零售额 4425 亿元，占湖南省的 76.62%。可以看出，长株潭城市群的土地面积尚未占到湖南省的一半，但各项主要经济指标比重均达到湖南省的 50% 以上，大部分指标甚至超过湖南省的 70%。这充分说明长株潭城市群在湖南省的经济社会发展中起着领头羊的作用。其发展水平直接决定了整个湖南省的经济增长速度。

表 4 – 1　长株潭城市群主要经济指标与湖南省对比情况（2010）

	土地总面积(平方公里)	国内生产总值（亿元）	城镇人口（万人）	城镇建成区面积(平方公里)	固定资产投资（亿元）	社会消费品零售额（亿元）
长沙市	11818	4547	272.03	363.44	3193	1812
株洲市	11420	1275	166.82	192.38	809	427
湘潭市	5006	894	123.46	122.52	633	257
衡阳市	15302	1420	350.29	258.58	641	472
常德市	18248	1492	168.26	215.93	613	470
岳阳市	15019	1539	256.55	222.74	782	507
娄底市	8108	681	114.65	116.71	409	219
益阳市	12144	712	122.54	143.24	460	261
长株潭城市群	97065	12560	1574.60	1635.54	7540	4425
湖南省	211800	15902	3010.62	2520.13	9821	5775
长株潭城市群占全省比重	45.83%	78.98%	52.30%	64.90%	76.77%	76.62%

各城市数据均为市域数据。资料来源：湖南省统计局，各城市 2011 年统计年鉴。

目前，长株潭城市群已形成以工程机械、装备制造、电子信息、冶金有色、纺织服装、食品加工、精细化工、生物医药、造纸印刷为主的主导产业体系。同时，长株潭城市群有着雄厚的教育科技实力，拥有高等院校 60 余所，科研机构 100 多家，高学历、高技术人才众多，是我国中部地区重要的智力资源集聚区。长株潭城市群森林覆盖面积广，水资源丰富，空气质量良好，环境品质在中部城市群中处于领先地位。总的来看，长株潭城市群区位交通条件优越，经济发展迅速，产业基础较强，科技教育实力雄厚，环境品质良好，在我国内地城市群中具有一定的竞争优势和较大的发展潜力。

第二节　长株潭城市群发展政策背景分析

一、两型社会建设

2007 年 12 月 14 日，国务院批准长株潭城市群为"资源节约型、环境友好型社会建设综合配套改革示范区"。自此，资源节约型、环境友好型的

"两型"社会建设成为长株潭城市群的主要发展方向。其中，资源节约型社会建设指的是，通过经济、法律、行政和技术等措施，在生产、流通、消费领域促进传统生产方式和消费方式向资源节约型方式改变。不断提升资源利用效率，以较少的资源能源消耗取得较大的经济社会效益，确保经济社会的可持续发展。环境友好型社会建设指的是，在充分考虑环境承载力，遵循自然规律的基础上，倡导环境文化和生态文明，构建经济、社会、环境协调发展的体系，从发展观念、消费理念和社会经济等层面实现环境的友好性。"两型"社会建设从根本上来说，就是要求长株潭城市群摈弃传统的粗放型发展模式，实现集约的、精细的、环保的发展。"两型社会"建设对长株潭城市群空间结构提出了两大方面的要求：

第一，"两型社会"建设要求长株潭城市群必须遵守节约资源、保护环境的原则。但城市群的城镇建设、产业开发又将不可避免地消耗土地资源，占用生态区域。因此，长株潭城市群应该尽量节约集约使用土地，利用有限的土地资源实现高效的开发建设。长株潭城市群的空间结构也必须符合这一原则，不应贪大求全，大量圈地，而应合理规划各个城市的发展范围，利用较少的土地和空间创造出最大的经济价值。

第二，"两型社会"建设要求长株潭城市群走低污染、低排放的产业发展道路，但又必须保证产业对城市群的支撑作用。因此，长株潭城市群应从各个城市的产业规划入手，对区域产业发展进行科学布局。同时，积极引导产业转型，大力发展资源消耗少、环境污染小、技术附加值高的"两低一高"产业，重点发展几乎无污染的生产性服务业，从而在保持"两型"特色的同时打造强有力的产业集群。

二、促进中部地区崛起战略

2006 年，国务院颁布了《中共中央国务院关于促进中部地区崛起的若干意见》（中发〔2006〕10 号）文件，着力促进中部地区经济社会又好又快发展。中部地区包括山西、河南、湖北、湖南、江西、安徽六省，土地面积 102.8 万平方公里，占全国的 10.7%。中部地区自然资源丰富、历史文化底蕴深厚、区位条件优越，但目前的发展面临着严峻的挑战，包括日益激烈的区域竞争、资源能源和环境约束、土地供给限制等。促进中部地区崛起战略，是党中央、国务院从我国现代化建设全局出发作出的重大决策，是我国新阶段区域发展总体战略布局的重要组成部分,有利于实现我国生产力的均衡布局,实现东、中、西部协调发展。促进中部地区崛起战略主要包括加大对粮食主产区、城市群和产业带、产业结构调整、基础教育、财政税收的支持力度,支持中部地区"三基地一枢纽"建设的 36 条措施,参照老工业基地的历史欠税豁免、税收优惠等政策内容。

促进中部地区崛起战略中明确指出要以中心城市和交通干道为依托,加快发展城市群、产业带等经济密集区,并出台了一系列保障政策。在此背景下,长株潭城市群的发展受到了国家政策的大力支持和鼓励,在获得发展机遇的同时也面临着一些挑战。促进中部地区崛起战略对于长株潭城市群空间结构提出的新要求可概括为三个方面:

第一,促进中部地区崛起战略将全面带动中部六省城市群的发展。中部六省除长株潭城市群之外,尚有中原城市群、皖江城市群、环鄱阳湖城市群、大武汉城市群四个城市群。长株潭城市群如果不充分利用国家扶持政策,加快发展速度,必将在激烈的区域竞争中失去优势,而落后于中部其他城市群。这就要求长株潭城市群的空间结构必须能充分借助国家扶持政策,实现高速、高效的发展。

第二,促进中部地区崛起战略对长株潭城市群的产业结构调整提出了新要求。一方面,要求长株潭城市群作为国家粮食主产区,保持足够的耕地面积和粮食产量。另一方面,要求长株潭城市群实现产业结构升级,发展低排放、低能耗、高附加值的新型产业。这就要求长株潭城市群的空间结构既必须严格保护基本农田,充分考虑现代农业的发展需求,又要明确各区域的产业发展导向,实现产业结构的快速健康升级。

第三,促进中部地区崛起战略改善了长株潭城市群的区位优势。长株潭城市群位于中部地区与东南沿海地区、西部地区的交汇之处,将成为中部地区与东南部、西部地区对接的重要窗口和交通要道。在此背景下,长株潭城市群的空间结构应充分利用新建的交通设施之利,建设综合性的交通枢纽,进一步突出区位优势,从而谋取自身的快速发展。

三、新型工业化发展战略

2006 年,湖南省第九次党代会确定了新型工业化的发展战略,将此作为富民强省的第一推动力。所谓新型工业化,指的是由信息化带动的,科技含量高、经济效益好、资源消耗低、环境污染少、人力资源优势得到充分发挥的工业化类型。新型工业化有利于实现工业和经济的跨越式发展，有利于增强可持续发展能力，有利于发挥我国的人力资源优势，是符合我国国情，符合长远发展利益，符合"两型"社会建设要求的工业化。新型工业化对长株潭城市群空间结构也提出了新的要求，主要集中在两个方面：

第一，新型工业化要求改变传统工业的发展布局方式。传统工业往往布局零散，靠近城市中心区，对周边环境污染较大。新型工业化则要求规划现代化的工业园区，将工业企业集中到园区发展，并以园区牵头对工业企业进行统一的管理和监督，对排污、能耗进行规范。这就要求长株潭城市群在现有基础上合理布局产业园区，确定各个产业园区的发展导向，从而保证新型工业化的快速实现。

第二，新型工业化要求建设强有力的生产性服务业中心。新型工业化是由信息化带动的工业化。生产性服务业是否发达，对各类工业部门的服务是否齐全，直接决定了新型工业化的发展效率。因此，长株潭城市群需要立足于本土产业发展背景，建设强有力的生产性服务业中心，为区域内的工业企业提供全方位的服务。在提升新型工业化发展效率的同时，打造具有国际影响的生产性服务业基地。

四、新型城市化发展战略

2005 年，中国共产党第十七次代表大会上提出走中国特色的新型城市化道路，并把它列为坚持中国特色社会主义的六条具体道路之一。2006 年，湖南省第九次党代会上明确提出，将新型城市化发展战略作为富民强省的重要战略之一。所谓新型城市化，即坚持以人为本，具有"两型"特色，城乡统筹，建立政府引导、市场主导机制，坚持可持续集约发展，以城市群为主要发展方式，大中小城市共同发展的多元化城市化道路。新型城市化发展战略对长株潭城市群的空间结构提出了两大方面的新要求：

第一，新型城市化要求坚持各级城镇协调发展的多元城市化模式。新型城市化指出，应以城市群为主要发展方式，但绝不是要建设连片的大都市区，而是要从城镇体系优化入手，建设城镇职能等级结构科学合理的城市群。这要求长株潭城市群坚持各级城镇协调发展的原则，构建核心城市、主次中心城市、组团城市、小城镇相互辐射、互为支撑、共同发展的职能等级结构。

第二，新型城市化要求走城乡统筹，可持续集约发展的城市化道路。这要求长株潭城市群从空间规划和城市总体规划入手，对城市区域、农村区域进行合理的规划布局，从基础设施、管理体制等方面实现城乡一体化，避免城市对于农村区域的过度侵占。同时，坚持集约高效的土地利用原则，对城市中的土地进行开发，提高用地的经济效益，对城市周边的建设用地进行高效开发，追求用地的开发效率，务必使每一块开发建设的用地产生最大的价值。以此满足城市的土地要求，对城市周边的农业和生态用地进行严格保护。

五、承接沿海地区产业转移

2010 年 9 月，国务院颁布了《关于中西部地区承接产业转移的指导意见》。其中明确指出，由于当前国际国内市场形式和产业分工发生变化，我国东部沿海地区产业向中西部地区转移速度加快。在此背景下，中西部地区应发挥资源丰富、要素成本低、市场潜力大等优势，积极配合国内外产业转移。以产业转移促进中西部地区的新型工业化和新型城市化，带动经济水平总体提升。2011 年 10 月 6 日，国家发改委批准成立湖南省湘南承接产业转移示范区，包括衡阳、郴州、永州三个地级市，土地面积 5.71 万平方公里。湖南省委、省政府对示范区的发展有"四个战略定位"，即努力建设成为中部地区承接产业转移的新平台、跨区域合作的引领区、加工贸易的集聚区、转型发展的试验区。示范区将作为长株潭城市群对接珠三角经济区的重要窗口，承担产业承接、交流、合作等功能。针对国家关于产业转移的政策和示范区的建设，长株潭城市群的空间结构需要进行相应的优化，以适应示范区建设的新形势。

第一，长株潭城市群的产业空间布局需要调整优化。长株潭城市群应依托进入产业转移示范区规划范围的衡阳市，积极引导东南沿海地区，尤其是珠三角城市群的产业进驻。应发挥衡阳市的交通枢纽优势，不断将产业转移的势头向北引进，使长株潭城市群全局都能顺利承接产业转移。同时，各个城市的产业偏重亦需要进行相应的优化调整，重点发展劳动密集型、技术密集型等能充分发挥本土优势的产业部门。

第二，长株潭城市群的基础设施空间布局需要相应的优化。在承接沿海地区产业转移的进程中，大量工业企业的进驻将对交通、给排水、电力电信等基础设施提出更高的要求。在此背景下，长株潭城市群应根据产业的发展需求，以超前规划的视角规划大容量的基础设施，充分保证产业的高效转移，并为转移进来的产业提供全方位的服务，保障其顺利发展。

第三节　长株潭城市群产业发展现状

一、第一产业发展现状

湖南是我国的农业大省，是中部崛起战略中明确提出的粮食主产区之一。长株潭城市群农业发达，在湖南省的第一产业中占有相当大的比例。2010 年，长株潭城市群的第一产业增加值为 1443.97 亿元，占湖南省的64.48%；耕地总面积 293.83 万公顷，占湖南省的 61.09%；粮食总产量1958.16 万吨，占湖南省的 62.76%，规模以上农产品加工企业收入为1191.92 亿元，占湖南省的 62.73%；农业机械总动力为 3208.51 万千瓦，占全省的69.07%。长株潭城市群的土地面积仅为湖南省的45.83%，而第一产业主要指标均占到湖南省的60%以上，说明长株潭城市群是湖南省耕地相对集中、粮食产量相对较高、农业新技术相对普及、农业产业化程度较高的区域。

表 4 - 2　长株潭城市群第一产业主要指标（2010）

	第一产业增加值（亿元）	耕地总面积（万公顷）	粮食总产量（万吨）	规模以上农产品加工企业收入（亿元）	农业机械总动力（万千瓦）
长沙市	202.01	37.90	256.14	111.70	486.70
株洲市	123.80	26.68	184.50	150.23	436.12
湘潭市	96.04	22.02	150.97	177.44	258.22
衡阳市	264.42	50.64	333.63	243.12	397.72
常德市	280.01	47.45	379.50	199.03	481.51
岳阳市	215.53	54.17	315.81	183.90	468.39
娄底市	99.80	27.07	163.30	40.88	267.31
益阳市	162.36	27.90	174.31	85.62	412.54
长株潭城市群	1443.97	293.83	1958.16	1191.92	3208.51
湖南省	2239.44	480.91	3120.23	1900.00	4645.00
长株潭城市群占全省比重	64.48%	61.09%	62.76%	62.73%	69.07%

各城市数据均为市域数据。资料来源：湖南省统计局，各城市 2011 年统计年鉴。

根据发展的总体背景，长株潭城市群在未来将继续作为中部地区乃至全国的粮食主产区，农业的现代化和产业化将成为第一产业发展的重点。必须注意的是，当前长株潭城市群的第一产业尚存在一些问题，集中在以下两个方面：

第一，农业的现代化程度有待提升。目前，长株潭城市群大多数农业用地已应用了现代化的农业机械和农药、化肥。但就农业生产方式而言，还是以家庭承包式、小范围耕作的种植方式为主，缺乏必要的区域农业协作和农业市场信息交流。同时，农业产业化的程度有限，新技术和新品种应用于农业的周期较长。目前，长株潭城市群已建立多个现代农业示范基地，但覆盖范围有限，难以提升城市群整体的农业现代化程度。

第二，粮食种植业比重高，经济作物和畜牧水产养殖业比重有限。长株潭城市群传统的农业结构是典型的粮猪型模式，以稻米、生猪为主要农产品。此外，畜禽养殖、水产养殖、油料作物、蔬菜水果等农业都有一定的基础，但所占比例有限。在未来的发展过程中，长株潭城市群第一产业要实现区域竞争力，不但要保持粮食产量的稳中有升，还必须实现生鲜果蔬、油料作物、优质烟草、纤维作物、良种养殖、特色水产等产业的提升发展。

二、第二产业发展现状

1990 年以来，湖南省的第二产业发展迅速，已完成从一个农业大省转变为工业强省的转变，成为中部地区的工业强省之一。长株潭城市群作为湖南省工业发达的地区，集中了许多规模大、效益高、影响范围广的工业企业。目前，已形成了包括工程机械、装备制造、汽车零部件、生物医药、电子信息、新材料等主导产业部门。2010 年，长株潭城市群的第二产业增加值为 6502.93 亿元，占湖南省的 88.92%；高技术产业增加值为 213.71 亿元，占湖南省的 78.75%；规模工业企业实现利润为 718.1 亿元，占湖南省的 83.94%；建筑业增加值为 660.56 亿元，占湖南省的 63.64%。可以看出，长株潭城市群的第二产业比重接近湖南省的 90%，企业利润超过湖南省的 80%，是湖南省工业企业最为集中、大企业分布最密集、企业创造利润最高的区域，对湖南省的工业发展有举足轻重的作用。同时，高技术产业增加值占全省近 80%，说明长株潭城市群也是湖南省科技带动产业发展的重要区域。长株潭城市群的第二产业在湖南省中的优势毋庸置疑，但与国内外先进的城市群相比，尚存在一些问题，主要表现在三个方面：

第一，传统工业仍占有重要地位，两型工业处于起步阶段。目前，长株潭城市群已提出了六大战略型新兴产业为主导的工业发展战略。但从现有的工业产值结构来看，传统型工业仍占据主导地位。煤炭采掘、采矿选矿、冶炼铸造、化工原料、水泥建材等高耗能、高排放的产业比重仍较高。资源节约、环境友好的两型产业发展尚处于起步阶段，占工业产值的比重有限。

第二，高加工度产业和高技术产业比重较低。目前，长株潭城市群的高加工度产业比重仅为15.6%，高技术产业比重仅为3.3%。这说明长株潭城市群的工业尚以原材料消耗大、排放大的资源型工业为主，劳动密集型和技术密集型的产业比重有限，尚处于传统的工业发展模式。过低的高技术产业比重也说明长株潭城市群的工业与国内外先进城市群的工业之间尚存在较大差距。

第三，区域承载力有限，产业发展存在瓶颈。长株潭城市群处于丘陵平原地区，森林、农田、水域广布。在两型社会建设背景下，长株潭城市群必须对区域范围内的基本农田、林地、水体等进行严格的保护。因此，可供工业发展的区域和用地极为有限。如何利用有限的用地实现工业的集约高效发展，是长株潭城市群必须面对的瓶颈。

表4-3 长株潭城市群第二产业主要指标（2010）

	第二产业增加值（亿元）	高技术产业增加值（亿元）	规模工业企业实现利润（亿元）	建筑业增加值（亿元）
长沙市	2437.03	90.27	377.02	236.90
株洲市	745.51	32.94	62.70	80.51
湘潭市	499.38	16.84	45.91	46.90
衡阳市	645.73	18.63	62.81	82.99
常德市	685.31	14.34	76.90	68.00
岳阳市	834.23	15.13	46.99	81.80
娄底市	367.33	16.44	33.21	34.65
益阳市	288.41	9.12	12.56	28.81
长株潭城市群	6502.93	213.71	718.10	660.56
湖南省	7313.56	271.39	855.49	1038.46
长株潭城市群占全省比重	88.92%	78.75%	83.94%	63.64%

各城市数据均为市域数据。资料来源：湖南省统计局，各城市2010年度工业统计报表。

三、第三产业发展现状

湖南省在中部六省中第三产业相对发达，而长株潭城市群是湖南省第三产业集中的主要区域。2010 年，长株潭城市群第三产业增加值为 4953.18 亿元，占湖南省的 79.26%；社会消费品零售总额为 4614.15 亿元，占湖南省的 79.90%；生产性服务业增加值为 1915.02 亿元，占湖南省的 75.76%；旅游业总收入为 1032.77 亿元，占湖南省的 72.43%。可以看出，长株潭城市群第三产业各项主要指标占湖南省的比例均超过 70%，说明其在湖南省占有优势主导地位，是湖南省服务业层次相对较高、旅游业相对发达、生产性服务业发展相对迅速的区域。社会消费品零售额占湖南省的比例近 80%，充分说明长株潭城市群也是湖南省市场最为活跃的区域。但比对国内外先进城市群的情况，长株潭城市群的第三产业尚存在一些问题，主要集中在以下两个方面：

表 4 - 4　长株潭城市群第三产业主要指标（2010）

	第三产业增加值（亿元）	社会消费品零售总额（亿元）	生产性服务业增加值（亿元）	旅游业总收入（亿元）
长沙市	1908.02	1812.08	1168.03	457.99
株洲市	745.50	426.80	156.08	78.03
湘潭市	298.59	256.66	114.27	94.79
衡阳市	510.19	472.12	133.45	102.74
常德市	526.20	469.50	96.26	80.80
岳阳市	489.59	507.23	101.23	102.87
娄底市	213.59	409.06	67.56	39.25
益阳市	261.50	260.70	78.14	76.30
长株潭城市群	4953.18	4614.15	1915.02	1032.77
湖南省	6249.12	5775.26	2527.63	1425.80
长株潭城市群占全省比重	79.26%	79.90%	75.76%	72.43%

各城市数据均为市域数据。资料来源：湖南省统计局，湖南省经委 2010 年统计年报。

第一，生产性服务业比重较低，对城市群竞争力的拉动作用有限。发达的生产性服务业是国内外先进城市群的重要标志，也是城市群形成优势竞争力和国际影响力的重要支撑。因此，许多先进城市群的生产性服务业比重占第三产业比重的60%以上。2010年，长株潭城市群的生产性服务业占第三产业的比重仅为40%左右，水平明显低于先进城市群。同时，目前长株潭城市群国际化的生产性服务业比重过低，对城市群影响力提升的促进作用有限。

第二，第三产业发展各自为战情况普遍，拳头产业集群未形成。目前，长株潭城市群的第三产业涵盖餐饮购物、休闲娱乐、旅游接待、宾馆酒店等生活性服务业和金融证券、保险理财、投资信托、法律咨询、物流配送等生产性服务业。各产业发展相对均衡，缺乏密切的协作关系，未形成稳定的产业链和产业集群。这说明长株潭城市群第三产业尚处于传统的分散发展模式，亟待整合提升。

第四节　长株潭城市群城镇建设现状

一、地级城市建设现状

长株潭城市群共有地级市8个，分别是长沙、株洲、湘潭、衡阳、常德、岳阳、娄底、益阳。改革开放以来，这8个城市经济发展迅速，城市扩张速度明显加快。至2010年，长沙市市域范围内的城镇建成区面积达到273.44平方公里，除娄底外的其他7个城市城镇建成区面积均超过100平方公里。同时，除湘潭外的7个城市建成区增长速度均超过了6%，岳阳市和娄底市的增长速度最快，分别达到了8.20%和8.21%。总的来看，长株潭城市群中地级城市规模较大，增长速度较快，城市群城镇建设的基础较好。但与国内其他城市群比较而言，长株潭城市群的地级城市建设也存在着三方面的问题，将对总体发展产生一些不利影响：

第一，建成区总面积有限，占区域国土面积比例较小。2010年，长株潭城市群中城市建成区总面积为1102.54平方公里，仅占国土总面积的1.13%。相比之下，长三角城市群建成区总面积为5851平方公里，占国土总面积的 2.67%，珠三角城市群建成区总面积为 3676 平方公里，占国土总面积的 10.51%，水平均显著高于长株潭城市群。建成区规模是衡量城市群发展程度的基础性指标之一，长株潭城市群建成区总面积较小，占国土面积比例低，说明其属于发育尚未成熟的城市群。

第二，城市建成区相距较远。长株潭城市群中，长沙、株洲、湘潭三市建成区彼此之间的距离在 40 公里左右。此外，长沙距离娄底、益阳等城市的距离为 100 公里左右，距离岳阳、常德、衡阳的距离为 150 至 200 公里不等。娄底、益阳、岳阳、常德、衡阳这 5 个城市彼此之间的距离也在 150 至 200 公里左右。相比之下，珠三角城市群中，大部分城市与广州、深圳之间的距离为 50 公里左右，彼此之间的距离一般不超过 100 公里；大武汉城市群中，武汉与除天门外 7 个城市的距离都在 100 公里以下，黄石、黄冈、鄂州之间的距离不到 20 公里，天门、潜江、仙桃之间的距离不到 50 公里。也就是说，与国内其他城市群相比，长株潭城市群的地级城市相距较远，未形成空间联系紧密的经济区或经济带。同时，较远的建成区距离必须依靠高速公路、高速铁路、航空交通来弥补，在一定程度上增加了长株潭城市群的发展成本。

第三，城市扩张的质量有待提升。近年来，长株潭城市群各地级城市均保持了较高的扩张速度，除湘潭外均超过 6%。尤其是 2005 年以后，许多城市每年都要增建 5 平方公里左右的建成区，相当于每年增建一个欧洲中小城市。然而，在高速扩张的同时，长株潭城市群并未保持相应的城市开发质量。城市周边的开发区中，圈地、囤地导致土地闲置的情况时有发生，建设用地低效开发、用地容积率低于下限等情况较为常见。同时，部分新建的工业区仍然准许传统的污染型工业入驻，一些城市周边的城中村尚未进行改造，都在一定程度上降低了城市扩张的质量。因此提升城市扩张的质量，保障开发用地的使用效率，是长株潭城市群目前有待研究的主要问题。

表 4 - 5　**长株潭城市群地级城市建成区面积增长**（1980—2010）（单位：平方公里）

年份	长沙	株洲	湘潭	衡阳	常德	岳阳	娄底	益阳	长株潭城市群
1980	38.26	18.11	20.52	22.33	12.64	9.08	6.58	14.88	142.40
1990	72.35	32.54	36.74	41.85	23.09	21.00	15.44	24.98	267.99
2000	119.03	63.11	51.34	62.37	42.12	36.88	26.84	41.71	443.40
2001	126.43	69.48	55.47	69.03	46.39	42.12	30.01	47.23	486.16

（续表）

年份	长沙	株洲	湘潭	衡阳	常德	岳阳	娄底	益阳	长株潭城市群
2002	144.52	78.84	59.91	75.21	52.14	47.32	34.94	52.09	544.97
2003	156.80	86.52	65.74	80.14	59.26	53.43	38.12	58.46	598.47
2004	179.41	92.36	70.28	86.22	65.41	59.21	43.09	65.92	661.90
2005	208.46	98.84	75.96	91.00	70.93	66.39	48.77	71.31	731.66
2006	221.08	109.94	80.89	95.31	75.28	71.01	52.09	76.32	781.92
2007	233.72	126.13	86.01	112.21	81.14	77.92	59.91	82.09	859.13
2008	247.94	144.25	91.04	122.09	89.96	84.61	68.21	90.11	938.21
2009	261.28	153.48	96.71	139.08	103.58	95.00	71.86	97.84	1018.83
2010	273.44	162.38	102.52	158.58	114.93	105.74	76.71	108.24	1102.54
平均年增长率	6.24%	7.16%	4.73%	6.21%	7.22%	8.20%	8.21%	6.31%	6.57%

各城市数据均为市域数据。资料来源：《中国城市统计年鉴》（1980—2010），各城市 2011 年统计年鉴。

二、中小城镇建设现状

近年来，长株潭城市群的中小城镇发展迅速，已形成了一批综合性的中等城镇和各具特色的小城镇。其中，中等城镇主要指城镇聚居人口在 10 万以上，城镇建成区在 10 平方公里以上的县级市及县城（即城关镇），包括浏阳市、宁乡县城、醴陵市、攸县县城、茶陵县城、湘乡市、韶山市、衡阳县城、衡东县城、衡南县城、衡山县城、祁东县城、常宁市、耒阳市、桃源县城、汉寿县城、石门县城、澧县县城、津市市、安乡县城、岳阳县城、临湘市、华容县城、汨罗市、平江县城、冷水江市、涟源市、双峰县城、新化县城、沅江市、安化县城、桃江县城、南县县城，共计 33 个。小城镇则指城镇聚居人口在 2000 以上的建制镇，在长株潭城市群范围内分布广泛，共计 530 个。其中长沙 40 个，株洲 67 个，湘潭 39 个，衡阳 70 个，常德 103 个，岳阳市 90 个，娄底 52 个，益阳 69 个。总的来看，长株潭城市群的中小城镇数量相对较多，分布相对密集，对大城市的发展有着较强的支撑作用。但就建设现状而言，长株潭城市群的中小城镇尚存在着一系列问题，主要集中在以下三个方面：

第一，城镇基础设施建设滞后。通过对长株潭城市群中小城镇的调查走访发现，除了与大城市距离近或发展基础较好的城镇外，大部分中小城镇的基础设施建设滞后。主要表现在内部交通组织混乱、管线设施陈旧、供水供电系统容量小、排水管网覆盖面窄等方面。城镇基础设施建设的滞后对中小城镇的扩张和提质带来了阻碍，直接影响了中小城镇的面貌和发展速度。

第二，缺乏科学合理的规划设计。在调查走访的基础上可以看出，长株潭城市群中小城镇大多是自发形成，按照所处地形呈自然状态分布的。其空间形态、建筑形式、城镇景观都有着较强的自发性和随意性，缺乏总体的规划设计。在未来的发展过程中，这种情况有可能导致城镇传统区域的功能密集，结构混乱，景观缺乏美感，从而影响城镇发展的总体质量。

第三，部分中小城镇的发展方式不够科学。目前，"两型"社会建设已成为长株潭城市群发展的第一要义。在此背景下，一些中小城镇却仍旧存在着不符合"两型"社会建设要求的建设行为。举例而言，某些中小城镇将大片生态用地圈划为工业园区；某些中小城镇以资源消耗大、污染排放较高的传统产业作为主导产业；某些中小城镇制定"宏大叙事"的发展规划，盲目地大量开发建设。这些问题主要是由绿色 GDP 考核指标尚未普及，城镇建设的控制和管理尚有不到位之处等原因造成的，可能使中小城镇的发展与"两型"社会建设的要求背道而驰。

第五节　长株潭城市群环境质量现状

一、城市环境质量现状

长株潭城市群位于平原丘陵地区，植被覆盖良好，水体分布较广，有利于污染物质的扩散、吸收和降解。同时，与辽中南、珠三角、京津唐等城市群相比，长株潭城市群的污染型重工业相对较少，污染排放的总量相对较低。因此，长株潭城市群的城市环境质量具有一定的先天性优势。

2010 年，长株潭城市群的 8 个地级城市，除娄底外空气质量优良率均超过了 90%，除衡阳外建成区绿化覆盖率均超过了 30%，除娄底外满足 III级标准的地表径流的比例均超过 80%。与之相比，2010 年大武汉城市群中，武汉、黄石、黄冈、天门、仙桃、潜江的空气质量优良率均在90%以下，武汉、黄石、黄冈、鄂州、天门、仙桃中满足三级标准的地表径流的比例均低于80%。珠三角城市群中，广州、佛山、江门、肇庆、东莞、中山的空气质量优良率低于90%，广州、佛山、江门、肇庆、惠州、东莞、中山中满足三级标准的地表径流的比例均低于80%。京津唐城市群、辽中南城市群中各城市与长株潭城市群的差距则更大。可以看出，长株潭城市群的环境质量具有显著优势，明显高于以传统工业为主的城市群。

长株潭城市群的地级城市中，长沙市的综合环境质量较为优越，大气环境、水环境、土壤环境等都能达到合格甚至良好标准，并被评为国家森林城市。株洲、湘潭、岳阳、益阳、常德的综合环境质量良好，大气环境、水环境、土壤环境均能达到合格标准。衡阳的建成区绿化覆盖率稍低，主要是由于近年来城市扩张迅速，而绿化建设未跟上城市发展的步伐。娄底的空气质量优良率等指标均相对较低，主要是由于传统钢铁工业的污染影响。总的来看，长株潭城市群8个地级城市的环境质量有一定差异，少数城市出现了一定的环境问题，但尚未对城市群的总体环境构成威胁，改造治理的难度相对较小。

表4-6　长株潭城市群城市环境质量现状（2010）

	长沙	株洲	湘潭	衡阳	常德	岳阳	娄底	益阳
空气质量优良率（%）	92.60	94.50	92.88	96.94	90.48	93.36	88.74	98.64
建成区绿化覆盖率（%）	38.61	32.16	34.57	28.89	34.16	39.21	37.64	35.66
满足三级标准的地表径流比例（%）	100.00	94.50	84.13	87.03	80.20	92.90	77.64	86.42

资料来源：各城市2011年统计年鉴。

二、污染治理现状

目前，长株潭城市群的污染型工业分布如下：株洲、湘潭以机械制造、冶炼铸造、化工、建材等污染型工业为主；衡阳以有色金属冶炼、建材等污染型工业为主；岳阳以石化、造纸等污染型工业为主；娄底以钢铁冶炼等污染型工业为主；常德以电解铝、火力发电等污染型工业为主；长沙和益阳的污染型工业分布较少，且规模普遍较小。近年来，各个城市不断加强对污染治理的重视程度，对污染源、二次污染、污染终端采取了一系列的控制和治理措施。至 2010 年，各类污染型工业的污染排放基本得到了有效的控制。8
个地级城市中，长沙、株洲、娄底、益阳的工业固体废物利用率超过 80%，
其余四个城市亦超过 70%。除衡阳外的 7 个城市污水达标排放率均超过
80%。长沙、湘潭、常德、岳阳、娄底、益阳的生活垃圾无害化处理率均超
过 90%，其中长沙、常德达到了 100%。

　　参照上文的城市环境质量现状可以发现，长沙的污染排放量相对较小，
且基本都得到了有效的治理，因而环境质量良好。株洲、湘潭和岳阳都有一
些污染型工业，污染排放量相对较高，但得益于有效的治理，环境质量相对
较好。益阳的污染排放量相对较小，但治理力度低于长沙，因而环境综合质
量稍低于长沙。娄底的污染治理力度较大，但由于污染排放量基数大，因而
环境质量较低。常德市的污水和生活垃圾均得到了有效处理，但工业固体废
物利用尚需加强。衡阳市的污水达标排放率相对较低，主要是由于一些矿产
开发和化工企业污水治理力度不够造成的，需要在未来发展过程中大幅加
强。总的来看，长株潭城市群的污染治理水平相对较好，各类污染源基本都
得到了有效的治理。但"两型"社会建设为长株潭城市群的环境污染治理
提出了更高的标准，要求长株潭城市群进一步改进现有的生产方式和管理模
式，谋求污染排放最小化与经济效益最大化的并存之道。

表 4 – 7 长株潭城市群污染治理现状（2010）

	长沙	株洲	湘潭	衡阳	常德	岳阳	娄底	益阳
工业固体废物利用率（%）	88.42	82.60	79.26	78.50	72.56	78.99	94.90	92.01
污水达标排放率（%）	98.40	88.20	84.20	57.10	81.00	86.03	96.30	86.83
生活垃圾无害化处理率（%）	100.00	85.00	92.00	89.65	100.00	96.06	95.74	92.77

资料来源：各城市 2011 年统计年鉴。

第五章 长株潭城市群空间结构要素分析

第一节 地级城市要素分析

一、数据体系构建

为了对长株潭城市群进行准确的要素分析，必须构建相对全面，有利于反映城市群空间结构状态的数据体系。本书在参考大量国内外研究的基础上，构建了长株潭城市群指标数据体系，包括 6 大部分，共计 25 个指标。第一部分为经济发展，包括国内生产总值、第一产业产值、第二产业产值、第三产业产值、固定资产投资 5 个指标。第二部分为城镇建设，包括城镇人口、城镇建成区面积 2 个指标。第三部分为对外交往，包括进口总额、出口总额、实际利用外资、接待旅游人数、入境旅游人数 5 个指标。第四部分为居民生活，包括城镇居民人均可支配收入、人均消费性支出、社会消费品零售额、人均住房面积、医疗保险覆盖率 5 个指标。第五部分为科技教育水平，包括互联网光纤覆盖率、受高等教育的劳动力比重、高等院校全职教师数量 3 个指标。第六部分为环境质量，包括建成区绿化覆盖率、空气质量优良率、工业固体废物利用率、污水达标排放率、生活垃圾无害化处理率 5 个指标。这六大部分的 25 个指标基本能反映长株潭城市群经济社会发展各方面的要素。对于各个城市在这些指标上的差异的分析，可以准确把握长株潭城市群空间发展的规律和差异，从而初步确定城市群的空间结构模式。

表 5 - 1　长株潭城市群城市指标数据体系（2010）

	长沙	株洲	湘潭	衡阳	常德	岳阳	娄底	益阳
国内生产总值(亿元)	4547	1275	894	1420	1492	1539	681	712
第一产业产值(亿元)	202	124	96	264	280	216	100	162
第二产业产值(亿元)	2437	746	499	646	686	834	367	288
第三产业产值(亿元)	1908	405	259	510	526	490	214	262
固定资产投资(亿元)	3193	809	633	641	613	782	409	460
城镇人口(万人)	272.03	166.82	123.46	350.29	168.26	256.55	114.65	122.54
城镇建成区面积(平方公里)	363.44	192.38	122.52	258.58	215.93	222.74	116.71	143.24
进口总额(亿美元)	25.38	7.8	13.82	0.82	1.18	5.83	3.30	0.50
出口总额(亿美元)	35.51	6.9	7.77	7.05	1.39	4.40	11.12	3.26
实际利用外资(亿美元)	22.38	4.15	4.03	4.06	2.51	1.57	1.62	1.01
接待旅游人数(万人次)	4784.41	1214.10	1601.45	1948.69	1453.70	1452.00	748.24	1290.01
入境旅游人数(万人次)	70.20	5.91	33.20	10.53	15.50	12.81	3.49	6.05
城镇居民人均可支配收入(元)	22814	14643	18059	15635	15638	17312	15025	15398
人均消费性支出(元)	16069	15029	12211	11654	11145	12177	9354	11279
社会消费品零售额(亿元)	1812	427	257	472	470	507	219	261
人均住房面积(平方米)	30.88	31.54	33.21	33.53	32.17	40.7	30.43	35.28
医疗保险覆盖率(%)	96.00	93.27	88.56	92.51	90.56	94.61	91.56	93.64
互联网光纤覆盖率(%)	59.02	48.27	38.41	36.24	33.65	34.50	32.08	31.88
受过高等教育的劳动力比重(%)	33.50	26.52	19.54	15.68	16.68	17.84	18.30	15.32
高等院校全职教师数量	32115	14125	15517	12568	7984	10212	6674	8699
建成区绿化覆盖率(%)	38.61	32.16	34.57	28.89	34.16	39.21	37.64	35.66
空气质量优良率(%)	92.60	94.50	92.88	96.94	90.48	93.36	88.74	98.64
工业固体废物利用率(%)	88.42	82.60	79.26	78.50	72.56	78.99	94.90	92.01
污水达标排放率(%)	98.40	88.20	84.20	57.10	81.00	86.03	96.30	86.83
生活垃圾无害化处理率(%)	100.00	85.00	92.00	89.65	100.00	96.06	95.74	92.77

各城市数据均为市域数据。资料来源：湖南省统计局，各城市 2011 年统计年鉴。

二、主成分分析

利用 SPSS 软件的描述统计 (Descriptive) 功能对表 5 - 1 中的数据进行标准化，使其成为 25 个变量。再利用主成分分析法对这 25 个变量进行分析，则可找出有效主成分。按照累计方差贡献率在 90% 以上的都视为有效主成分的原则，可确定四个主成分：P_1、P_2、P_3 和 P_4。四个主成分的方差贡献率分别为：60.150%、15.098%、9.280%、6.800%。通过主成分分析的结果，可得到 25 个变量在这四个主成分中的载荷，如表 5 - 2 所示。各主成分中占有优势的变量载荷，即大于或等于 0.5 的变量载荷，以加粗字体表示。

表 5 - 2 各变量在四个主成分中的载荷

	P_1	P_2	P_3	P_4
国内生产总值	.982	.127	.112	- .023
第一产业产值	.148	.812	.473	- .124
第二产业产值	.991	.069	.074	- .008
第三产业产值	.981	.105	.108	- .014
固定资产投资	.998	- .014	.019	.024
城镇人口	.429	.807	.072	.086
城镇建成区面积	.835	.505	.117	.012
进口总额	.890	- .267	- .144	- .102
出口总额	.937	- .204	- .051	- .009
实际利用外资	.987	- .022	- .066	- .079
接待旅游人数	.967	.151	.032	- .036
入境旅游人数	.919	- .075	.064	- .202
城镇居民人均可支配收入	.913	- .066	.179	- .033
人均消费性支出	.791	.132	- .439	.108
社会消费品零售额	.986	.090	.094	.016
人均住房面积	- .252	.347	.410	.587
医疗保险覆盖率	.591	.192	.076	.710
互联网光纤覆盖率	.897	- .030	- .394	- .036
受过高等教育的劳动力比重	.880	- .229	- .322	- .011
高等院校全职教师数量	.960	.015	- .213	- .046
建成区绿化覆盖率	.355	- .598	.596	.353
空气质量优良率	- .104	.534	- .421	.550
工业固体废物利用率	.127	- .634	- .130	.497
污水达标排放率	.384	- .849	.137	.201
生活垃圾无害化处理率	.400	- .169	.858	- .190

可以看出，主成分 P_1 中占有优势的指标包括国内生产总值、第二产业产值、第三产业产值、固定资产投资、城镇建成区面积、进口总额、出口总额、实际利用外资、接待旅游人数、入境旅游人数、城镇居民人均可支配收入、人均消费性支出、社会消费品零售额、互联网光纤覆盖率、受过高等教育的劳动力比重、高等院校全职教师数量这 16 项，涵盖了多方面的要素，但主要反映的是城市的经济发展和对外交往状况。主成分 P_2 中占有优势的指标包括第一产业产值、城镇人口、空气质量优良率这 3 项。这 3 项指标看似关联度不大，实际上，第一产业产值决定了农业对城市发展的支撑作用，为城镇人口的增长创造了条件，而较高的空气质量优良率则是形成环境优势的重要条件。因此，主成分 P_2 主要反映的是城市可持续发展的能力。主成分 P_3 中占有优势的指标包括建成区绿化覆盖率、生活垃圾无害化处理率这 2 项，主要反映的是城市的环境质量。主成分 P_4 中占有优势的指标包括人均住房面积、医疗保险覆盖率、空气质量优良率、工业固体废物利用率这 4 项。其中，前两项主要反映城市居民的生活保障水平，后两项主要反映城市的环境污染治理状况，均与城市是否宜居有重大关联。可以认为，主成分 P_4 主要反映城市的宜居程度。

将 25 个指标变量分别与主成分 P_1 中相对应的载荷相乘，即可得到各个指标变量在 P_1 中的得分 F_1。以此类推，可以得到各个指标变量在主成分 P_2、P_3、P_4 中的得分 F_2、F_3、F_4。将 F_1、F_2、F_3、F_4 分别与其对应的主成分的贡献率相乘，并将结果相加，则可得到各个城市的综合得分 F_t。如表 5-3 所示。

表 5-3 各城市在各主成分中的得分及综合得分

	F_1（经济发展与对外交往水平）	F_2（可持续发展能力）	F_3（环境质量）	F_4（宜居程度）	F_t（综合得分）
长沙	36.47	-0.78	0.32	0.08	21.85
株洲	-1.38	-0.45	-4.22	0.39	-1.26
湘潭	-3.93	-2.52	-1.29	-1.77	-2.98
衡阳	-4.52	7.18	-1.18	-0.47	-1.78
常德	-5.6	1.63	2.65	-2.48	-3.05
岳阳	-2.09	1.67	2.95	2.09	-0.59
娄底	-9.34	-5.91	0.98	-0.29	-6.44
益阳	-9.6	-0.81	-0.22	2.46	-5.75

三、系统聚类分析

通过对上文 8 个城市 25 个指标的主成分分析，可以找出 4 个有效主成分，分别代表长株潭城市群中各城市的经济发展与对外交往水平、可持续发展能力、环境质量、宜居程度。利用 SPSS 软件的系统聚类（Hierarchical Cluster）功能对各城市在各主成分中的得分进行聚类分析，则可确定各城市在上述四个方面的分级状况。对综合得分进行聚类分析，则可得到各城市的综合分级状况。如表 5 - 4 所示。

表 5 - 4　各城市在各主成分中的聚类和综合聚类结果

	按经济发展与对外交往水平聚类	按可持续发展能力聚类	按环境质量聚类	按宜居程度聚类	综合聚类
第一等级	长沙	衡阳	常德、岳阳	岳阳、益阳	长沙
第二等级	株洲、湘潭、岳阳	常德、岳阳、长沙、株洲、益阳	长沙、娄底、益阳	长沙、株洲、衡阳、娄底	株洲、岳阳、衡阳、湘潭、常德
第三等级	衡阳、常德、娄底、益阳	湘潭、娄底	株洲、湘潭、衡阳	湘潭、常德	娄底、益阳

将四大方面的聚类分析结果在图面上进行表示，即用不同深度的色块来标注各个城市，以区分第一、第二、第三等级的城市。如图 5 - 1 所示。

从图 5 - 1 中可以看出，长株潭城市群中的城市在四个方面的聚类中都可明显地分为三个等级。其中，在经济发展和对外交往水平聚类中，长株潭城市群中长沙市的水平最高，为第一等级；湘潭、株洲、岳阳为第二等级；常德、益阳、娄底、衡阳为第三等级。说明长株潭城市群的经济发展和对外交往水平呈现出显著的不均衡性，东部区域明显高于西部区域。在可持续发展能力聚类中，衡阳市的水平最高，为第一等级；常德、岳阳、长沙、株洲、益阳为第二等级；湘潭、娄底为第三等级。可以看出，土地面积越大、人口越多的城市往往可持续发展能力也就越高。说明长株潭城市群的可持续发展能力在空间分布上没有明显的规律性，与城市自身的土地面积和人口数量密切相关。在环境质量聚类中，岳阳、常德为第一等级；益阳、娄底、长沙为第二等级；湘潭、株洲、衡阳为第三等级。这说明长株潭城市群中北部

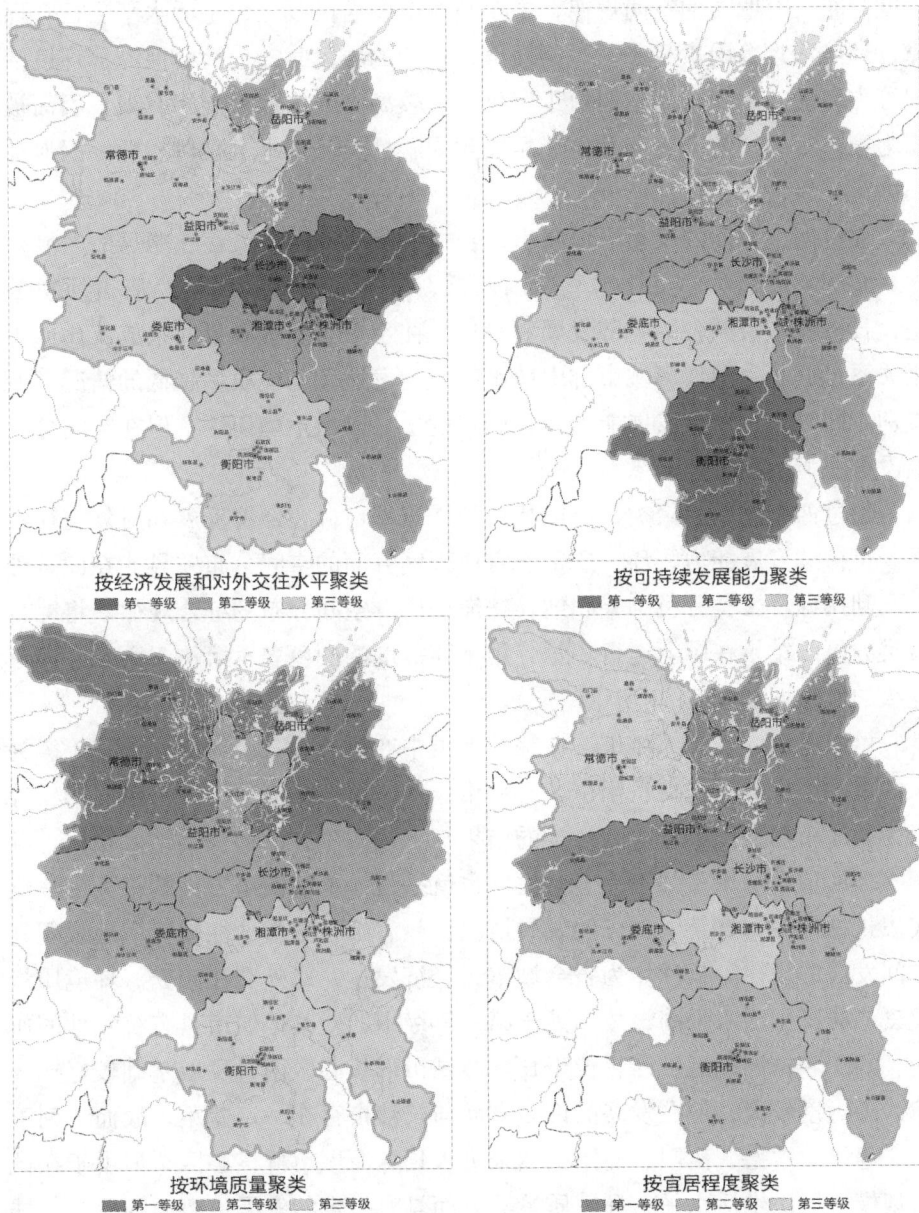

按经济发展和对外交往水平聚类
■第一等级 ■第二等级 ■第三等级

按可持续发展能力聚类
■第一等级 ■第二等级 ■第三等级

按环境质量聚类
■第一等级 ■第二等级 ■第三等级

按宜居程度聚类
■第一等级 ■第二等级 ■第三等级

图5-1 长株潭城市群地级城市聚类结果

城市的环境质量高于南部城市，越向北的区域往往环境质量越高。在宜居程度聚类中，第一等级的城市包括岳阳、益阳两个城市；长沙、株洲、娄底、衡阳为第二等级；常德、湘潭为第三等级。可以看出，长株潭城市群中宜居程度分布没有明显的空间规律，主要与城市的居民收入、生活水平、社会保障、环境治理等因素相关。举例而言，长沙的居民收入、社会保障、环境治理等方面的水平均较高，但由于房价相对较高，人均住房面积有限，因而被归为第二等级。常德、湘潭由于居民收入、社会保障水平相对较低，因而被归为第三等级。

通过四个方面的聚类可以看出，长株潭城市群的发展存在明显的区域差异。经济发展和对外交往水平东高西低，环境质量北高南低。值得注意的是，长株潭城市群中的经济发展和对外交往水平与环境质量并未成反比或正比关系，这与我国许多城市群中城市经济越发达，环境质量越低的情况有所差别。同时，可持续发展能力和宜居程度也显现出不均衡性，但在空间分布上没有明显的相关性。

通过四个方面的聚类，可以找出长株潭城市群在经济发展和对外交往水平、可持续发展能力、环境质量、宜居程度方面的空间分布差异。在此基础上，利用综合聚类分析结果归纳长株潭城市群空间分布的综合规律。将综合聚类分析的结果在图上进行表示，用不同深度的颜色表示第一、第二、第三等级的城市。如图 5-2 所示。

可以看出，长株潭城市群在综合聚类中亦可分为三个等级。第一等级为长沙市。第二等级包括岳阳市、常德市、湘潭市、株洲市、衡阳市。第三等级为娄底市与益阳市。综合聚类的结果与上述四个方面的聚类结果相比，各个等级所包含的城市都不完全一致。也就是说，上述四个方面的聚类都只能代表长株潭城市群某一部分的发展情况，只有综合聚类才能较完全地表现其空间发展的规律。长沙作为省会城市，经济发达、对外交往频繁、环境质量优良、居民生活水平高，故而处于第一等级中，对其他城市具有统领性的作用。湘潭和株洲靠近长沙，位于长株潭城市群核心区内，发展基础较好，环境治理力度较大，但在发展的许多方面与长沙市存在一定差距，故而被列于第二等级。常德、岳阳、衡阳虽然未进入长株潭城市群核心区，但由于在城市规模、居民生活水平、环境质量等方面具有一定的发展优势，因此也与株洲、湘潭并列于第二等级。益阳和娄底列入第三等级，主要由于其与其他城市在某些方面存在显著差异。如娄底的城市规模和环境质量相对较低，益阳的经济发展和对外交往水平相对较低等。

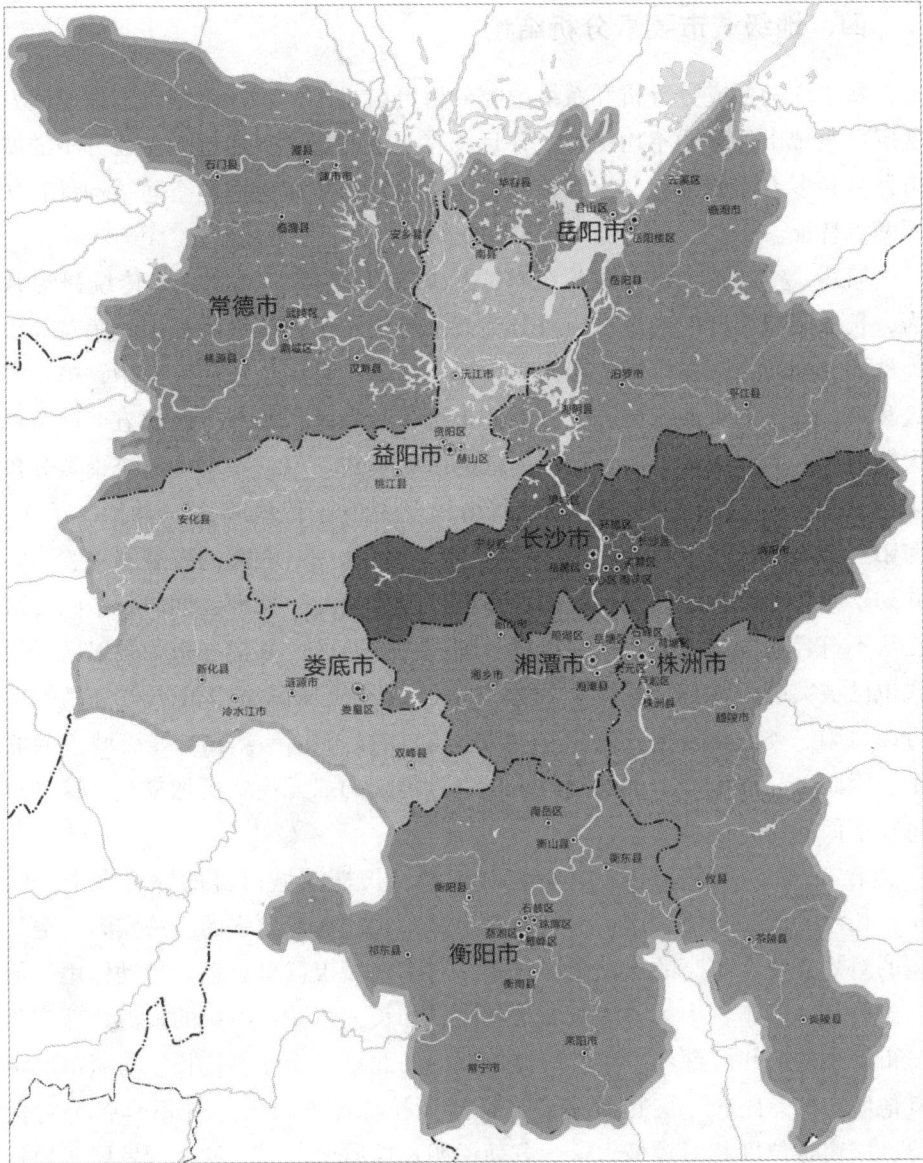

综合聚类

■ 第一等级 ■ 第二等级 ■ 第三等级

图 5 - 2 长株潭城市群地级城市综合聚类结果

四、地级城市要素分析结论

从上文的主成分分析和系统聚类分析可以看出，长株潭城市群在空间发展层面表现出显著的不均衡性，并且具有一定的规律。通过各主成分中的城市评分和多方面的聚类分析结论，可以认为长株潭城市群的空间结构具有如下两点特征。

第一，空间结构已突破传统核心区加辐射区的二元模式。传统研究认为，长株潭城市群的 8 个城市可分为三个等级。第一等级为长沙，第二等级为株洲、湘潭，第三等级为衡阳、常德、岳阳、益阳、娄底。其中，第一等级和第二等级的长沙、株洲、湘潭三市称为核心区，第三等级的五个城市称为辐射区，共同组成核心区加辐射区的二元模式。但就本书的系统聚类分析来看，2010 年长株潭城市群的空间结构已突破了传统模式，常德、岳阳、衡阳三市通过自身优势的发挥，已逐渐赶上了株洲、湘潭的发展水平，与之并列于第二等级。这说明长株潭城市群仅包含长沙、株洲、湘潭三市的传统提法不符合现实情况，长沙、株洲、湘潭为核心区，其他五市为辐射区的模式也已被突破。常德、岳阳、衡阳三市已成为长株潭城市群不可分割的部分，益阳、娄底在未来的发展中也将不断加强与第一、第二等级城市的联系。因此，长株潭城市群的空间结构将比传统的二元模式更加复杂。这一点将在下面的研究中继续探讨。

第二，第一等级城市不具备绝对优势。长株潭城市群的综合聚类分级中，长沙为第一等级城市，与其他 7 个城市相比有着更强的经济实力、更频繁的对外交往、更高的居民生活水平，对整个城市群具有辐射带动作用。但与国内其他城市群中第一等级城市相比，如长三角城市群中的上海、珠三角城市群中的广州、深圳、京津唐城市群中的北京、天津等，长沙与城市群中其他城市的差距较小。也就是说，长沙在长株潭城市群中并不具备绝对优势，城市首位度相对较低。这一方面说明长株潭城市群中的区域发展差异相对较小，有利于区域统筹发展。另一方面也说明了长株潭城市群缺乏一个强有力的发展核心，而长沙暂未担负这个核心的功能。

第二节　县级行政单位要素分析

一、数据体系构建

上文对长株潭城市群的 8 个地级城市进行了要素分析，归纳了 8 个城市在空间发展层面的规律和差异。但要准确把握长株潭城市群的空间结构，从地级城市的宏观层面来研究是不够的。必须进一步深入到微观层面，以县、市、区等县级行政单位为对象进行研究，从而把握长株潭城市群中观层面的空间差异和规律。针对这一要求，本书通过大量的调查走访，掌握了长株潭城市群 64 个县级行政单位在城镇人口、国内生产总值、城镇建成区面积、固定资产投资额、全社会消费品总额、城镇居民可支配收入、空气质量优良率、三废综合处理率、接待旅游人数等 9 个方面的指标数据。必须说明的是，由于县级行政单位不同于地级市，所能提供的统计资料不尽完整，统计口径也有所出入。故本书只选择数据相对完整，统计口径相对一致，能反映县级行政单位综合发展水平的 9 个数据进行分析。如表 5–5 所示。

表 5–5　**长株潭城市群县级行政单位指标数据体系（2010）**

县(市、区)名称	城镇人口（万人）	国内生产总值（亿元）	城镇建成区面积（平方公里）	固定资产投资额（亿元）	全社会消费品零售额（亿元）	城镇居民可支配收入(元)	空气质量优良率（%）	三废综合处理率（%）	接待旅游人数（万人次）
芙蓉区	37.05	585.06	35.16	158.94	381.06	24068	90.42	93.47	468.21
天心区	37.35	400.62	43.42	540.35	216.87	21564	90.40	91.33	544.32
雨花区	45.92	572.77	46.23	318.81	344.25	24449	88.94	88.00	689.70
开福区	32.55	393.41	52.64	527.80	321.90	23309	93.90	85.01	589.30
岳麓区	36.54	421.09	62.56	406.69	131.34	22482	91.40	93.64	849.31
长沙县	18.45	630.00	48.47	316.50	140.32	21099	92.86	85.41	317.34
望城区	17.13	257.64	11.65	196.78	56.52	19458	93.65	88.42	223.61
浏阳市	25.25	337.18	34.69	170.89	87.87	20036	91.27	90.02	319.53
宁乡县	21.79	489.58	28.62	354.74	116.38	18690	91.88	91.58	600.23

（续表）

县(市、区)名称	城镇人口（万人）	国内生产总值（亿元）	城镇建成区面积（平方公里）	固定资产投资额（亿元）	全社会消费品零售额(亿元)	城镇居民可支配收入(元)	空气质量优良率（%）	三废综合处理率（%）	接待旅游人数（万人次）
天元区	18.65	133.60	33.54	126.30	34.23	21347	86.34	82.64	156.84
石峰区	22.41	244.80	28.12	72.90	23.16	20548	75.45	66.34	180.62
芦淞区	21.64	155.97	29.84	122.27	133.17	20966	83.62	89.98	122.21
荷塘区	24.94	123.7	26.64	67.80	28.62	21086	95.01	92.32	163.32
株洲县	15.45	76.51	9.34	54.12	25.36	15779	92.14	83.62	167.36
醴陵市	15.22	264.71	24.98	124.79	83.11	18280	85.54	77.23	223.21
攸县	18.42	173.34	19.57	118.60	57.20	17309	88.74	89.23	136.42
茶陵县	17.98	81.60	12.12	49.01	29.50	15650	91.54	96.06	89.35
炎陵县	9.64	28.57	8.23	38.49	9.27	14245	96.66	93.23	388.95
岳塘区	34.56	71.78	43.55	105.82	31.60	18363	92.78	94.53	365.94
雨湖区	38.82	56.58	31.98	75.25	51.95	16587	93.32	88.65	289.23
湘潭县	16.32	172.1	18.58	77.41	44.42	16346	88.66	87.42	217.00
湘乡市	18.22	161.77	15.81	70.71	44.46	17290	78.45	66.98	279.70
韶山市	15.54	30.78	12.60	29.23	8.68	19353	94.46	89.92	703.05
石鼓区	33.54	56.39	36.82	23.34	33.54	15807	92.16	83.34	158.54
珠晖区	29.28	90.12	35.66	32.92	40.85	14194	84.36	92.01	183.09
雁峰区	30.56	59.46	22.31	21.38	33.51	13229	93.01	95.00	188.67
蒸湘区	35.65	55.48	23.65	19.26	38.64	15637	92.02	87.02	221.09
南岳区	13.33	14.05	8.41	6.42	8.16	15263	99.98	96.95	402.56
衡阳县	22.36	154.93	10.52	66.58	42.39	12454	84.65	82.31	123.78
衡南县	26.55	153.94	11.89	53.04	42.84	14345	78.69	80.61	88.48
衡山县	22.78	89.65	12.14	21.00	39.65	15215	88.56	76.69	254.96
衡东县	25.99	102.65	13.95	12.90	38.78	12156	89.36	78.88	112.36
祁东县	32.95	93.35	12.83	19.57	24.63	9929	92.27	65.21	67.26
常宁市	36.84	119.54	11.85	29.19	33.76	14216	90.56	92.11	60.12
耒阳市	40.46	240.08	12.55	113.09	55.06	15454	83.27	55.42	283.00
武陵区	38.38	533.31	45.68	60.28	34.82	17945	86.57	86.92	388.90
鼎城区	28.47	125.88	32.67	42.96	67.81	14302	85.69	86.78	69.56

（续表）

县(市、区)名称	城镇人口(万人)	国内生产总值(亿元)	城镇建成区面积(平方公里)	固定资产投资额(亿元)	全社会消费品零售额(亿元)	城镇居民可支配收入(元)	空气质量优良率(%)	三废综合处理率(%)	接待旅游人数(万人次)
桃源县	22.56	149.51	23.68	47.85	68.55	13320	92.31	72.16	80.11
汉寿县	14.37	98.41	19.22	41.60	31.02	13501	88.61	78.23	42.36
石门县	14.95	122.23	18.54	38.90	27.28	15295	76.11	82.56	25.45
津市市	11.46	52.55	23.36	19.40	23.91	13859	85.12	73.68	32.12
临澧县	8.61	78.35	12.54	43.33	27.41	14622	85.03	93.00	18.17
澧县	17.30	126.48	21.47	72.70	45.40	13122	87.53	95.41	16.57
安乡县	12.16	83.66	18.77	23.00	25.99	12009	92.50	98.00	15.94
岳阳楼区	59.37	108.66	51.67	39.18	36.15	16477	86.31	66.48	417.96
云溪区	22.57	55.27	20.16	46.70	6.95	15794	72.16	88.48	26.53
君山区	16.34	51.43	12.57	24.55	6.79	13598	95.45	93.27	388.36
岳阳县	23.77	110.56	20.52	85.09	36.94	14573	85.35	82.17	71.26
临湘市	27.28	96.01	23.56	59.10	27.30	14731	91.34	77.65	63.84
华容县	29.84	134.09	26.52	73.63	36.92	14861	90.35	87.50	113.32
汨罗市	21.34	136.30	25.56	80.01	28.91	16490	91.44	96.54	211.70
湘阴县	19.47	129.40	18.66	71.30	26.21	11866	87.41	72.94	78.61
平江县	36.57	97.64	23.52	56.40	20.29	9292	89.63	63.27	100.31
娄星区	37.67	166.64	33.56	136.23	46.03	13370	83.21	77.63	221.89
涟源市	16.70	123.90	28.78	60.51	50.20	14579	57.24	82.98	35.23
冷水江市	28.89	125.02	22.90	24.10	26.30	8575	67.73	78.98	30.34
双峰县	17.85	85.52	18.90	23.85	23.44	6895	89.94	53.29	76.03
新化县	13.54	40.70	12.57	19.23	18.16	5964	73.48	92.31	68.64
资阳区	24.59	64.12	28.47	32.01	24.87	15714	87.34	63.25	237.86
赫山区	35.68	142.31	43.57	100.52	49.34	15389	83.21	72.57	205.31
沅江市	18.94	123.19	21.09	69.99	37.90	15885	89.88	75.74	186.30
桃江县	15.45	106.53	16.23	62.92	39.16	14341	92.46	91.72	194.23
安化县	12.21	88.50	14.98	65.05	42.38	9578	90.24	87.08	88.06
南县	15.67	87.90	18.90	21.20	33.10	13786	95.67	92.10	76.60

资料来源：各县、市、区 2011 年统计年鉴以及相关统计数据。

二、主成分分析

利用 SPSS 软件的描述统计功能对上述 64 个县级行政单位 9 个方面的指标进行标准化，将 9 个方面的指标转化为变量的形式，并利用主成分分析法对标准化后的变量进行分析，得到两个有效主成分，分别命名为 G_1、G_2、G_3。其中 G_1 的贡献率为 49.622%，G_2 的贡献率为 16.301%，G_3 的贡献率为 10.466%。各变量在两个有效主成分中的载荷如表 5-6 所示。

表 5-6　各变量在三个主成分中的载荷

	G_1	G_2	G_3
城镇人口	.511	-.552	.108
国内生产总值	.850	-.090	.050
城镇建成区面积	.776	-.328	.103
固定资产投资额	.868	.040	-.096
全社会消费品零售额	.343	-.020	.645
城镇居民可支配收入	.416	.179	.620
空气质量优良率	.232	.630	-.007
三废综合处理率	.209	.765	-.123
接待旅游人数	.802	.178	.252

按照载荷大于或等于 0.5 时即视为占有优势的载荷的原则，主成分 G_1 在城镇人口、国内生产总值、城镇建成区面积、固定资产投资、接待旅游人数方面占有优势，主要代表县级行政单位的经济发展和对外交往水平。主成分 G_2 在空气质量优良率、三废综合处理率方面占有优势，主要代表县级行政单位的环境质量。主成分 G_3 在全社会消费品零售额、城镇居民可支配收入方面占有优势，主要代表县级行政单位的居民生活水平。下面，以各变量乘以其在各主成分中的载荷，计算出各县级行政单位在各主成分中的得分。同时，通过三个主成分中的得分乘以各主成分的贡献率并相加，求出各县级行政单位的综合得分。如表 5-7 所示。

表5-7　各县级行政单位在各主成分中的得分及综合得分

县(市、区)名称	H_1(经济发展与对外交往水平)	H_2(环境质量)	H_3(居民生活水平)	H_t(综合得分)
芙蓉区	7.98	0.29	4.67	4.5
天心区	9.61	0.15	2.65	5.07
雨花区	10.94	-0.71	4.82	5.82
开福区	10.65	0.11	4.01	5.72
岳麓区	10.95	0.24	2.71	5.75
长沙县	7.18	0.4	1.78	3.81
望城区	0.83	1.78	0.28	0.73
浏阳市	3.52	0.68	1.08	1.97
宁乡县	6.51	1.37	1.29	3.59
天元区	0.47	0.14	0.58	0.32
石峰区	-0.14	-2.16	0.67	-0.35
芦淞区	0.82	0.28	1.27	0.58
荷塘区	0.3	1.42	0.44	0.42
株洲县	-2.48	1.3	-0.58	-1.08
醴陵市	0.57	-0.08	0.61	0.33
攸县	-0.45	0.97	-0.07	-0.07
茶陵县	-2.29	1.85	-0.76	-0.91
炎陵县	-2.2	2.91	-0.86	-0.71
岳塘区	2.39	0.52	0.47	1.32
雨湖区	1.04	0.05	0.3	0.55
湘潭县	-0.79	0.99	-0.2	-0.25
湘乡市	-1.35	-1.31	0.29	-0.85
韶山市	0.07	2.57	0.53	0.51
石鼓区	-0.2	-0.45	-0.07	-0.18
珠晖区	-0.33	-0.3	-0.38	-0.25
雁峰区	-1.14	0.93	-0.73	-0.49
蒸湘区	-0.61	0.09	-0.1	-0.3
南岳区	-1.99	3.32	-0.67	-0.51
衡阳县	-2.23	-0.11	-0.9	-1.22
衡南县	-2.22	-0.97	-0.55	-1.31
衡山县	-1.98	0.04	-0.21	-1
衡东县	-2.56	-0.24	-0.86	-1.4

（续表）

县（市、区）名称	H_1（经济发展与对外交往水平）	H_2（环境质量）	H_3（居民生活水平）	H_t（综合得分）
祁东县	-2.96	-1.47	-1.19	-1.83
常宁市	-1.65	0.33	-0.71	-0.84
耒阳市	0.15	-2.98	0.42	-0.36
武陵区	4.8	-1.14	0.81	2.28
鼎城区	-0.68	-0.57	-0.25	-0.46
桃源县	-1.5	-0.55	-0.35	-0.87
汉寿县	-2.86	0.15	-0.91	-1.49
石门县	-2.97	-0.59	-0.7	-1.64
津市市	-3.43	-0.4	-0.86	-1.86
临澧县	-3.5	1.45	-1.09	-1.61
澧县	-1.94	1.03	-1.04	-0.91
安乡县	-3.01	1.97	-1.47	-1.32
岳阳楼区	3.14	-3.74	1.02	1.06
云溪区	-2.86	-0.89	-0.8	-1.65
君山区	-1.68	2.27	-0.85	-0.55
岳阳县	-1.66	-0.31	-0.61	-0.94
临湘市	-1.53	-0.39	-0.55	-0.88
华容县	-0.45	0.05	-0.44	-0.26
汨罗市	-0.1	1.47	-0.33	0.16
湘阴县	-2.41	-0.65	-1.06	-1.41
平江县	-1.87	-2.31	-1.16	-1.43
娄星区	0.98	-1.87	-0.23	0.16
涟源市	-2.59	-2.59	-0.5	-1.76
冷水江市	-3.13	-2.77	-1.53	-2.16
双峰县	-3.96	-2	-1.64	-2.46
新化县	-4.79	-0.21	-2.4	-2.66
资阳区	-1.33	-1.55	0.02	-0.91
赫山区	1.15	-2.31	0.24	0.22
沅江市	-1.25	0.02	-0.19	-0.64
桃江县	-1.61	1.67	-0.69	-0.6
安化县	-3.05	1.04	-1.56	-1.51
南县	-2.34	1.76	-0.94	-0.97

三、系统聚类分析

在上述主成分分析的基础上，利用 SPSS 软件的系统聚类功能对各县级行政单位在各主成分中的得分进行聚类分析。聚类分析的结果表明，长株潭城市群中的 64 个县级行政单位在经济发展与对外交往水平、环境质量、居民生活水平三个主成分中的得分均可分为四个等级。

表 5 - 8　各县级行政在各主成分中的聚类和综合聚类结果

	按经济发展与对外交往水平聚类	按环境质量聚类	按居民生活水平聚类	综合聚类
第一等级	芙蓉区、天心区、雨花区、开福区、岳麓区、长沙县、宁乡县、浏阳市、岳塘区、武陵区、岳阳楼区	望城区、宁乡县、荷塘区、株洲县、茶陵县、炎陵县、韶山市、南岳区、临澧县、澧县、安乡县、君山区、汨罗市、桃江县、安化县、南县	芙蓉区、天心区、雨花区、开福区、岳麓区、长沙县、浏阳市、宁乡县、芦淞区、岳阳楼区	芙蓉区、天心区、雨花区、开福区、岳麓区、长沙县、浏阳市、宁乡县、芦淞区、岳塘区、武陵区、岳阳楼区
第二等级	望城区、天元区、芦淞区、荷塘区、醴陵市、雨湖区、韶山市、耒阳市、娄星区、赫山区	芙蓉区、天心区、开福区、岳麓区、长沙县、浏阳市、天元区、芦淞区、攸县、岳塘区、雨湖区、湘潭区、雁峰区、蒸湘区、衡山县、常宁市、汉寿县、华容县、沅江市	望城区、天元区、石峰区、荷塘区、醴陵市、岳塘区、雨湖区、湘乡市、韶山市、耒阳市、武陵区、资阳区、赫山区	望城区、天元区、荷塘区、醴陵市、雨湖区、韶山市、汨罗市、娄星区、赫山区
第三等级	石峰区、攸县、湘潭县、石鼓区、珠晖区、雁峰区、蒸湘区、鼎城区、华容县、汨罗市	雨花区、醴陵市、石鼓区、珠晖区、衡阳县、衡南县、衡东县、鼎城区、桃源县、石门县、津市市、云溪区、岳阳县、临湘市、湘阴县、新化县	株洲县、攸县、茶陵县、炎陵县、湘潭县、石鼓区、珠晖区、雁峰区、蒸湘区、南岳区、衡阳县、衡南县、衡山县、衡东县、常宁市、鼎城区、桃源县、汉寿县、石门县、津市市、云溪区、君山区、岳阳县、临湘市、华容县、汨罗市、娄星区、涟源市、沅江市、桃江县、南县	石峰区、攸县、茶陵县、炎陵县、湘潭县、湘乡市、石鼓区、珠晖区、雁峰区、蒸湘区、南岳区、常宁市、耒阳市、鼎城区、桃源县、澧县、君山区、岳阳县、临湘市、华容县、资阳区、沅江市、桃江县、南县
第四等级	株洲县、茶陵县、炎陵县、湘乡市、南岳区、衡山县、衡南县、衡阳县、衡东县、祁东县、常宁市、桃源县、汉寿县、石门县、津市市、临澧县、澧县、安乡县、云溪区、君山区、岳阳县、临湘市、湘阴县、平江县、涟源市、冷水江市、双峰县、新化县、资阳区、沅江市、桃江县、安化县、南县	石峰区、湘乡市、祁东县、耒阳市、武陵区、岳阳楼区、平江县、娄星区、涟源市、冷水江市、双峰县、资阳区、赫山区	祁东县、临澧县、澧县、安乡县、湘阴县、平江县、冷水江市、双峰县、新化县、安化县	株洲县、衡阳县、衡南县、衡山县、衡东县、祁东县、汉寿县、石门县、津市市、临澧县、安乡县、云溪区、湘阴县、平江县、涟源市、冷水江市、双峰县、新化县、安化县

　　将按经济发展与对外交往聚类、按环境质量聚类、按居民生活水平聚类以及综合聚类的结果在长株潭城市群县、市、区行政区划图上进行表示，即在不同的分类中，按照不同的颜色深度分别标注第一、第二、第三、第四等级的县级行政单位，以便于直观地观察长株潭城市群中观层面的空间结构特征，如图5-3所示。

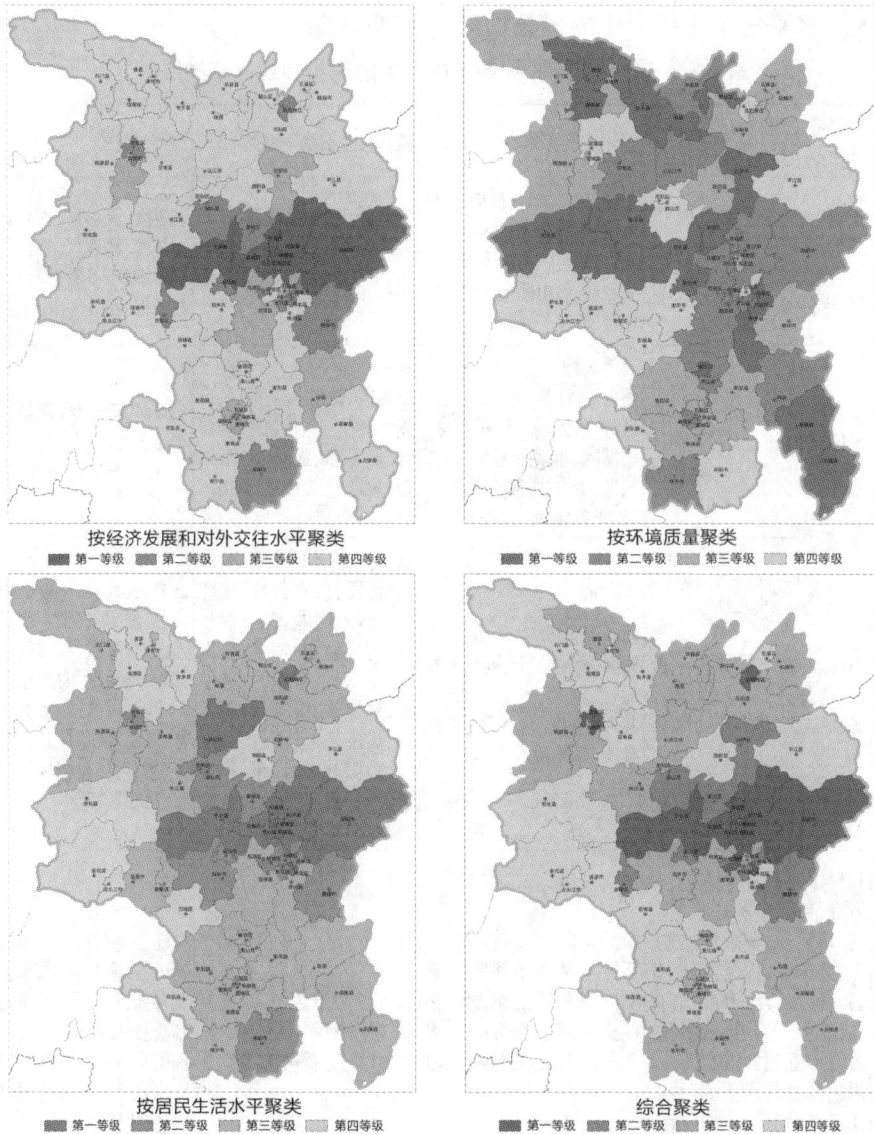

按经济发展和对外交往水平聚类
■第一等级　■第二等级　■第三等级　□第四等级

按环境质量聚类
■第一等级　■第二等级　■第三等级　□第四等级

按居民生活水平聚类
■第一等级　■第二等级　■第三等级　□第四等级

综合聚类
■第一等级　■第二等级　■第三等级　□第四等级

图5-3　长株潭城市群县级行政单位聚类结果

在经济发展和对外交往水平聚类中，第一等级的县级行政单位全部集中在长沙市域范围内，而长沙市的六区三县中，除望城区外均属于第一等级。第二等级的县级行政单位主要分布在长沙市周边区域，如醴陵市、赫山区、娄星区等，此外在城市群北部、南部也有少量分布。第三等级的县级行政单位主要集中在长沙、株洲、湘潭、衡阳、常德等城市市域范围内。第四等级的县级行政单位数量较多，在城市群北部、西部、南部均有大面积的分布。在环境质量聚类中，第一等级的县级行政单位主要分布在长沙市西部、常德市北部、益阳市西部、株洲市南部区域。第二等级的县级行政单位主要分布于长沙市东部、常德市东部、益阳市北部等地，在湘潭、株洲、衡阳也有一定分布。第三等级的县级行政单位主要分布于长株潭城市群的北部以及南部地区。第四等级的县级行政单位主要分布于娄底市全境、湘潭市南部以及衡阳市南部。在居民生活水平聚类中，第一等级的县级行政单位主要分布于长沙市全境和城市群的北部区域。第二等级的县级行政单位主要分布于株洲市和湘潭市的北部区域、益阳市中部、常德市中部以及衡阳市南部。第三等级的县级行政单位在长株潭城市群的北部和南部都有较大面积的分布。第四等级的县级行政单位主要分布于城市群的西部区域，在东部仅有平江县。可以看出，经济发展和对外交往水平与居民生活水平的聚类结果具有一定的正相关性，即经济越发达、对外交往越频繁的地区，居民生活水平往往越高。但环境质量聚类结果与上述二者不具备明显的相关性。某些经济发达、对外交往频繁的县级行政单位环境质量等级高，某些则相反。

综合聚类的结果与经济发展和对外交往水平聚类结果有较强的近似性。这一方面是由于经济发展和对外交往水平这一主成分的贡献率较高，直接影响了该主成分在综合聚类中的权重。另一方面是由于环境质量聚类结果与经济发展和对外交往水平聚类结果有正相关性，加强了该主成分在综合聚类中的重要性。在综合聚类中，第一等级的县级行政单位包括除望城区以外的长沙市全境、岳阳市岳阳楼区、常德市武陵区、株洲市芦淞区以及湘潭市岳塘区。第二等级的县级行政单位主要分布于长沙、株洲、湘潭三市周边区域。第三等级的县级行政单位在城市群的北部和南部均有不规则分布。第四等级的县级行政单位在城市群西部有较大范围的分布，在南部有一定分布，在中部和东部仅有零星分布。

四、县级行政单位要素分析结论

通过对于长株潭城市群中县、市、区级行政单位的主成分分析及聚类分析，可以从中观层面较准确地把握长株潭城市群空间结构的一些特征，主要包括以下三个方面：

第一，城区范围内的县级行政单位发展优势明显。通过各聚类分析及综合聚类分析的对比可以发现，长株潭城市群中，位于城区范围内的县级行政单位，如长沙市的芙蓉区、天心区、雨花区、开福区、岳麓区，常德市的武陵区，衡阳市的石鼓区、雁峰区、珠晖区、蒸湘区等，与其周边的县、市相比具有更好的经济基础、更频繁的对外交往和更高的居民生活水平。而在环境质量方面，位于城区范围内的县级行政单位不一定劣于外围的县市，有的甚至还高于外围县市，说明其比较优势显著。可以认为，长株潭城市群中大部分城市的中心区比外围区具有更佳的发展基础和优势。这一方面有利于培育强有力的发展中心，对周边地区产生辐射带动作用；一方面对区域的统筹发展提出了更高的要求。

第二，城市群区域范围内未形成明显的经济带。在我国其他城市群的要素分析中，往往可以发现由高等级的县级行政单位在空间上连续分布形成的经济带或经济区。而在长株潭城市群的综合聚类结论中，第一等级的县级行政单位集中在长沙市范围内，此外仅在岳阳市岳阳楼区和常德市鼎城区有所分布，并未形成连续分布、具有一定规模的经济带或经济区。这说明目前长株潭城市群空间结构中尚缺乏强有力的，能支撑城市群全局发展的空间协作体。

第三，环境良好区域分布广泛。从上文对于地级市的分析中可以发现，长株潭城市群总体环境质量较高。通过对于县级行政单位的分析，还可看出，长株潭城市群不但总体环境质量较高，且环境良好区域分布较为广泛。在环境质量聚类分析中，第一等级涵盖 16 个县级行政单位，第二等级涵盖 19 个县级行政单位，二者的数量之和与总面积之和均超过 64 个县级行政单位的半数。这说明长株潭城市群一半以上的区域具有良好的环境质量。另一方面，与我国许多城市群不同，长株潭城市群位于城区范围内的县级行政单位往往也具备较好的环境质量。这说明大部分城市中心区的环境质量相对较好，城市环境治理的难度有限。

第三节　要素分析结论

一、多中心的城镇等级结构模式

结合地级市和县级行政单位两方面的要素分析结论可以看出，长株潭城市群 8 个主要城市中，长沙市具有明显的发展优势，但与其余 7 个城市的差距并不太大，并不足以作为像上海、北京、深圳一样统领区域总体发展的核心。其他 7 个城市的发展各具特色，且都具备相应的规模和实力，难以将其中的几个独立出来形成一个新的等级。因此，可以将长株潭城市群的城镇等级结构初步归纳为多中心模式。其中，长沙市为主中心城市，株洲、湘潭、衡阳、常德、岳阳、益阳、娄底为次中心城市，下辖城区外围的县、市级城镇则为发展组团。这种"一主七次中心带多组团"模式在长株潭城市群近十年来的发展过程中产生了一系列积极作用，包括带动城市群全局发展、避免单个城市规模过度膨胀、充分利用区域资源优势等。但在未来日趋激烈的区域竞争中，该模式亦可能对长株潭城市群带来一些负面影响。首先，引领整个城市群发展的长沙只是一个中心城市，并不是强有力的发展核心，对区域的辐射力和凝聚力有限，城市群总体发展效率受到限制。其次，各次中心城市在发展上各自为政的现象较为普遍，未形成明显的合作关系，区域内未见联系紧密的经济协作体。这不利于实现城市群的区域竞争力。第三，8 个中心城市齐头并进发展的方式很容易造成城市群内部竞争的加剧，使得各个城市不断开发周边区域以获得更快的发展速度。这不符合"两型社会"建设的要求。较理想的模式是在一个核心中进行高效集约的发展，在其他城市中进行合理有度的发展，从而在保持"两型"特色的同时保证城市群的合理增速。

二、非均衡的城镇发展态势

长株潭城市群中，8 个主次中心城市的发展水平具有一定的差异。按照聚类分析结论可以看出，长沙综合发展水平最高，株洲、湘潭、衡阳、常德、岳阳其次，娄底、益阳两市发展相对滞后。中心城市之间的差异是相对的，不会对城市群的总体发展带来实质性的不良影响。但从县、市、区级行政单位聚类分析结果来看，长株潭城市群中某些县级行政单位之间在多方面存在较大差异，属于绝对性差异，如果不予以重视，可能会对城市群的总体发展造成不良影响。主要表现在两个方面：

第一，城市群西部区域发展滞后。通过两方面的要素分析可以发现，长株潭城市群中，东部区域在经济发展、对外交往、居民生活水平方面普遍高于西部区域。而西部区域并未在环境质量上全面高于东部区域。因此，西部区域与东部区域相比，缺乏发展基础、优势和后劲。通过实地调研可以发现，部分位于长株潭城市群西部的县级行政单位在城镇建设、基础设施、经济基础等方面与东部城市尚存在很大的差距，某些个别的行政单位尚处于东部城市90年代的发展水平。这种东西部发展不平衡的局面制约了城市群的统筹协调发展，必须在城市群空间结构优化过程中给予高度重视。

第二，部分城市周边区域发展滞后。通过县级行政单位的要素分析可以发现，长株潭城市群8个地级市城区范围内具有较高的经济发展水平、较频繁的对外交往和较好的居民生活质量。但在某些城市中，与城区紧邻的县级行政单位的发展滞后，与附近城区在经济实力、城镇面貌、基础设施等方面均有很大的差距。这种情况在长株潭城市群西部、南部区域表现得尤为明显。要实现城市群的城乡一体化发展，必须充分重视城市周边区域的发展，着力缩小这一差距。

三、松散的产业发展格局

通过上述两方面的研究可以发现，长株潭城市群中8个城市的产业发展各具特色，在主导产业选择、轻重工业比例、污染型工业比重、服务业发展水平等方面均有一定的差别。举例来说，长沙市以先进制造业为主导产业，轻重工业比接近1∶1，污染型工业比重较低，服务业相对发达，产业结构较为理想。而与长沙相邻的娄底市以金属冶炼为主导产业，重工业比重偏高，污染型工业比重高，服务业发展滞后，产业结构不尽合理。其他城市的产业发展也有各自的优劣之处。必须注意的是，由于长株潭城市群各城市的产业发展方式差异较大，而又未经过统一的规划安排，迄今为止尚未形成稳定的产业协作机制，属于松散的产业发展格局。该格局具备两个方面的特征：

第一，城市群产业空间分布零散，缺乏合作的可能性。长株潭城市群中，株洲、湘潭、娄底、衡阳、岳阳均有传统的重工业企业分布。这些重工业企业大多始建于建国初期，布局安排缺乏统一规划，难以联合起来形成强有力的产业集群和产业链。另一方面，近年来各中心城市的发展不断提速，引入了许多新兴的产业，如先进制造、生物医药、生产性服务业等。但彼此之间存在着一定的行政壁垒和竞争关系，产业的选择与落地缺乏统一调度，亦难形成稳固的合作关系。在此情况下，长株潭城市群要谋求区域产业的高度协作，还有许多工作需要完成。

第二，生产性服务业发展普遍滞后。发达的生产性服务业是区域协作乃至参与国际市场竞争的重要推手。但就长株潭城市群的现状而言，第三产业所占比例总体偏低，无一城市达到50%，即国内外先进城市群的标准。生产性服务业在第三产业中所占比例亦低，对产业的总体带动作用有限。生产性服务业发展的滞后使得长株潭城市群各城市的其他产业难以得到顺利的交流，限制了产业协作关系的形成。

四、相对良好的环境条件

与国内外其他城市群相比，长株潭具备相对良好的环境条件。主要表现在以下四个方面：

第一，土地资源总量大，可利用的土地资源数量多。长株潭城市群土地总面积为97065平方公里，相当于欧洲一个中小型国家的大小，可谓面积广阔。区域范围内的地形以丘陵、平原为主，海拔较高的山地比例有限，可供开发利用的土地资源数量较多。丰富的土地资源为长株潭城市群带来了强有力的后发优势，将成为长株潭城市群在未来与国内一线城市群竞争的重要基础。

第二，水资源丰富。长株潭城市群位于长江中游，洞庭湖水系，有湘江、资江、沅江、澧水等主要河流，湖泊广布，覆盖面积广，且全部为淡水水体，可谓水资源丰富。丰富的水资源为城市建设、产业开发提供了重要的保障，也为区域内的环境良性循环、污染物稀释降解提供了有利条件。

第三，森林覆盖良好。与我国长江以北的城市群相比，长株潭城市群具有相当高的森林覆盖率。在8个中心城市的近郊均有广阔的生态绿地分布。如果在未来的发展中控制得当，大量的森林将继续为城市群提供充足的氧气，分解污染物质，为高质量的城市群建设提供保障。

第四，环境质量良好。目前，长株潭城市群中除一些传统的重工业基地及其周边区域外，大部分区域环境质量良好，表现在空气质量优良率高、水质达标率高、土壤污染物含量低等方面。环境良好的区域占据了城市群50%以上的区域。良好的环境质量现状降低了未来环境治理的难度，为生态宜居城市群的建设提供了有利条件。但必须在未来予以重视，继续保持良好的环境质量。

第六章　长株潭城市群空间结构空间分析

第一节　方格网分析

一、长株潭城市群历史建成区分布图构建

上文中的要素分析以行政单位为对象，对长株潭城市群空间结构在宏观、中观层面的特征进行了归纳，对 2010 年这一时间截面的发展情况进行了研究，得出了初步的结论。但要透彻地研究长株潭城市群的空间结构和有机生长趋势，上述研究是不够的，还必须充分考虑一定时间范围内城市群的生长特征。针对这一情况，以方格网分析法对长株潭城市群进行空间分析，试图以不同历史阶段方格网图的构建来归纳生长趋势和特征①。

首先，构建长株潭城市群历史建成区分布图。本书收集的长株潭城市群 8 个地级市自新中国成立以来各个时间段印行的城区图共 60 余张，每个城市的城区图都在 6 张以上，长沙达到了 11 张。同时，本书通过对各城市城建档案馆的走访，掌握了各城市在 2000 年以前不同时间段的土地利用现状图。此外，还通过查阅 8 个城市不同时期总体规划中的土地利用现状图，获得了相对准确的数据。长株潭城市群 8 个地级市市区和市域范围内的建成区在 1980 年、1990 年、2000 年、2010 年的分布状况基本都能得到准确的把握。在此基础上，将 8 个地级市上述四个时间点上的建成区分布情况在长株潭城市群底图上进行集中标注，则可得到 1980 年、1990 年、2000 年、2010 年的长株潭

①　许学强. 技术流的动力机制、渠道与模式——以珠江三角洲为例［J］. 地理学报，2002（4）：59 – 63.

城市群建成区分布状况。必须说明的是，在资料收集的过程中，一些城市缺乏当年的建成区分布图，例如娄底市缺少 1990 年建成区分布图，常德市缺少 1980 年建成区分布图等。针对该情况，本书以最接近缺失图件时间点的图件资料为基准，参照其前后建成区分布图变化的趋势进行描绘，力求最接近当年建成区分布的实际状态。四个时间点的建成区分布状况如图 6 - 1 所示。

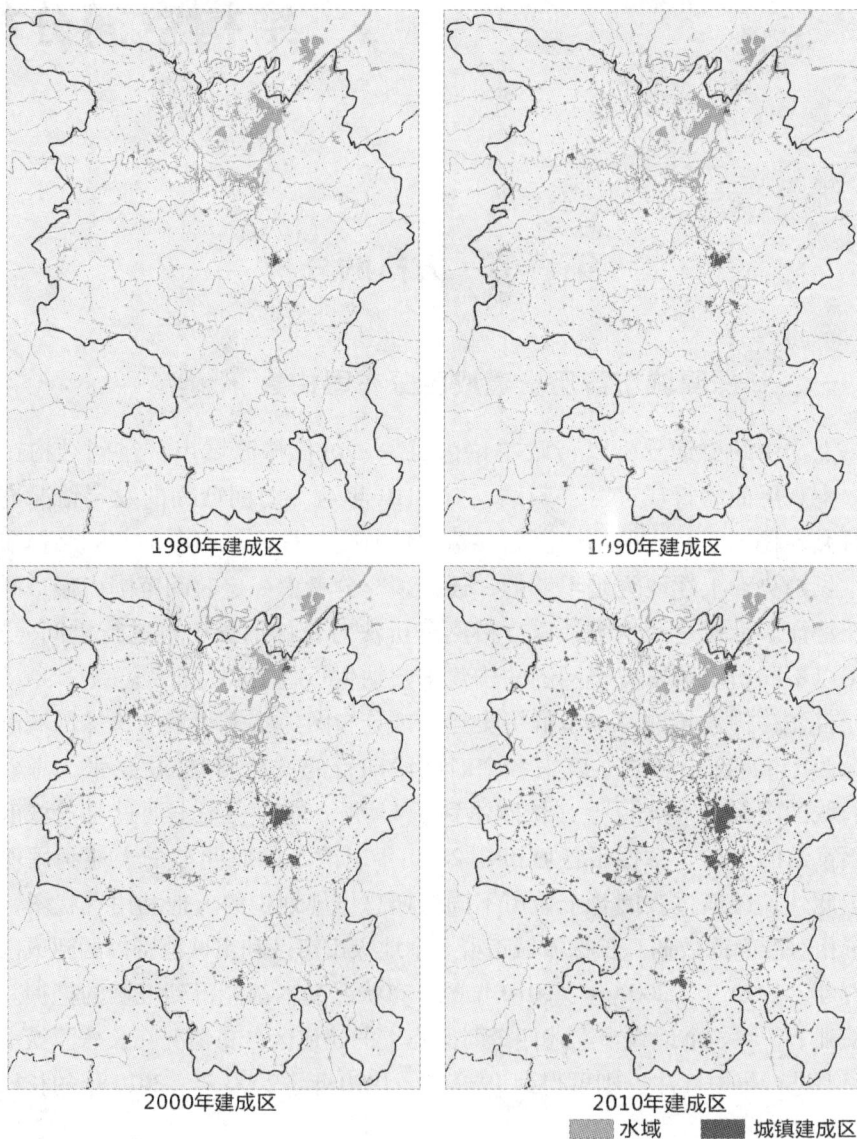

1980年建成区 　　　　　1990年建成区

2000年建成区 　　　　　2010年建成区

■ 水域　　　■ 城镇建成区

图 6 - 1　1980、1990、2000、2010 年长株潭城市群建成区分布状况

二、基准方格网构建

本书采用美国学者麦克戈里格的方格网分析法对长株潭城市群进行空间分析。该方法要求在区域地图上构建一个由若干个面积相等的正方形单元格构成的方格网，单元格数量一般不少于 1000 个。在充分考虑长株潭城市群的区域总面积、城市规模、城镇分布等特征的基础上，本书构建了适合空间结构研究的基准方格网，如图 6－2 所示。

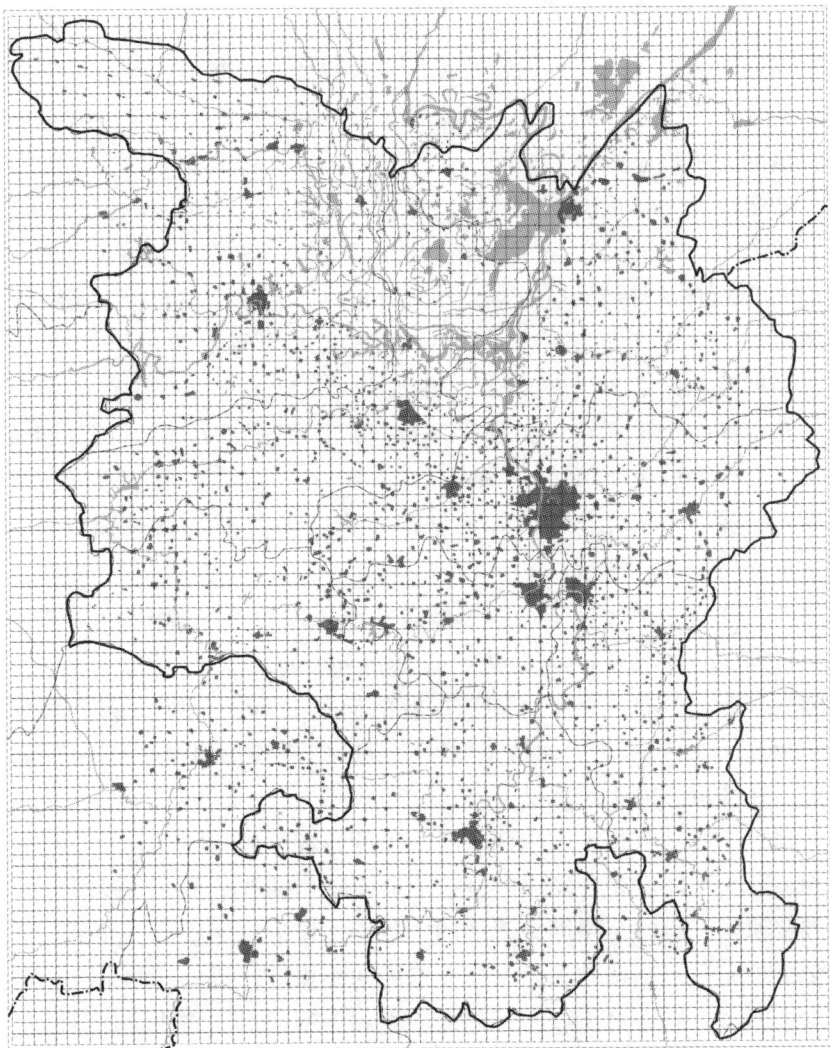

图 6－2 长株潭城市群基准方格网

图中的基准方格网由 6808 个单元格构成。从北至南的每列中有 92 个单元格，从东至西的每行中有 74 个单元格。每个单元格均为面积相等的正方形，边长均为 5 公里，面积为 25 平方公里。该基准方格网南北长 460 公里，东西宽 370 公里，面积达 170200 平方公里，完全覆盖了长株潭城市群的区域范围。该方格网在百分之百覆盖城市群范围的同时，保持了一定的精度，便于不同性质区域的准确划分。

三、城乡区域分布方格网构建

本书试图通过各时间点的长株潭城市群建成区分布图，结合一定的判定原则，构建 1980 年、1990 年、2000 年和 2010 年的长株潭城市群城乡区域分布方格网。判定原则是方格网系统构建的关键，但其制定的方法却不完全一致。许多国际学者根据研究地域的特征，制定符合当地实际情况的判定原则。本书在对大量国际研究进行总结归纳的基础上，根据我国城市群的一般情况和长株潭城市群的特征制定了城乡区域分布的判定原则，包括 5 个层面[①]：

第一，在一个单元格中，如果城镇建成区的面积超过单元格面积的 60%，则视该单元格为城市区域（Urban Region）。

第二，在一个单元格中，如果城镇建成区面积不足 60% 而超过 40%，则视该单元格为城市化区域（Urbanization Region）。

第三，在一个单元格中，如果城镇建成区面积不足 40% 而超过 20%，则视该单元格为混合区域（Mixed Region）。

第四，在一个单元格中，如果城镇建成区面积不足 20%，则视该单元格为农村与生态区域（Rural and Ecological Region）。

第五，在一个单元格中，如果水域面积高于 50%，则视该单元格为水域（Waters）。但如果该单元格中城镇建成区面积高于 40%，则应视该单元格为城市化区域，而不是水域。

根据上述原则，将上文中四个时间点的建成区分布图以矢量图斑的形式输入 MAPGIS 软件。在各建成区分布图上覆盖基准方格网，并以编程的形式确定判定原则。以每个格网单元中的图斑面积作为判定依据。如果一个图斑跨越多个单元格，则按其在每个单元格内的面积进行拆分。如果一个单元格中有多个图斑，则计算所有图斑的面积之和。利用上述方法，计算出每一个

① 傅崇兰. 城乡统筹发展研究［M］. 北京：新华出版社，2005：66-72.

单元格的图斑面积以及建成区密度，并按建成区密度对图斑进行判定分析，将不同的区域以不同深度的颜色表示。对图 6 - 2 的四张图分别进行计算和判定，则可以得到 1980、1990、2000、2010 年的城乡区域分布方格网图，如 6 - 3 所示。

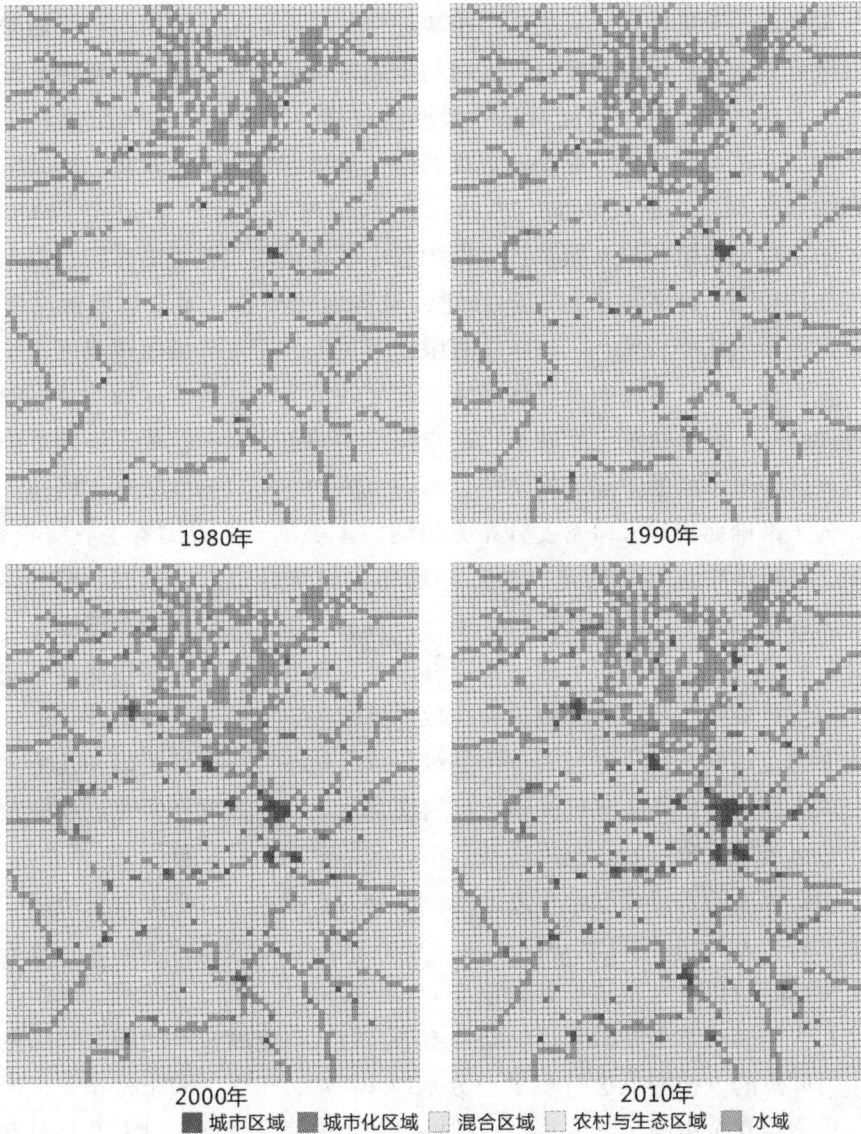

图 6 - 3　长株潭城市群城乡区域分布方格网（1980—2010）

四、人口密度分布方格网构建

上文所构建的城乡区域分布方格网有助于分辨长株潭城市群中城市区域与农村区域的分布情况。但这只能明确哪些地方城市分布密集，哪些地方城市分布稀疏，无法描述区域的人口密集程度。一般来说，城市中心区域城镇建成区分布密集，人口密度高，农村与生态区域城镇建成区分布稀疏甚至无分布，人口密度较低。但这只是一般性的规律，不适应一些区域的特定情况。例如，产业园区和工业企业集聚区往往城镇建成区密度较高，达到区域面积的60%以上，但人口密度往往较低，仅为每平方公里2000至4000人。重要的商贸型城镇和滨水城镇占地面积较小，城镇建成区密度有限，但人口密度往往较高。许多城市在近郊修建大量房地产楼盘，城镇建成区密度较高，但由于入住率较低，人口密度有限。可见人口密度和城镇建成区密度不能一概而论。人口密度表现了区域人口聚集的情况，反映了区域的开发程度和建设性质，是从微观上反映城市群空间结构的重要指标。为了更加准确地把握长株潭城市群的空间结构实质，本书试图构建人口密度分布方格网。

为了准确地构建人口密度分布方格网，本书从三个方面着手收集资料：第一，各城市中城区、街道办事处的历年人口统计资料；第二，64个县、市、区提供的历年人口统计资料；第三，各县、市、区提供的乡镇历年人口统计资料。其中，各城市城区、街道办事处以及县、市、区等均能提供完善的人口统计资料，乡镇方面则只有少数乡镇能提供完整的人口统计资料。但通过实地走访调查可以发现，一个县级行政单位往往只有城关镇和几个大型建制镇人口较为密集，其他乡镇人口密度普遍不高。因此在研究过程中，遇到少数区域缺乏资料时，则用该县、市、区的平均人口代替。

国际前沿的人口密度分布方格网一般分为6级，即每平方公里10000人以上、每平方公里8000至10000人、每平方公里6000至8000人、每平方公里4000至6000人、每平方公里2000至4000人、每平方公里2000人以下这6个等级。本书亦沿袭这一划分方法。将人口密度按不同深度的颜色在四个时间点的方格网上进行表示，分别以100%、80%、60%、40%、20%的颜色表示6个由高至低的等级，则可得到长株潭城市群人口密度分布方格网，如图6-4所示。

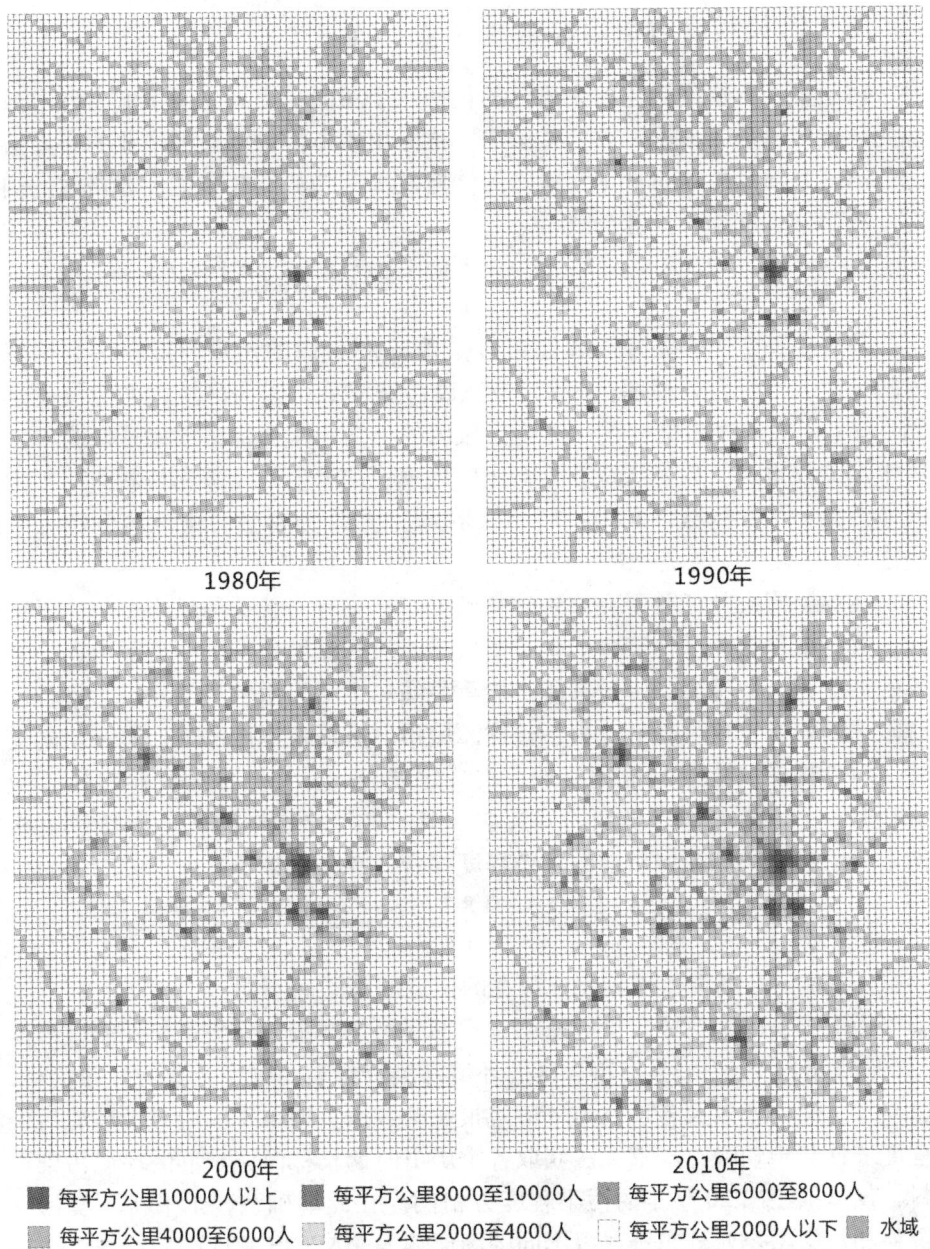

1980年

1990年

2000年

2010年

■ 每平方公里10000人以上 ■ 每平方公里8000至10000人 ■ 每平方公里6000至8000人

■ 每平方公里4000至6000人 ■ 每平方公里2000至4000人 □ 每平方公里2000人以下 ■ 水域

图 6 – 4　长株潭城市群人口密度分布方格网（1980—2010）

五、污染程度方格网构建

污染程度方格网构建的主要目的包括三个层面：第一，明确城市群中微观的环境质量分布情况和差异；第二，推断出城市群中污染型产业的布局情况；第三，演绎出城市群中污染物的传播及扩散趋势。污染程度方格网的构建依托污染程度综合计算公式：

$$Q = \frac{(1-Q_s) \cdot S + (1-Q_a) \cdot A + (1-Q_w) \cdot W + (1-Q_l) \cdot K}{1+E}$$

公式中，Q 代表某一区域（可以是单元格）内的污染程度；Q_s 为区域内的工业三废综合处理率；S 为工业三废污染权重；Q_a 为区域内的空气质量优良率；A 为空气污染权重；Q_w 为区域内的生活污水达标排放率；W 为生活污水污染权重；Q_l 为生活垃圾无害化处理率；K 为生活垃圾污染权重。E 为区域污染物扩散指数。其中，S、A、W、K、E 均为常数，由区域的特征来决定。

在参照国内外相关研究方法的基础上，本书针对长株潭城市群的实际情况，对污染程度综合计算公式赋予了权重。长株潭城市群的污染源中，最主要的来源为工业污染，因此其所占权重最高。生活污水和生活垃圾污染程度有限，因此赋予权重较低。由于长株潭城市群区域范围内的地形有一定的变化，污染物扩散指数 E 也相应地存在一定差异。岳阳、常德、益阳的 E 应取 0.12；长沙、湘潭、株洲的 E 应取 0.10；娄底、衡阳的 E 应取 0.08。根据上述情况，长株潭城市群的污染程度综合计算公式如下：

$$Q = \frac{(1-Q_s) \cdot 1.2 + (1-Q_a) \cdot 0.8 + (1-Q_w) \cdot 0.5 + (1-Q_l) \cdot 0.5}{1+E}$$

公式中，E 的取值因单元格所在的位置的不同而不同。

为了准确构建污染程度方格网，本书尽可能详细地收集了长株潭城市群 8 个地级市以及 64 个县、市、区的环境污染资料与污染型企业的分布资料，也参考了湖南省以及各地州市环境年报中的数据。但由于国内对于环境污染程度统计起步较晚，本书无法获取各个历史时期长株潭城市群的环境污染资料，仅能描绘出 2010 年的污染程度方格网。在此基础上，本书将环境污染资料和污染型企业分布资料以不同的图层输入 MAPGIS 软件中的长株潭城市群基准方格网图，对其进行叠加，并以污染程度综合计算公式计算每一个单元格的污染程度。本书结合了国内外的相关研究，将污染程度按高低分为四个层次：污染程度在 0.75 以上的，称为重度污染区；污染程度在 0.5 以上 0.75 以下的，称为中度污染区；污染程度在 0.25 以上 0.5 以下的，称为轻

度污染区；污染程度在 0.25 以下的，称为轻微污染区。将各层次的污染区
以不同深度的颜色在图上进行表示，从而得到图 6 – 5。

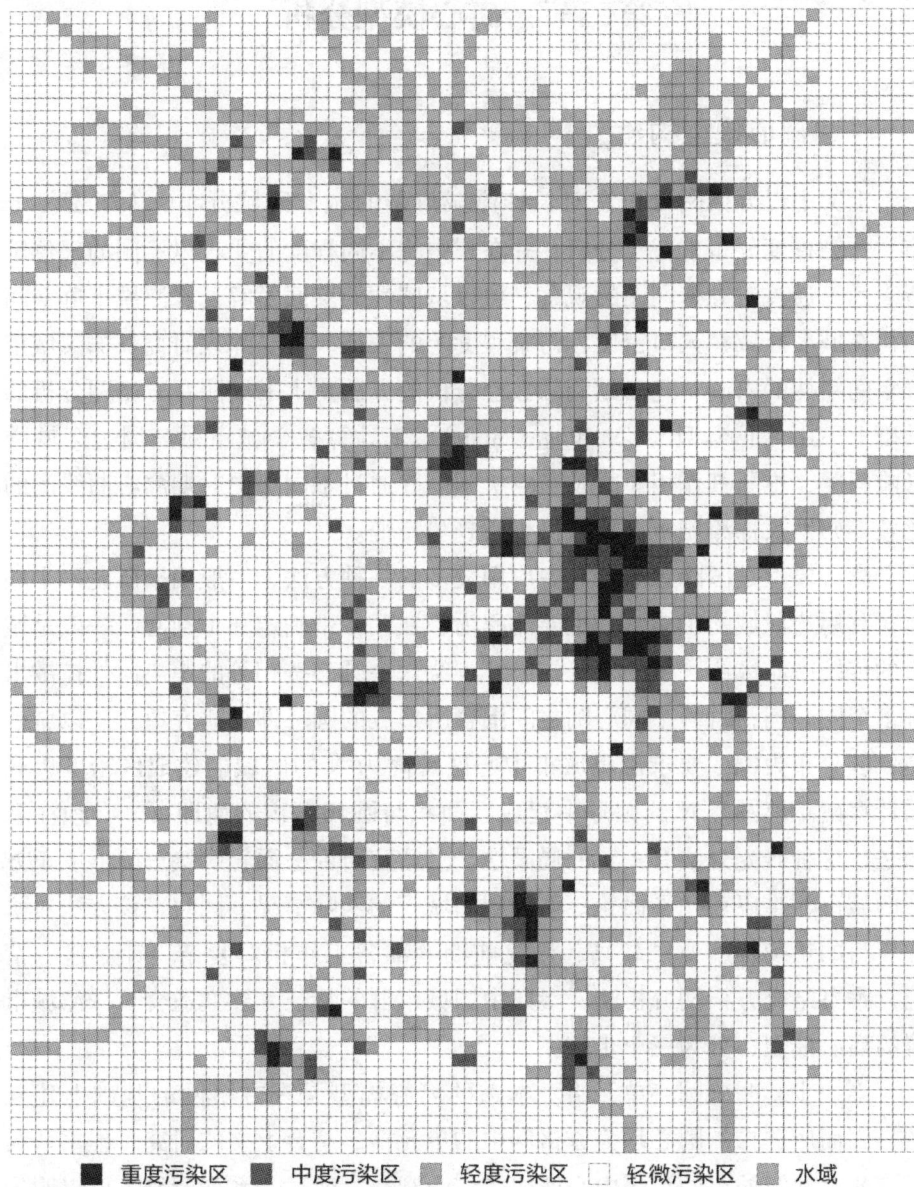

■ 重度污染区　■ 中度污染区　■ 轻度污染区　□ 轻微污染区　■ 水域

图 6 – 5 长株潭城市群污染程度分布方格网（2010）

第二节 离心模型分析

一、离心模型构建

上文中以方格网分析法对长株潭城市群的城乡区域分布、人口密度分布、污染程度分布进行了分析，并在图中将不同程度的要素以不同的颜色进行表示。通过对方格网图的观察，可以从感性的层面了解长株潭城市群空间结构在城乡区域、人口密度、污染程度上的表征。但要深入研究长株潭城市群空间结构的内涵，还必须利用数理分析的方法。本书试图在方格网分析的基础上，用离心模型（Centrifugal Model）来计算各个城市对其周边区域的影响程度，推断其作用模式及影响机制。并通过不同历史时期离心曲线图的比较，归纳长株潭城市群的有机生长趋势特征。

离心模型是国际区域研究中应用较多的一种方法，一般用来研究一个城市对其周边区域的影响。其主要流程为：在区域中确定一个圆心，一般是城市的传统中心区或区域的发展核心；围绕这个圆心按相等的距离向外扩散出许多个同心圆；每两个同心圆之间围合所形成的圆环即为研究单元。以城镇建成区分布为例，要求出离城市中心区距离为 N 的区域的建成区密度，只需计算出距离圆心 N 的圆环中建成区面积与圆环面积的商即可。必须注意的是，这种研究方法有一定的局限性，只适宜研究平面轮廓接近圆形或正方形的城市，难以表达平面轮廓不规则的城市的实际情况。同时，该方法对研究资料的精确程度要求较高，研究前期的准备工作相对复杂。针对这一情况，本书结合方格网分析法，参照中国城市群的特征，建立适合长株潭城市群的离心模型，分为三个步骤：

第一步，明确圆心单元格。本书的离心模型是在方格网的基础上建立的，因而所选择的圆心均为方格网中的单元格。结合上文的研究，本书认为只有 8 个地级城市的传统中心区才能作为圆心。通过一系列调研，可以明确 8 个城市的传统中心区位置，分别为：长沙市五一广场周边区域、株洲市中心广场周边区域、湘潭市雨湖区政府周边区域、常德市滨湖公园周边区域、岳阳市东茅岭周边区域、益阳市资阳区政府周边区域、娄底市娄星广场周边区域、衡阳解放大道周边区域。将这 8 个城市传统中心区单元格在基准方格网上进行标注。

第二步，建立坐标系统。在方格网中明确了圆心所在的单元格后，即以该单元格作为原点，建立坐标系统。坐标系统中横坐标和纵坐标均以边长为 5 公里的单元格为计量单位，距离原点每多一个计量单位，就是多 5 公里的距离。设原点的坐标为 $Y(0, 0)$，那么原点单元格正北部第一个单元格的坐标为 $Y(0, 1)$，正北部距离原点 j 个单位的单元格的坐标为 $Y(0, j)$。也就是说，距离横坐标轴 j 个单位，距离纵坐标轴 i 个单位的单元格的坐标为 $Y(i, j)$。其中 i, j 可以为正整数或负整数。按照地图表示的惯例，以北部作为纵坐标的正方向，以南部作为纵坐标的负方向，以东部作为横坐标的正方向，以西部作为横坐标的负方向。坐标轴第一象限单元格的横、纵坐标均为正数，第二象限的横坐标为负数，纵坐标为正数，第三象限的横、纵坐标均为负数，第四象限的横坐标为正数，纵坐标为负数。如此，即可将一个城市传统中心区单元格周边区域以坐标形式进行表示。如图 6-6 所示。

$Y_{-i,j}$	$Y_{-i+1,j}$	⋯	$Y_{-i,j}$	$Y_{0,j}$	$Y_{1,j}$	⋯	$Y_{i-1,j}$	$Y_{i,j}$
	$_{-i,j-1}$	⋮		⋮		⋮		$Y_{i,j-1}$
⋮	⋯	$Y_{-2,2}$	$Y_{-1,2}$	$Y_{0,2}$	$Y_{1,2}$	$Y_{2,2}$	⋯	⋮
$Y_{-i,1}$		$Y_{-2,1}$	$Y_{-1,1}$	$Y_{0,1}$	$Y_{1,1}$	$Y_{2,1}$		$Y_{i,1}$
$Y_{-i,0}$	⋯	$Y_{-2,0}$	$Y_{-1,0}$	$Y_{0,0}$	$Y_{1,0}$	$Y_{2,0}$		$Y_{i,0}$
$Y_{-i,-1}$		$Y_{-2,-1}$	$Y_{-1,-1}$	$Y_{0,-1}$	$Y_{1,-1}$	$Y_{2,-1}$		$Y_{i,-1}$
⋮	⋯	$Y_{-2,-2}$	$Y_{-1,-2}$	$Y_{0,-2}$	$Y_{1,-2}$	$Y_{2,-2}$		⋮
$Y_{-i,-j+1}$	⋮		⋮		⋮			$Y_{i,-j+1}$
$Y_{-i,-j}$	$Y_{-i+1,-j}$	⋯	$Y_{-i,-j}$	$Y_{0,-j}$	$Y_{1,-j}$	⋯	$Y_{i-1,-j}$	$Y_{i,-j}$

图 6-6 离心模型坐标系统

第三步，建立离心模型。在建立离心模型坐标系统的基础上，建立离心模型的计算公式：

$$P_m = \frac{\sum_{i=0}^{m}\sum_{j=0}^{m} [Y(i, j)]}{2\pi m} \quad (m-1 \leqslant \sqrt{i^2+j^2} \leqslant m)$$

公式中，P_m 为距离城市传统中心区单元格 m 个单位距离的单元格中某种要素的平均值，可以是平均城镇建成区密度、平均人口密度或平均污染程度。$Y(i, j)$ 为距离城市传统中心区单元格横坐标 i 个单位，纵坐标 j 个单位的单元格。m 在此取自然数。在本公式中，随着 m 取值的不断增大，即可计算出距离城市传统中心区越来越远的区域中各种要素的平均值。必须注意的是，由于基准方格网中单元格边长为 5 公里，因此 m 每增加 1，距离即增加了 5 公里。由于长株潭城市群中相邻城市的建成区之间的距离一般不超过 120 公里，因此本书采取 60 公里作为研究半径，m 取值亦不超过 12。下面即利用该公式进行城乡区域分布、人口密度分布、污染程度分布三个方面的离心分析。

二、城乡区域分布离心分析

在明确了城市传统中心区单元格和离心模型公式的基础上，将城镇建成区密度数据作为自变量带入离心模型，对长株潭城市群 1980、1990、2000、2010 年城乡区域分布方格网进行分析，可计算出四个时间点中 8 个城市的扩散范围和影响力。如图 6-7 所示。

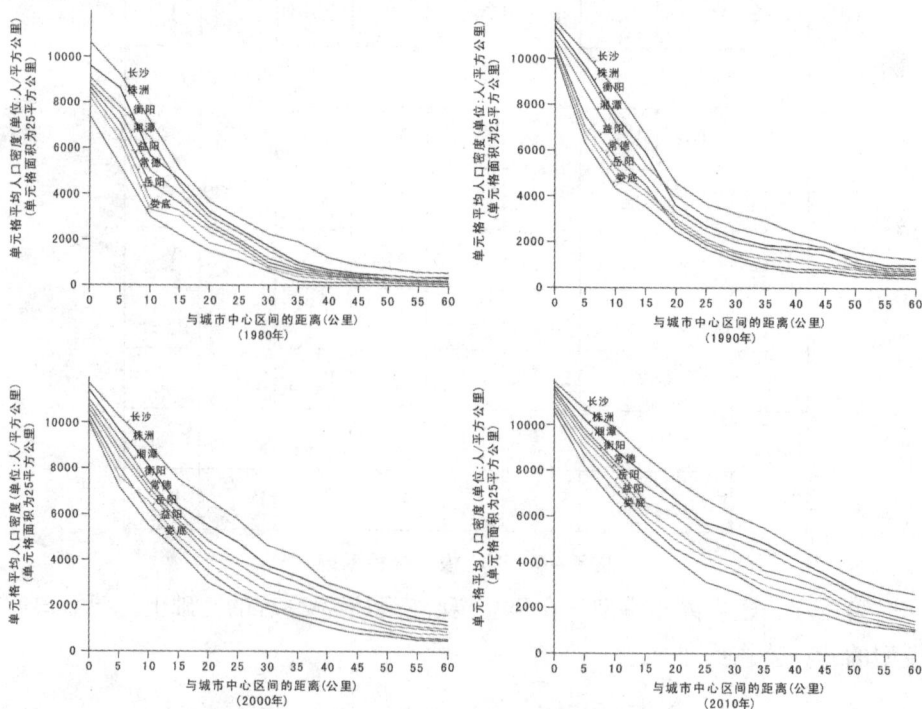

图 6-7　城乡区域分布离心曲线（1980—2010）

对长株潭城市群 1980、1990、2000、2010 年四个时间段中 8 个城市的城乡区域分布离心曲线进行观察，可以归纳三个方面的有机生长特征：

第一，总体生长速度不断提升。对比 1980、1990、2000、2010 年的城乡区域分布离心曲线图可以看出，各城市的曲线随着时间的流逝而有着明显的变化。1980 年时，8 个城市的曲线均向原点方向凹进，近似于反向的抛物线。1990 年，各城市曲线的中部均有向上抬升趋势。至 2000 年，各曲线的抬升趋势十分明显。到 2010 年时，各曲线向原点凹进的程度已经大为减小，且较 1980 年有总体的抬升。这说明长株潭城市群近三十年来的生长速度不断加快，向外扩张膨胀的趋势日益明显，城市周边的城镇建成区密度不断加大，城市化区域和混合区域的范围也随之不断扩大。

第二，生长过程中始终存在明显的城乡分界线。从图中可以看出，1980 年时各城市城镇建成区密度在距城市中心区 5 至 15 公里处开始急速下滑。1990、2000 年时这种趋势有所缓解，但在 10 至 20 公里处也都出现了明显的急速下滑现象。2010 年时，各城市的曲线已趋于平缓，但仍有在某一距离处下滑明显的现象。这说明，长株潭城市群中各城市的建成区分布均存在明显的边际递减效应，即距离中心区越近，城镇建成区分布越密集，距离中心区越远，分布越稀疏，且从密集到稀疏之间存在着一个明显的临界点。在这个临界点之外的城镇建成区密度随距离增大下降得尤为迅速。这个临界点实际上可以看做各个城市的空间边界，即城乡分野的实际界线。

第三，生长速度具有显著差异。对比长株潭城市群 8 个城市的情况可以看出，尽管各城市 30 年来生长速度均有明显提升，但提升的幅度和形式存在明显的差别。某些城市的曲线位置较高，抬升势头明显，说明这些城市生长速度较快，在城市规模扩张、城市用地建设等方面快于其他城市。对 8 个城市的曲线线形进行观察，则可明确城市生长速度的排位次序。长沙在 1980 至 2010 年中均稳占第一的位置，且与居第二位的城市拉开了一定差距。株洲在 2000 年前曾居第三、四位，但在 2000 年后居于第二位。衡阳曾在一段时间之内居于第二位，但之后被株洲赶超，2010 年居第三位。常德在 1980、1990 年居于第六位，但 2000 年后超过益阳，2010 年超过湘潭，成为居于第四位的城市。湘潭在 1990 年前处于第三、四的位置，但至 2010 年则落到第五位。益阳和岳阳一直在第六、第七的位置徘徊，娄底则一直排在最后一位。可以看出，在 30 年的建设发展过程中，长沙一直保持着较快的生长速度和区域优势；株洲、常德生长迅速，赶超了其他城市；衡阳、湘潭亦生长较快，但增速有限，因而被超过；益阳、岳阳、娄底的生长速度也在不断提升，但不及前五位的城市明显。长株潭城市群的区域生长速度呈现出显著的不均衡性，且随着时间的变迁有一定程度的变化。

三、人口密度分布离心分析

将上文人口密度分布方格网中各单元格数据代入离心模型进行计算，则可得到 8 个城市的人口密度分布离心曲线。通过人口密度分布离心曲线可观察各城市周边区域与城市中心区之间的距离和人口密度分布的关系，如图 6 -8 所示。

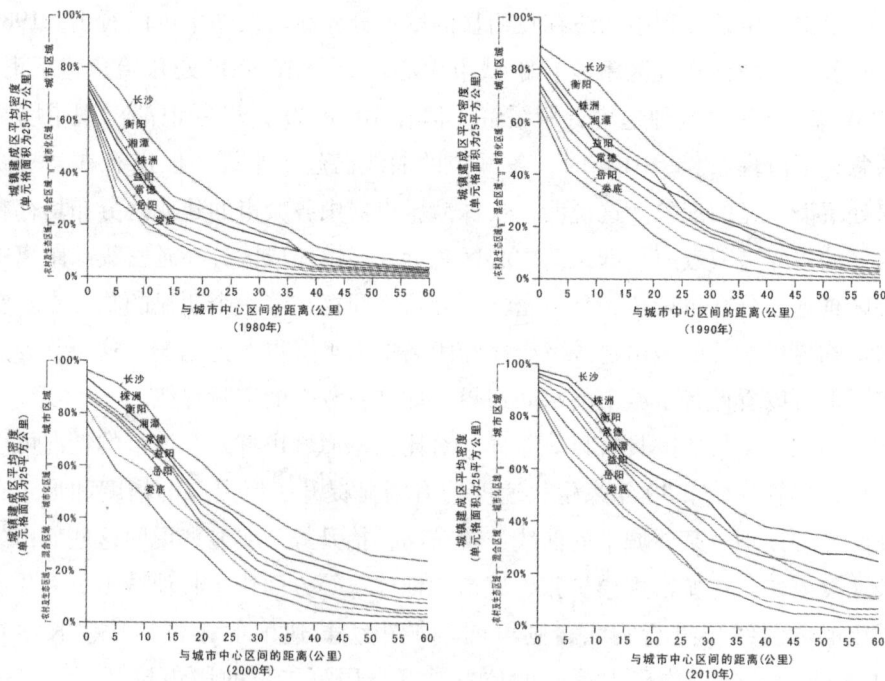

图 6 -8　人口密度分布离心曲线（1980—2010）

对图 6 -8 进行观察可以发现，长株潭城市群 8 个城市的人口密度分布离心曲线具有一系列的特征，反映了城市群三个方面的生长趋势：

第一，各城市间存在大体类似的生长过程。通过四个时间点的比较可以发现，1980 年时，8 个城市中心区附近的人口密度较高，但到了距离中心区 5 至 10 公里的区域则急剧下降，至 30 公里之后均降至每平方公里 2000 人

以下。因此，8 个城市均形成了朝原点方向内凹的曲线线形。1990 和 2000
年时，内凹的趋势不断减缓。至 2010 年，8 个城市曲线的内凹程度均大大
降低。长沙、株洲等城市的线形已相对平缓，接近于直线。这说明在长株潭
城市群发展的初期，各城市规模普遍较小，城市边缘区的范围小且人口密度
低，城市区域和农村区域有明显的界线。在生长过程中，各城市的规模不断
扩大，城市边缘区的范围也不断扩大，人口密度不断增加。8 个城市均以这
种方式进行生长，未出现爆发式生长或生长停滞的现象。

第二，各城市人口密度差异有限。与城乡区域分布曲线图相比，各城市
的人口密度曲线在四个时间点的图中都排列得相对密集。除长沙的曲线略高
于其他曲线外，各城市的曲线的线形近似，且位置分布差异不大。这说明，
长株潭城市群中各城市的规模差异较大，而人口密度差异较小。其中，各城
市边缘区之间存在一定的差异，而中心区、外围区的差异更小。

第三，生长过程中城乡分界线逐渐模糊。从 1980 年人口密度分布离心
曲线图中可以看出，各个城市的曲线都存在着一个明显的临界点，大致出现
在距离城市中心区 5 至 10 公里处。这个临界点以内的区域人口密度较高，
以外的区域人口密度则急剧下降，可视为城乡区域的分界线。1990 年时，
这个分界线被推至了距离城市中心区 15 至 20 公里处。2000 年时，各个城
市的分界线已经十分模糊，只有少数几个城市尚有明显的分界线。2010 年
时，各个城市的曲线均趋于平缓，已观察不到明显的分界线。分界线越明
显，城市边缘区的范围往往越小。分界线模糊或不存在，城市边缘区的范围
往往越大。可以认为，随着时间的变迁，长株潭城市群各城市的城区与农村
区域差异正在逐渐减小，城乡之间的界线在逐步模糊，城市边缘区的范围逐
渐变大。

四、污染程度分布离心分析

将上文中污染程度方格网中的数据导入离心模型的计算公式进行计算，
则可得到 2010 年长株潭城市群 8 个城市的污染程度分布离心曲线，如图 6
-9 所示。

对图 6-9 进行观察可以发现，长株潭城市群 8 个城市的污染程度分布
离心曲线存在一些特征，突出表现在以下两个方面：

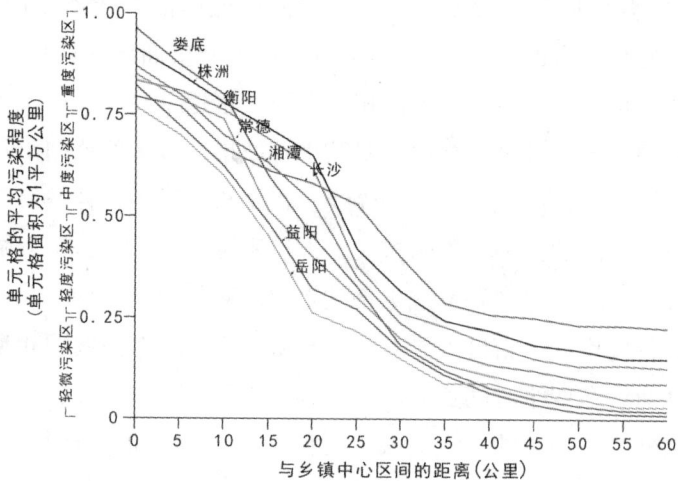

图 6 - 9　污染程度分布离心曲线

第一，污染影响程度和影响范围不成正比。通过观察图 6 - 9 可以发现，长沙的污染影响范围较大，距离中心区 40 公里的区域尚为轻度污染区，但总体污染程度较低，在城市中心区附近污染较严重的区域的污染程度亦不高于 0.8。娄底则恰恰相反，距离中心区 30 公里以内的区域即为轻微污染区，而城市中心区附近区域污染程度接近 0.95。其他 6 个城市中，株洲中心区的污染程度总体较高，衡阳、岳阳中心区的污染程度较低而影响范围较大，常德、益阳、湘潭中心区的污染程度较高而影响范围较小。可以认为，长株潭城市群中各城市污染的影响程度和影响范围不成正比，中心区污染相对严重的城市不一定会影响更大范围的区域。这说明长株潭城市群的污染程度受到多方面的影响，包括城市规模、工业区布局、周边区域的纳污能力及扩散能力等。各城市在以上方面存在一定的差别，必须区别对待。

第二，各城市均存在明显的污染临界点。通过对污染程度分布离心曲线观察可以发现，8 个城市均存在着明显的临界点，临界点两侧的曲线具有明显的急缓差异。长沙的临界点出现在距中心区约 25 公里处，株洲、湘潭、衡阳、常德、益阳、岳阳、娄底分别出现在距中心区约 20、20、20、10、10、20、10 公里处。临界点以内的区域往往污染程度较重，以外的区域则较轻。可以认为，临界点以内是长株潭城市群工业企业分布的主要区域，也是主要污染源集中的区域。这说明目前长株潭城市群的污染型工业企业大多集中在城市周边，外迁的力度有限，对城市尚存在一定的不利影响。

第三节 长株潭城市群有机生长趋势分析

一、各阶段有机生长趋势分析

通过上文的方格网分析和离心分析，可以直观地把握长株潭城市群1980年至2010年城镇建成区扩张、人口密度变迁以及污染程度分布的情况。对比各个历史时期的方格网图和离心曲线图，可以归纳出长株潭城市群在1980、1990、2000、2010年四个历史阶段的有机生长趋势。

1980年：此时期正值改革开放的起步阶段，长株潭城市群中的各个城市都经历了一段停滞时期，正处于恢复的过程中。城市规模普遍偏小，城市人口有限。产业以农业为主，以建国初期布局的重工业为辅，第三产业不发达。各个城市的建成区表现出相对紧缩的空间形式，城市人口、产业和设施集中在相对较小的区域中，城市和乡村之间有明显的边界，城乡结合区域的范围很小。从宏观层面来看，由于四通八达的交通网络尚未形成，城市之间的经济、产业、交通交流有限，城市彼此之间的相互作用不明显。此时，长株潭城市群中各城市的生长特征都类似于植物的种子，将功能集中在较小的区域中，内部与外部有明显的分界线，相互之间缺乏联系。通过对上述特征的分析，我们可以认为，1980年的长株潭城市群正处于生长的孕育阶段。

1990年：此时期，改革开放正处于加速推进的过程中，城市发展获得了前所未有的机遇。在此背景下，长株潭城市群中8个地级城市的建成区开始快速扩张，大部分城市建成区的年均增长率超过了5%。城市开始不断占用周边的土地，进行产业开发和城镇建设。城市化进程不断加快，城市人口也相应地不断增加。此时期，许多城市利用传统产业的基础，借助外来资本的推力，发展了一些新的产业部门，以劳动密集型和资源密集型的工业为主。第三产业的比重开始上升。各城市在空间层面均表现出明显的外扩特征，城市与乡村区域之间出现了明显的城乡结合区域，且范围不断扩大。从宏观层面来看，国道、省道、铁路干线的修建大大完善了区域交通系统，为城市的合作发展打下了基础。但由于政策、历史层面的原因，各城市之间尚未形成密切的联系。此时，长株潭城市群中各城市的生长特征类似于已破壳萌芽的植物种苗，开始加速生长和扩张，内部与外部之间出现了明显的结合地带，各城市之间具备了联系的基础。通过上述分析可以认为，长株潭城市群在 1990 年时处于萌芽阶段。

2000 年：此时期，我国的改革开放已经取得了阶段性成果，城市化和产业化的加速推进在带来经济繁荣的同时也带来了激烈的区域竞争。在此背景下，长株潭城市群中 8 个地级市的扩张速度不断加快，大部分城市建成区年均增长率甚至超过了 6%。城市每年都要占据周边的大片土地作为新的发展空间。城市人口也在不断增加，但并未达到建成区增长的速率。产业发展成为各城市最为重视的命题，许多城市通过招商引资和自主融资，建成了具有一定竞争力的产业部门，如工程机械、装备制造、有色金属等。第三产业的比重大大提升，但生产性服务业尚且刚刚起步。各城市在空间层面表现出不同的扩张特征，某些城市表现为膨胀式扩张，某些城市表现为飞地式扩张。城市与乡村区域之间存在较大范围的城乡结合区域。这些区域不断被城市本身所吞并，又不断地向外延伸，成为城市发展中的不稳定要素。从宏观层面来看，高速公路、快速路的修建进一步提升了区域交通系统的服务能力，大大密切了城市之间的联系，城市之间在经济、产业方面形成了一系列的协作关系。此时，长株潭城市群中各城市的生长特征类似于正在生长发育中的植物，生长得快速而稳定，内部和外部之间具有明显的新陈代谢区域，各城市之间联系不断加深。通过上述分析可以认为，长株潭城市群在 2000 年时处于发育阶段。

2010 年：此时期，我国处于新型工业化、新型城市化的加速发展阶段，又好又快发展成为了城市群建设的主题。在此背景下，长株潭城市群的发展和扩张开始趋于理性。8 个地级城市的扩张速度并未进一步加快，但每年还是不可避免地占用城市周边的部分土地作为扩张空间。城市人口持续增长，但由于人口密度较低的产业园区比重较大，因而增速仍未达到建成区的水平。各城市均形成了具有区域竞争力的主导产业，基本都与改革开放之前的产业没有直接联系，属于新兴的产业。战略性新兴产业，如工程机械、汽车制造、新材料、电子信息、生物医药等，成为产业发展的主要力量。第三产业发展速度大大提升，超过了工业的增速，但比重仍有待提高。生产性服务业的发展已受到各城市的高度重视，但发展尚处于初期阶段。各城市在空间层面表现出相对复杂的扩张方式，但受产业布局的影响明显。城乡结合区域的面积有减少的趋势，得益于理性的扩张和开发控制政策。从宏观层面来看，高速公路、高速铁路的修建改变了传统的交通联系模式，城市群进入了高铁交通时期，南北向交流不断加深，并形成了多方面的联系和合作。此时，长株潭城市群各城市的生长特征类似于即将成熟的植物，各城市的发展方向已经基本定型，功能布局趋于合理，内外边界再次变得清晰，各城市之间形成了稳定的联系。通过上述分析，可以认为在 2010 年时长株潭城市群已经进入了即将成熟时期，但距离真正的成熟尚有一定距离。

二、有机生长总体趋势分析

综合上文的方格网分析、离心模型分析和各历史阶段生长趋势归纳，可以认为长株潭城市群自 1980 年至 2010 年，经历了一个从孕育、萌芽、发育再到即将成熟的过程。在这个过程中，长株潭城市群表现出了有机生长的总体趋势。该趋势决定了城市群扩张、发展的方式，也对其空间结构产生重要的塑形作用。综合上文的研究成果，可归纳出长株潭城市群有机生长总体趋势的四大特征：

第一，以多中心模式生长。纵观长株潭城市群 1980 至 2010 年的生长过程，8 个城市的发展不断加快，城市扩张速度虽然存在一定差别，但始终没有一个城市在某一时间段内以远高于其他城市增速的速度发展扩张。长沙的城市规模基数较大，前期发展扩张较快，但与其他城市的相对差距有限，不足以在城市群中占绝对主导地位。株洲、湘潭与长沙之间有一定的向心发展趋势，但由于种种原因未能实现与长沙的一体化，三市联合成为城市群核心的设想暂未实现。因此，长株潭城市群近三十年来的有机生长趋势可以概括为由主中心、次中心、组团共同组成的多中心模式。多中心模式促进了城市群区域的总体提升，有效减少了城市群中发展滞后区域所占的面积。同时，由于强大辐射力和凝聚力的核心的缺乏，在一定程度上制约了城市群的总体发展效率，限制了一些城市群高端功能的产生。

第二，膨胀式与飞地式结合的生长方式。从长株潭城市群城镇建成区的扩张轨迹来看，各个城市的生长方式不是完全一致的，而是膨胀式与飞地式的结合。所谓膨胀式生长，即城市由中心向外围不断推进，将原有城乡结合区域变为城市区域，又将周边农村区域变为城乡结合区域，形成类似同心圆空间形态的生长方式。所谓飞地式生长，即城市在发展过程中跳过周边的城乡结合区域，在外围的农村区域中选择土地进行建设的生长方式。长株潭城市群中的大部分城市采用了二者结合的模式，即城市在膨胀式生长的同时，不断在外围区域设置产业园区、新城区或卫星城等飞地。随着时间的变迁，城市经过不断膨胀，又将这些原先的飞地纳入城区范围以内。同时，城市又在更外围的区域设置新的飞地。如此循环往复，城市的规模越来越大，城市与农村结合区域的情况也日益复杂。膨胀式与飞地式结合的生长方式适用于城市群生长发育的初期、中期阶段，有利于城市规模的快速增长和竞争力的培育，但也会带来较大的环境代价和土地成本，不适用于进入成熟阶段的城市群。

第三，产业拉动作用是有机生长的首要动力。通过观察长株潭城市群建成区扩张的历史进程可以发现，产业发展对城镇建设的拉动作用是长株潭城市群有机生长的首要推动力。1980 年以来，长株潭城市群开始加强招商引资力度，不断在城市周边布局工业企业。1990 年以后，各城市为了避免工业散乱发展的情况，在城市周边设置工业园区和开发区，作为工业布局的主要场所。同时，园区配套的商业区、居住区以及各项基础设施也开始建设。2000 年以后，工业企业进入园区集中发展成为大势所趋，8 个地级城市都建设了多种类型的经济开发区、产业园区。许多县级市、县等也开始在城镇周边设置开发区和工业小区。大部分园区周边都建设了包含居住区、商业区、公共服务区、园林绿地区等的新城区。至 2010 年，长株潭城市群中不同级别、类型的工业园区、开发区已有近 50 个。园区周边配套区域的功能日益齐全，范围日益扩大。在近 30 年的发展过程中，一方面，产业的发展和园区的布局直接扩大了城市的范围，带动了城市周边区域的发展，另一方面则通过配套区域的建设进一步拓展城市范围，完善新城区的功能。

第四，城市之间的联系形成缓慢。在改革开放 30 年来的生长过程中，长株潭城市群在城镇建设、产业发展、经济增长、社会建设等方面都取得了长足的进步。城市群的总体规模、实力和发展质量都在我国城市群中占有一定优势。但由于体制、观念等方面的原因，长株潭城市群的 8 个地级城市至今尚未形成统筹发展、共同进步的局面。城市之间在经济、产业、文化等方面虽然有一定的交流和协作，但并未触及到发展的深层部分。从空间层面来看，各城市的生长不存在明显的相互作用。从产业选择和布局层面来看，各城市各自为政的趋向明显，很少将产业的区域协作纳入考虑范围，并存在一些内部竞争的情况。从基础设施布局层面来看，长株潭城市群目前已形成了由高速铁路、高速公路、铁路、公路、航空交通共同构成的现代化交通网络和发达的电信通讯网络。但除长沙、株洲、湘潭外，其他 5 个城市之间尚未形成实质性的基础设施共享机制。城市之间的联系道路多依赖于国家的高速公路，缺乏专门的联系通道。总的来看，在 1980 至 2010 年的发展历程中，长株潭城市群发展迅速，但城市之间的联系形成缓慢。这种情况在长沙、株洲、湘潭之外的 5 个城市中表现得尤为明显。

第四节　长株潭城市群空间结构模式判定

上文从要素分析和空间分析两个层面归纳了长株潭城市群空间结构特征和有机生长总体趋势。综合这些特征、趋势的研究结论，并进行归纳演绎，即可对长株潭城市群的空间结构模式进行判定。

本书认为，长株潭城市群的空间结构模式可概括为"工业化主导的多中心、非均衡发展模式"。所谓"工业化主导"，指的是长株潭城市群的生长在很大程度上受到工业化的拉动作用，产业园区和配套设施的布局是各城市扩张的主要方式。所谓"多中心"，指的是长株潭城市群以 8 个地级城市分别作为生长的主次中心，对各城市周边区域产生辐射带动作用。所谓"非均衡"，指的是长株潭城市群在发展程度、功能选择、产业导向等方面具有空间上的非均衡性。该模式作为长株潭城市群空间结构模式的总和，在近 30 年来一直对城市群发展产生主导性的塑形作用。

工业化主导的多中心、非均衡发展模式在长株潭城市群的孕育、萌芽、发育乃至目前的即将成熟阶段均产生了可观的正面影响和促进作用。长株潭城市群在较短时间内能获得较快的发展、较强的经济实力和显著的区域竞争力，在很大程度上得益于该空间结构模式。但长株潭城市群很快将进入成熟阶段，提质型发展的要求更为突出。而"两型社会"建设、新型工业化、新型城市化等政策背景也要求长株潭城市群转变以往追求速度的发展方式，进入高质发展的正确轨道。在此情况下，长株潭城市群必须依照自身发展需求，把握总体生长趋势，对现有的空间结构模式进行合理的调整，方能凸显"两型社会"特色，实现又好又快发展。

第七章 长株潭城市群动态模拟预测

第一节 动态模拟分析

一、动态模拟分析步骤概述

本书采用动态模拟分析法对长株潭城市群的有机生长趋势进行分析和预测。拟用 1980 年至 2010 年这 30 年的演变趋势推出 2020 年、2030 年自然生长情况下长株潭城市群的有机生长趋势。动态模拟分析方法由下列四个步骤组成：

第一步，将 1980、1990、2000、2010 年长株潭城市群建成区轮廓在同一张图上进行叠加，并以不同的颜色表示。

第二步，利用建成区轮廓叠加结果以及各城市建成区增长的数据，预测各城市在 2020、2030 年的建成区总体规模，并建立各城市建成区扩张动态曲线图。

第三步，利用上文中的方格网分析结论，以各城市中心区为原点，建立动态模拟玫瑰图，将城市的发展分解成为 12 个方向，计算每个方向的城市扩张速率，并以此为基础推出 2020、2030 年各城市向各个方向发展的深度。

第四步，利用动态曲线图和动态模拟玫瑰图的结论，对长株潭城市群的未来发展进行动态模拟。并将动态模拟的结论以三维方格网图的形式表现，从而直观地表达出在自然生长情况下，长株潭城市群在 2020、2030 年的发展态势。

二、历史建成区叠加

上文中对长株潭城市群各时期建成区的变迁进行了描绘。将 1980、1990、2000、2010 年四个时间点的建成区轮廓图叠加在一张底图上，并分别以不同深度的颜色进行表示，以观察 30 年来长株潭城市群建成区变迁的趋势，如图 7-1 所示。可以看出，长株潭城市群的 8 个地级城市建成区增长较快，占建成区总量的比例高，各个时间点的轮廓之间有较大的差别。而大多数县级城镇增长较慢，占建成区总量的比例低，各个时间点的轮廓之间的区别相对较小。据此可以认为，8 个地级城市是长株潭城市群建成区扩张的主体。对 8 个地级城市的增长趋势进行分析，有利于对长株潭城市群建成区演变趋势作出准确的预测。

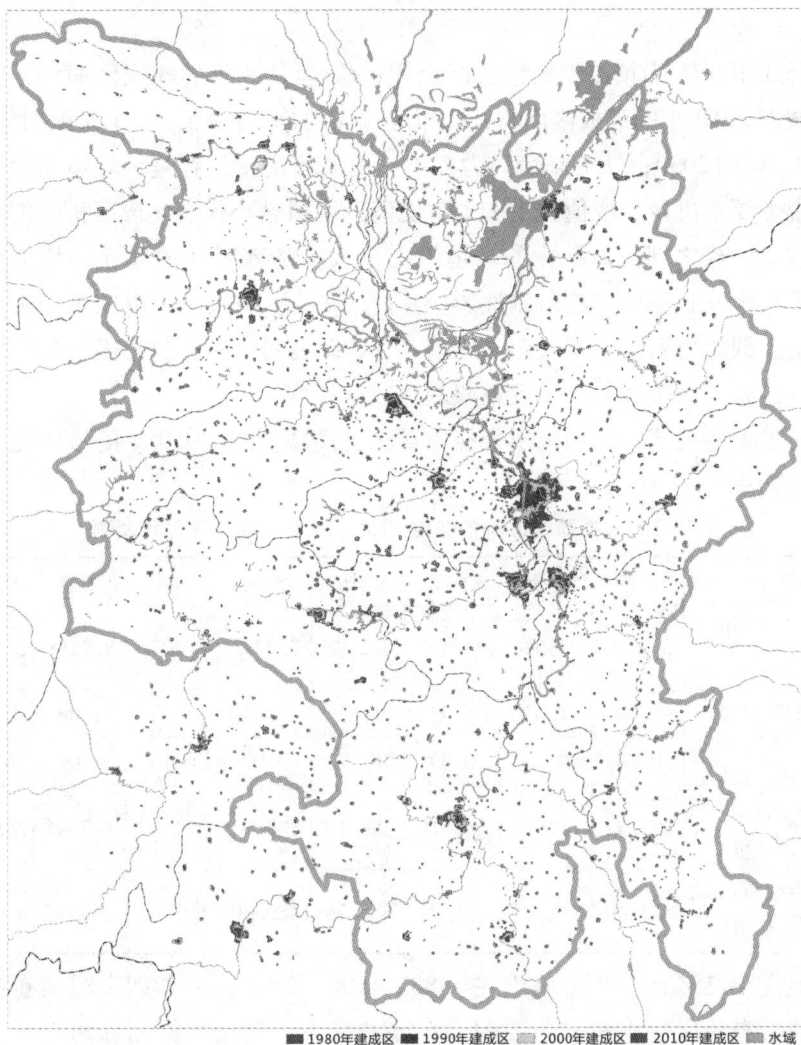

图 7-1 历史建成区轮廓叠加图

三、动态曲线图构建

上文中已列出了长株潭城市群 8 个地级城市 1980—2010 年的建成区面积数据，并就各城市建成区的平均增长速率进行了计算。在此基础上，拟采用加权趋势外推法对这 8 个城市在 2020 年、2030 年的建成区面积进行预测。公式如下：

$$C_t = \frac{C_n \times \left[(1 + C_p)^{(t-2010)} - M^{(t-2010)} \right]}{1 - f}$$

公式中，C_t 为预测年的建成区面积；C_n 为基数年的建成区面积，在此取各城市 2010 年的建成区面积；C_p 为各城市的平均增长率；t 为预测年份，可取 2020 和 2030；M 为环境阻力权重，由城市的土地存量、环境质量、地形地貌等要素决定，取值在 1 和 1.1 之间，取值越小代表建成区扩张的环境阻力越小，反之则代表扩张的环境阻力越大，随着时间的变迁，M 值将对城市扩张带来日益明显的限制性影响；f 为政策影响权重，由城市的发展背景政策、战略思路等要素决定，取值在 ±0.2 之间，为正数时表示政策鼓励建成区扩张，为负数时表示政策限制建成区扩张。

通过上述公式，可预测出长株潭城市群 2020 年、2030 年的城镇建成区面积。如表 7-1 所示。

表 7-1　长株潭城市群各城市 2020、2030 年建成区面积预测

年份	长沙	株洲	湘潭	衡阳	常德	岳阳	娄底	益阳
1980—2010 年平均增长率	6.24%	7.16%	4.73%	6.21%	7.22%	8.20%	8.21%	6.31%
M 取值	1.02	1.03	1.03	1.02	1.04	1.03	1.04	1.03
f 取值	0.08	0.10	0.09	0.08	0.07	0.10	0.09	0.08
2020 年建成区面积(平方公里)	535.32	381.95	282.16	385.10	302.03	321.09	197.44	285.26
2030 年建成区面积(平方公里)	891.49	541.76	465.23	685.74	489.20	607.04	366.70	460.65

上文中已经针对 8 个城市在 1980、1990、2000、2010 四个时间点的城乡区域分布状况建立离心曲线图。在此基础上，利用方格网和离心分析结论，结合预测出的建成区面积数据，试图构建动态曲线模型，预测出 2020 年、2030 年的城乡区域分布离心曲线。

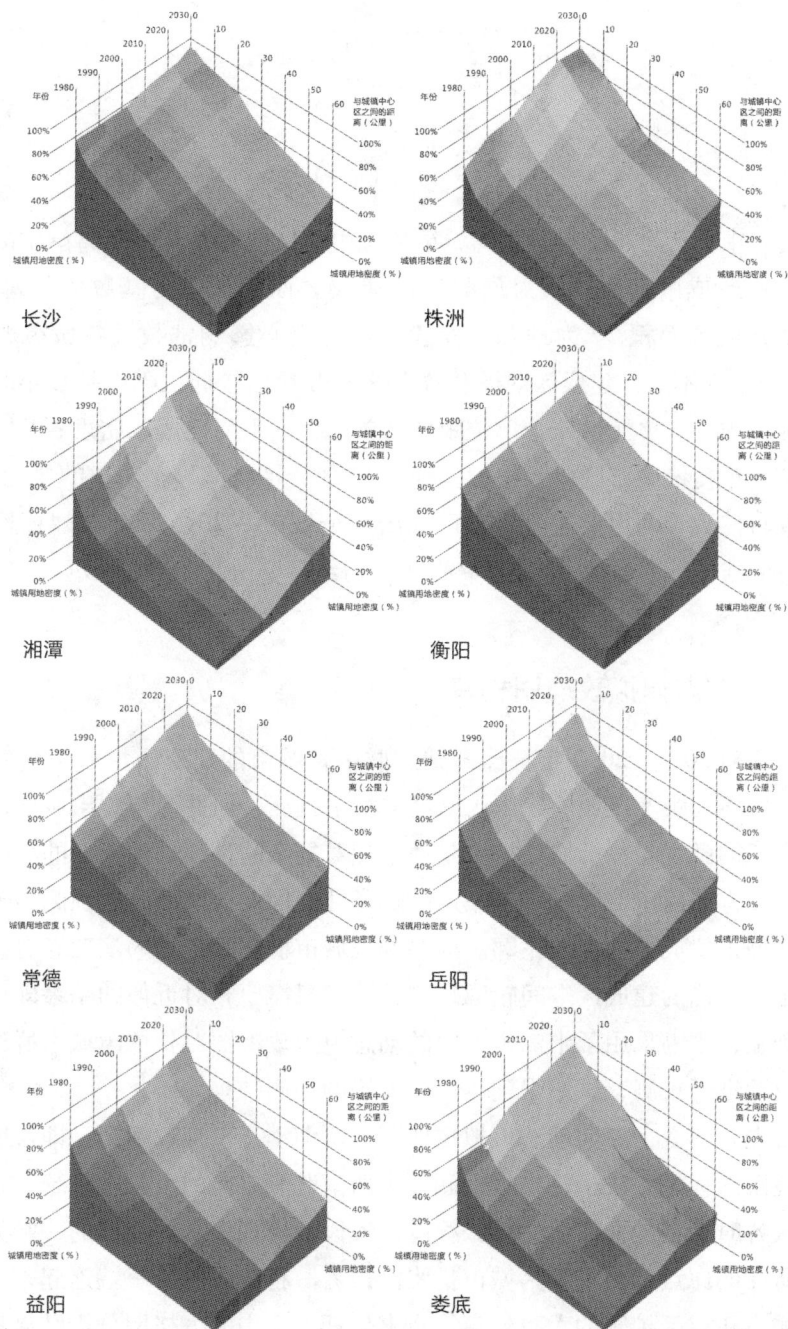

图 7 - 2　各城市建成区扩张动态曲线图

$$P_t = \frac{P_n\ (1 + \frac{C_t/C_n}{100})^{(t-2010)}}{(1+H)^n}$$

$$P_n = \frac{\sum_{i=0}^{n}\sum_{j=0}^{n}\left[Y\ (i,\ j)\right]}{2\pi n}\ (n-1 \leqslant \sqrt{i^2+j^2} \leqslant n)$$

公式中，P_t 为预测年时距离城市传统中心区单元格 n 个距离单位的单元格的平均建成区密度；C_t 为预测年的建成区面积；C_n 为基数年（即 2010年）的建成区面积；t 为预测年年份；H 为离心影响常数，各城市取值从 0.05 至 0.15 不等，建成区规模基数大的城市 H 值较低；P_n 为基数年时距离城市传统中心区单元格 n 个单位距离的单元格的平均建成区密度；$Y\ (i,\ j)$ 为距离城市传统中心区单元格横坐标 i 个单位，纵坐标 j 个单位的单元格；n 在此取自然数。利用上述公式，可推出 8 个城市 2020、2030 年建成区扩张的动态曲线图，并预测出城市中心区、边缘区、外围区的建成区密度变化趋势。

四、动态模拟玫瑰图构建

上文对 2020、2030 年长株潭城市群中各城市的建成区增长趋势、距城市中心区不同距离区域的建成区密度进行了预测。但并未预测出城市建成区空间变迁的微观态势。城市扩张是一个相对复杂的过程，建成区的膨胀、延伸受到多方面因素的影响，有一定的随意性。因此很难准确地预测出未来某一时间城市建成区的空间轮廓。但要预测城市群空间结构的演变态势，并不需要十分准确的建成区空间轮廓预测结论，只需要相对近似的结果即可。在此基础上，本书采用了十二个方向的动态模拟玫瑰图对长株潭城市群建成区空间轮廓进行预测，试图得到尽可能准确的预测结果。

首先，建立十二向动态模拟玫瑰图。所谓动态模拟玫瑰图，即参照城市风玫瑰图的标注方法，建立一个涵盖东西南北等方向的坐标轴系统，将城市建成区各时期在各方向上的扩张程度以线段的形式表示。线段的一端为城市中心所在的原点，另一端为城市扩张的边界。将线段的另一端连起来，即可得到城市建成区扩张的大致轮廓。本书依托上文中的方格网分析结果和历史建成区叠加图，以长株潭城市群各城市的中心为原点建立坐标轴系统，如图 7-3（A）所示。该坐标轴系统涵盖 12 个方向，分别为东（E）、南（S）、西（W）、北（N）、北偏东30°（NBE30°）、北偏东60°（NBE60°）、北偏西30°（NBW30°）、北偏西60°（NBW60°）、南偏东30°（SBE30°）、南偏东60°（SBE60°）、南偏西30°（SBW30°）、南偏西60°（SBW60°）。各方向与原点之间都有坐标轴连接。坐标轴以一个单元格的边长（即5公里）为一个距离单位，可向外不断延长。之后，在坐标轴系统中参照各时期历史建成区分布情况明确各方向的坐标。坐标的确定有三个原则：第一，城市主体建成区边界完整，且外部仅有零星小块建成区分布时，应以城市主体建成区与轴线最外侧的交点作为坐标点；第二，建成区边界较为破碎，且外部有大片建成区与城市主体部分距离很近时，应以该大片建成区与轴线最外侧的交点作为坐标点；第三，建成区边界十分破碎，外部有大片建成区与城市主体部分距离较远时，应估算大片建成区经过轴线的长度，取其50%加在城市主体部分与轴线的交点的坐标值上，将延长所得到的点作为坐标点。按照该办法对1980、1990、2000、2010年的城镇建成区扩张态势进行计算，并将各时间段的点连成面域，即可得到一个城市1980至2010年的建成区空间轮廓动态演变趋势。如图7-3（B）所示。

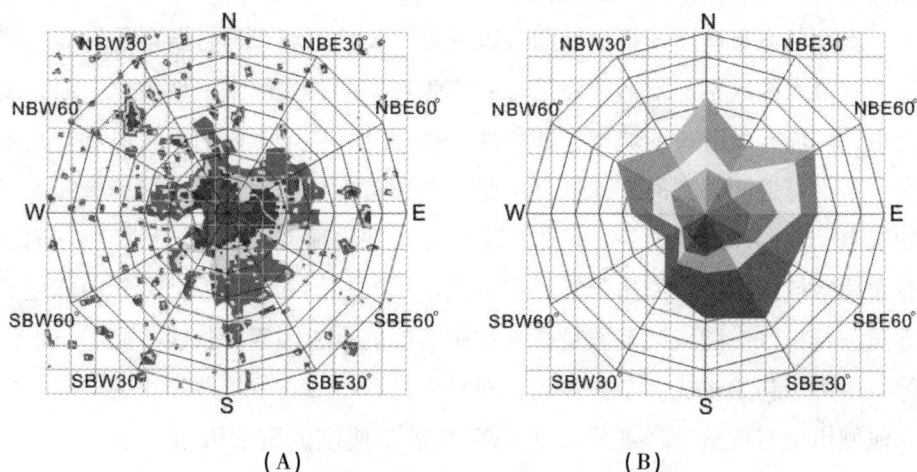

图7-3　十二向动态模拟玫瑰图示例

按照坐标点确定的原则，可计算出长株潭城市群8个地级城市各时期在12个方向上的坐标点的位置。由于篇幅所限，将各坐标点的位置在预测图中一并进行表示。计算出各时期各方向线段的增量，即可得到城市向各方向的增长速率。利用增长速率和基础值，即可预测出长株潭城市群2020、

2030 年各城市建成区在各方向上的变化趋势，继而可模拟出城市群未来总体扩张态势。利用方向扩张公式计算增长速率并预测变化趋势：

$$S_R = \sqrt[30]{\frac{R_{2010}}{R_{1980}}}$$

$$D_t = D_n \times \left[S_r^{(t-2010)} - M_R^{(t-2010)} \right]$$

公式中，S_R 为动态模拟玫瑰图中某一方向线段的增长速率；R_{2010} 为 2010 年时该方向线段的长度；R_{1980} 为 1980 年时该方向线段的长度；D_t 为预测年该线段的长度；D_n 为基数年该线段的长度；M_R 为基数年至预测年之间的环境阻力，取值范围在 1.00 至 1.10 之间，与城市现有规模、周边环境质量、地形地貌有关。其中，关于 U_R 的取值，长沙取 1.04，株洲取 1.05，湘潭取 1.04，衡阳取 1.05，常德取 1.06，岳阳取 1.05，益阳取 1.06，娄底取 1.05。通过上述公式，即可预测出长株潭城市群 8 个城市在 2020、2030 年的建成区空间轮廓演变玫瑰图。将 1980 至 2030 年 6 个时间点的玫瑰图在坐标系统上进行叠加，即能对长株潭城市群各城市建成区的扩张态势进行相对准确的动态模拟，如图 7-4 所示。

观察各城市动态模拟玫瑰图可以发现，长株潭城市群各城市的发展扩张方式有很大的区别。地形地貌是影响扩张速度的首要因素。地貌以平原丘陵为主，河流穿城流过的城市，如长沙、株洲等，各个方向的扩张速度差别不大，城市以近同心圆的方式进行扩张。周边有部分山地，或有河流蜿蜒流过的城市，如湘潭、常德等，扩张速度明显受到山地或河流的塑形影响。周边有大片水域的城市，如岳阳等，在靠近水域的一侧无法拓展，只能向陆地的方向进行扩张。建成区基数是影响扩张速度的重要因素，长沙、衡阳、株洲等城市由于初始建成区基数较大，在扩张过程中一直保持着较快的增速，较其他城市更有优势。产业发展也是影响扩张速度的重要因素，通过观察发现，8 个城市扩张较快的方向均布局有重要的产业园区。行政区边界是影响城市扩张的次要因素。常德、益阳等城市的发展在一定程度上受到城区边界的制约，但长沙、衡阳等城市均已突破了现有城区的边界，扩展至周边县、市区。这些要素均反映到了 2020、2030 年的预测结果中，决定了长株潭城市群各城市未来演变的主要趋势。

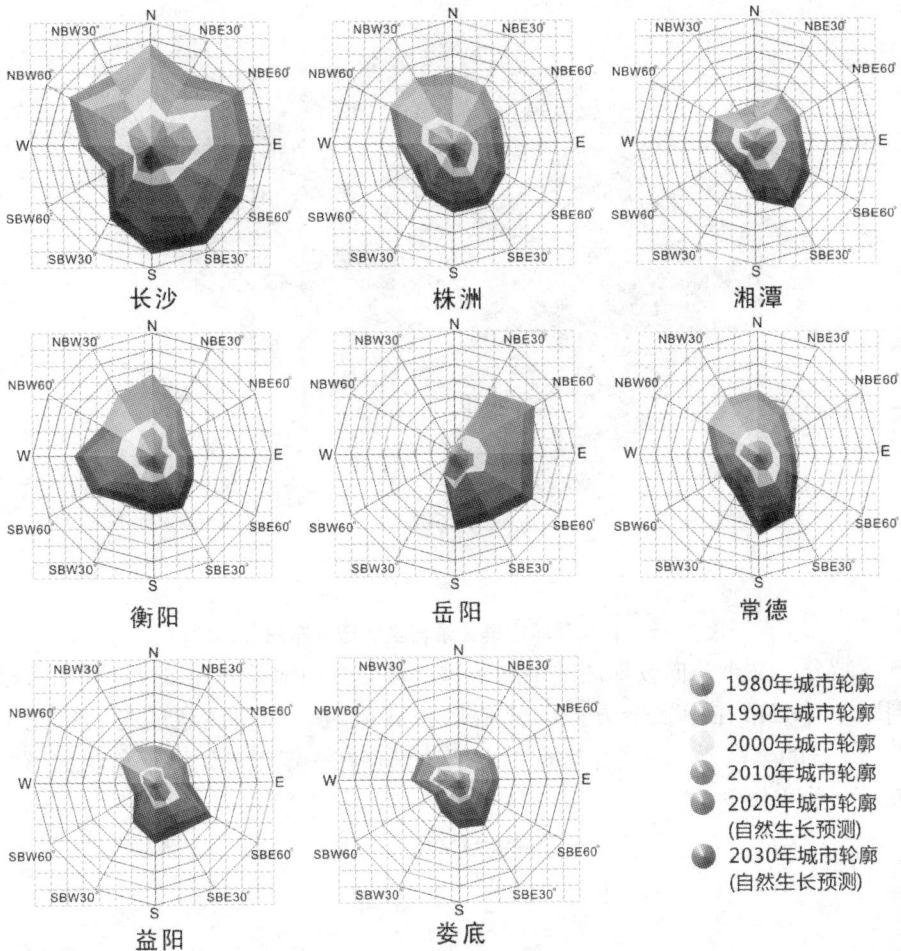

图 7-4 各城市自然生长情况动态模拟玫瑰图（2010—2030）

五、长株潭城市群三维动态模拟

上文的研究中，通过动态曲线和动态模拟玫瑰图对长株潭城市群各城市的有机生长趋势进行了动态模拟。在此基础上，参考上文的方格网分析、离心分析以及本章的分析结论，试图对长株潭城市群有机生长总体趋势进行动态模拟。

首先，利用 MAPGIS 中的数据，对长株潭城市群 2010 年城乡区域分布方格网中各类单元格按照类型分别设色，并按建成区密度对单元格进行拉伸，从而得到由上千个方柱构成的三维城乡区域分布图。其中，三种不同颜色的方柱分别代表城市区域、城市化区域和混合区域，如图 7-5 所示。

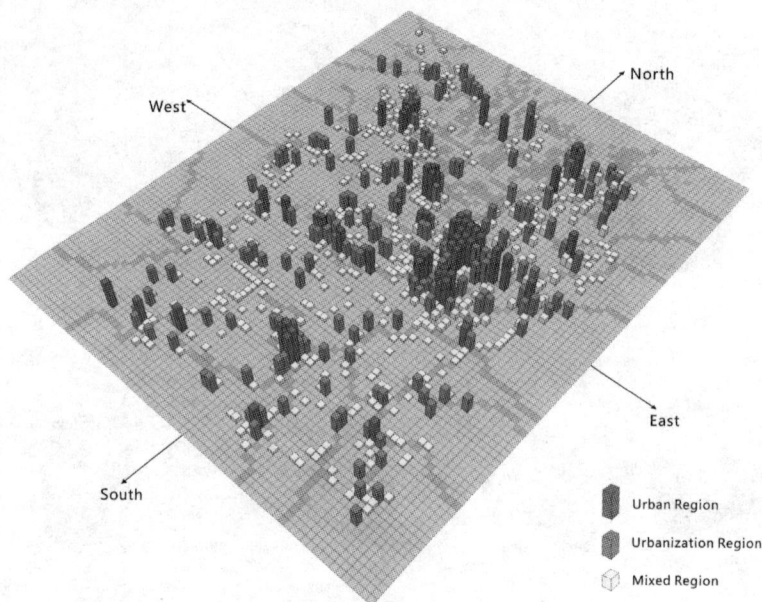

图 7 - 5   长株潭城市群三维城乡区域分布图（2010）

结合上文十二向玫瑰图的预测结果，建立方向增长方程，以计算出方格网图中各城市在十二个方向的建成区扩张幅度。必须注意的是，单元格 $Y(i, j)$ 的坐标 i, j 在各个方向的取值范围存在一定限制，以三角函数形式表示。公式如下：

$$P_s = P_f + P_m$$

$$P_f = \frac{\sum_{i=0}^{n}\sum_{j=0}^{n} \left[Y(i, j) \right]}{\frac{1}{12}\pi n^2}$$

N ~ NBE30°: $i \leqslant \tan30° * j$;

NBE30° ~ NBE60°: $\tan30° * j \leqslant i \leqslant \tan60° * j$;

NBE60° ~ E: $j \leqslant \tan30° * i$;

E ~ SBE60°: $|j| \leqslant \tan30° * i$;

SBE30° ~ SBE60°: $\tan30° * |j| \leqslant i \leqslant \tan60° * |j|$;

SBE60° ~ S: $|j| \leqslant \tan30° * i$;

S ~ SBW30°: $|i| \leqslant \tan30° * |j|$;

SBW30° ~ SBW60°: $\tan30° * |j| \leqslant |i| \leqslant \tan60° * |j|$;

SBW60° ~ W: $|j| \leqslant \tan30° * |i|$;

W ~ NBW60°: $j \leqslant \tan30° * |i|$;

NBW30° ~ NBW60°：$\tan 30° * j \leqslant |i| \leqslant \tan 60° * j$；

NBW60° ~ N：$j \leqslant \tan 30° * |i|$．

其中，P_s为预测年各城市任一单元格的城镇建成区密度；P_f为基准年至预测年建成区密度的增长值；P_m为基准年该单元格的建成区密度。P_s、P_f、P_m共用一个坐标 $Y(i, j)$，其中 i 为横坐标，j 为纵坐标，二者的取值依照十二个不同的方向存在不同的范围。n 为计量单位，即单元格的边长（5 公里）。P_f中各单元格的建成区密度均依照玫瑰图中各方向的增量而定。该公式首先试图求出各城市各方向的建成区密度增长的平均趋势，再将该趋势加至位于各个方向的单元格中，即可得出各单元格的预测值。

依照该公式和 2020、2030 年玫瑰图的预测数据，在参考 2010 年长株潭城市群三维城乡区域分布图的基础上，利用 MAPGIS 软件计算各个时期不同方向各个单元格的建成区密度增加值，并将增加值加在基准年的单元格数据上，即可得到该单元格在 2020、2030 年的建成区密度预测值。对整个方格网的所有单元格进行计算，则可分别得到 2020、2030 年长株潭城市群城乡区域分布的动态模拟结果，如图 7-6、图 7-7 所示。值得注意的是，此处的预测结果是参照城市群历史建成区变迁趋势而得出的，因此表达的是长株潭城市群在自然生长状态下 2020、2030 年的空间结构演变态势。

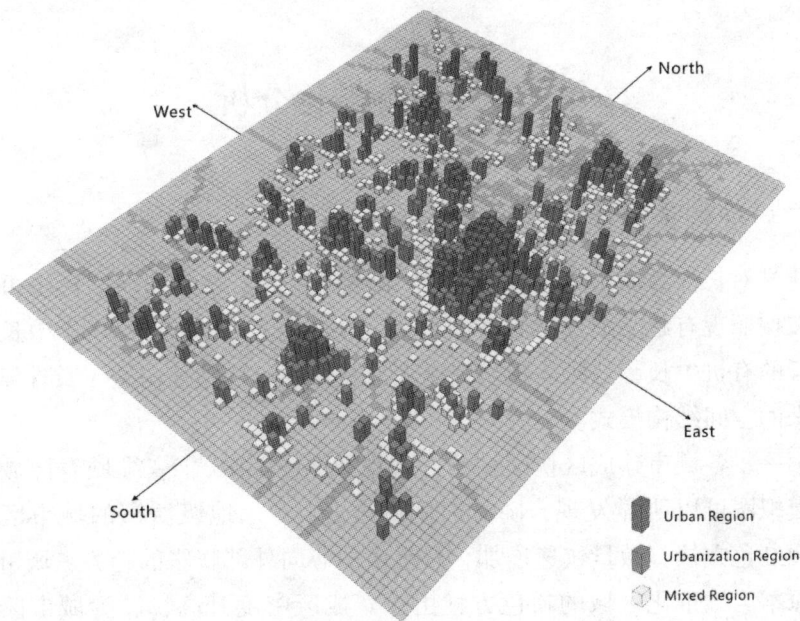

图 7-6 长株潭城市群三维城乡区域分布动态模拟图（2020）

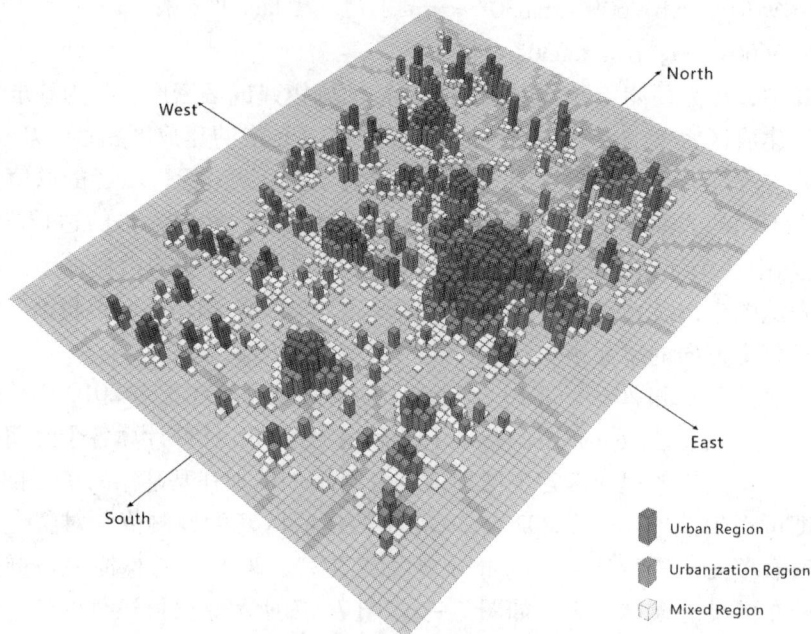

图 7 – 7　长株潭城市群三维城乡区域分布动态模拟图（2030）

第二节　预测结论分析

一、预测结论特征分析

通过对长株潭城市群 2020、2030 年建成区扩张态势的动态模拟可以发现，在按照现有趋势继续发展，即自然生长的情况下，未来 20 年中长株潭城市群的有机生长趋势将表现出三个主要特征。这些特征决定了长株潭城市群未来的空间结构模式。

第一，各城市建成区快速扩张。观察 2020、2030 年三维城乡区域分布动态模拟图可以明显发现，随着时间的变迁，8 个地级城市的城市区域方柱，即红色方柱，数量快速增加，且呈由中心向外部膨胀的趋势。城市周边许多原本为城市化区域的粉色方柱由于建成区密度升高，转为城市区域方柱；城市边缘区中许多原本为混合区域的方柱提升为城市化区域或城市区域方柱；城市外围农村与生态区域中也有许多单元格提升成为混合区域或城市化区域方柱。至2030年，各城市的总体范围都扩大近一倍，城市化区域和混合区域范围也不断增大。

第二，城市之间存在连片生长趋势。2010年之前，长株潭城市群一直以多中心模式发展，城市之间留有生态区域，建成区彼此不相连接是该模式的主要特征。但从上文中的三维动态模拟图可以发现，在自然生长情况下，长株潭城市群在2020年时将会出现建成区逐渐相连的端倪。至2030年，各城市建成区相连趋势将变得更加明显，部分城市开始连片发展。其中，长沙、株洲、湘潭三个城市的连片发展趋势尤为突出，按照自然生长趋势，在2030年时将形成建成区基本相连，且结合部分的建成区密度高的巨型城市形态。

第三，城市区域平均密度上升不明显。2020、2030年三维动态模拟图中，均有许多方柱通过密度的增加转变了性质，使得城市区域、城市化区域、混合区域方柱数量大大提升。但必须注意的是，在新形成的城市区域方柱中，许多方柱的建成区密度仅略微高于判定下限60%，达到80%以上的很少。同时，大部分新形成的城市化区域、混合区域方柱的建成区密度亦相对较低。这说明在自然生长的情况下，长株潭城市群在城市快速扩张的同时并不能保持较高的开发质量，许多土地虽被开发成为城市用地，但并未得到合理的利用，低效开发情况普遍。

二、预测空间结构模式判定

通过上述研究可知，至2020、2030年，长株潭城市群中各个城市扩张速度将加快，城市主体部分的范围逐渐扩大，城市边缘区的范围不断向外扩张，许多农村与生态区域成为新的城区或城市边缘区。但城市区域平均密度并没有显著的上升。根据上文中预测结论的特征归纳，可推断出长株潭城市群将从"由工业化主导的多中心、非均衡发展模式"逐渐演化为"由城镇化主导的单核心、片状发展模式"。该模式包括三个方面的内涵：

第一，由城镇化主导。上文中指出，2010年以前长株潭城市群的发展主要依托工业化的带动作用，产业园区及其配套设施的建设是拉动建成区扩张的主要力量。但随着城市规模的逐渐扩大，城市功能不断增加，城市对周边区域的辐射带动作用日益增强，城镇化开始替代单纯的工业化，成为拉动城市群发展的主要动力。预计至2020、2030年，长株潭城市群将走上由城镇化主导的发展扩张道路，多元化的居住区、商业区、公共服务区、教学科研区代替传统的工业区，成为了城市扩张的主要力量。

第二，单核心模式。通过观察 2020、2030 年的三维动态模拟图可以发现，在自然生长情况下，长株潭城市群中的长沙、株洲、湘潭三市将不断靠拢发展，最终形成一个彼此相连的巨型城市结构。这个巨型城市结构在建成区面积、人口规模、经济实力等方面均远远大于其余 5 个城市，将成为长株潭城市群发展的核心。其他 5 个城市虽也以较快速度扩张，但与核心之间的差距过大，无法视为中心或次中心城市。原本由主次中心城市组成的多中心发展模式将由"一核心五组团"的极化发展模式所代替。

第三，片状发展模式。在 2020 年的三维动态模拟图中，长株潭城市群各城市已具备连片发展的趋势。至 2030 年，这种趋势变得更加明显。举例来说，长沙与益阳、长沙与岳阳、株洲与娄底之间的混合区域已经基本相连，长沙、株洲、湘潭三市更是紧密连接到了一起。许多县级城市与地级城市之间的区域也被混合区域、城市化区域填满。城市周边的农村与生态区域面积不断缩减。如果按照自然生长的趋势继续发展，这种连片发展的趋势将不断深化，长株潭城市群很可能形成类似于大都市带的巨型片状布局模式。

总的来看，按照自然生长的趋势，至 2020、2030 年，长株潭城市群的空间结构模式将成为"由城镇化主导的单核心、片状发展模式"。这种模式更强调城镇化的作用，突出单核心对区域的带动作用，将占用更多的农村与生态区域，形成近似于大都市带的连片城市群。下面将分析该模式的优劣势。

三、预测模式优劣势分析

上述研究中对自然生长情况下 2020、2030 年长株潭城市群的空间结构进行了判定，认为长株潭城市群将形成"由城镇化主导的单核心、片状发展模式"。这种模式的优劣势都十分明显，下面分别展开分析。

该模式的优势主要表现在两个方面：

第一，城镇化主导是一种相对优越的发展扩张方式。城镇化主导的发展方式改变了传统工业化发展的单一性、粗放性、侵略性的发展形式，使得长株潭城市群的集约化、现代化、精细化发展成为可能。城镇化主导更适于合理安排各类功能区、科学布局产业和高效配置基础设施，也使得生产性服务业的快速发展成为可能。长株潭城市群要实现快速提质发展，就必须坚持城镇化主导的道路。

第二，单核心的形成有利于增强城市群的竞争力。单个发展核心的形成有利于集中城市群的各类资源和各方力量，在较短时间内扩大核心的城市规模并提升其经济实力和对外交往水平，使一些需要城市规模门槛的功能得以顺利入驻发展核心。所形成的发展核心将对周边区域产生强有力的辐射带动作用，并成为城市群国际交流的重要窗口。

该模式的劣势主要表现在三个方面：

第一，占用农村与生态用地过多。从三维动态模拟图可以看出，该空间结构模式是一种强调城市快速扩张的模式。而城市的快速扩张势必将不断占用周边的农村与生态用地，导致为城市提供新鲜氧气的生态用地和提供农产品的农业用地不断减少。城市享受到的生态支撑作用不断减弱，最终将导致城市环境质量恶化，城市运营成本大大提高。

第二，"单核心加组团"的发展模式不利于城市群统筹发展。该空间结构模式中，长沙、株洲、湘潭三市将联合起来，形成一个在城市群中占有绝对优势的发展核心，衡阳、常德、岳阳、益阳、娄底五市与这个发展核心的差距不断拉大，地位将下降，由中心城市变为组团城市。按照这样的发展态势，发展核心能集中城市群中的优势资源，获得更多发展机遇，从而进一步加快发展速度。其他五个城市地位有所下降，无法得到充足的资源和优势，将继续拉大与发展核心之间的差距。这将使长株潭城市群形成极化发展结构，不利于城市群区域总体提升。

第三，连片发展模式容易造成城市规模过大，带来各类城市问题。该空间结构模式中具有明显的连片发展趋势，预计在 2030 年以后，长株潭城市群很有可能形成类似于大都市绵延带的巨型连片空间结构。实际上，欧美国家大都市带的案例已经说明，连片发展的模式并不科学。连片发展将使城市规模巨大、功能分区混乱、城市通勤量大增、污染物质难以扩散、雾霾天气、热岛效应等问题不断加重。作为"两型社会"建设的示范区，长株潭城市群必须充分避免巨型连片空间结构的产生。

第八章　长株潭城市群空间结构
优化方案

第一节　优化方案的依据与原则

一、主体功能分区

通过上文的空间分析和动态模拟预测可以发现，长株潭城市群中各城市扩张迅速，具有连片发展的趋势。预计至 2020、2030 年，按照自然生长的趋势，长株潭城市群很可能演化为"单核加组团"的极化空间结构，在城市群中心地带形成巨型片状城市形态。在 2030 年以后，长株潭城市群核心城市的规模将过于庞大，带来许多环境问题。同时，长株潭城市群发展的非均衡性也在不断加深，长沙、株洲、湘潭联合形成的核心将拉大城市之间的差距，使区域协调发展的难度增加。

针对这些情况，长株潭城市群空间结构优化的第一步就是要科学合理地制定主体功能分区。主体功能分区的作用包括三个方面：第一，站在全局高度对城市群各区域的发展进行科学的安排，规划优化、重点开发的区域，划定限制开发区和生态保护区的范围；第二，明确城市群各区域的发展重点，根据各区域的优势扬长避短，选择适合的发展引导战略；第三，对城市群中各区域制定有针对性的控制导则，对其发展建设进行合理约束。按照国内主体功能分区研究的相关理论和长株潭城市群实际情况，将长株潭城市群的 64 个县、市、区分为优化开发区、重点开发区、限制开发区、生态保护区四类功能区。由于长株潭城市群正处于快速发展的时期，禁止开发区的提法不适用于任何县、市、区，因此以生态保护区的概念代替。下面分别阐述四类功能区的划分原则。

优化开发区：包括各城市主城区所在地的行政区，产业园区分布密集的县、市、区，以及传统产业基础深厚，需要优化开发的县、市、区等。举例来说，长沙市的芙蓉区、雨花区、开福区、天心区、岳麓区为典型的优化开发区，望城区虽然是城市行政区，但并不是主城区所在地，因此不能归为优化开发区。韶山市虽然不是湘潭市主城区所在地，但具有深厚的红色旅游业基础，需要优化提升，因此归为优化开发区①。

重点开发区：包括位于各城市主城区周边的，产业发展和城镇建设基础较好，具有较大的开发潜力，在未来将成为城市化和工业化的主要场所的区域②。重点开发区必须具备一定的现有基础和较大的开发空间。发展相对落后的区域、具有大面积生态保护区和水源保护区的区域一般不划为重点开发区。资源枯竭型城市由于面临着转型问题，因此也归于重点开发区。

限制开发区：包括城市群中具有一定的产业发展和城镇建设基础，但由于生态保护区和水源保护区面积较大，地形地貌相对复杂，或需作为城市重要的生态缓冲区等原因，不适于大规模开发建设的区域。必须注意的是，此处的大规模开发建设是相对于区域的总面积而言的。举例来说，宁乡县和浏阳市在未来都将有较大规模的新城建设和产业开发，但相对于其广阔的区域面积来说，开发建设用地所占比例有限，大部分用地将作为生态保护区。因此将其归为限制开发区。

生态保护区：包括城市群中生态保护区和水源保护区面积比重较大，地形地貌相对复杂，具备重要的生态功能，需要以保护和涵养为主，不适于大规模开发建设的区域。湖区面积广泛、水网密布、山地分布较广、有重要的国家级生态保护区的县、市、区均应归为生态保护区。举例来说，南县、华容县、沅江市位于洞庭湖区腹地，水域面积广，因此应归为生态保护区。平江县、新化县、炎陵县等具有海拔较高、面积较广的山地，因此应归为生态保护区。

按照上述原则，将长株潭城市群64个县、市、区分为四类功能区，在图面上以不同的颜色表示。如图8-1所示。

① 吴良镛. 城市地区理论与中国沿海城市密集地区发展 [J]. 城市规划, 2003（2）: 75-79.
② 邢海峰, 马玫. 城市开发区空间有机生长的规划研究——以天津经济技术开发区为例 [J]. 城市开发, 2003（6）: 53-59.

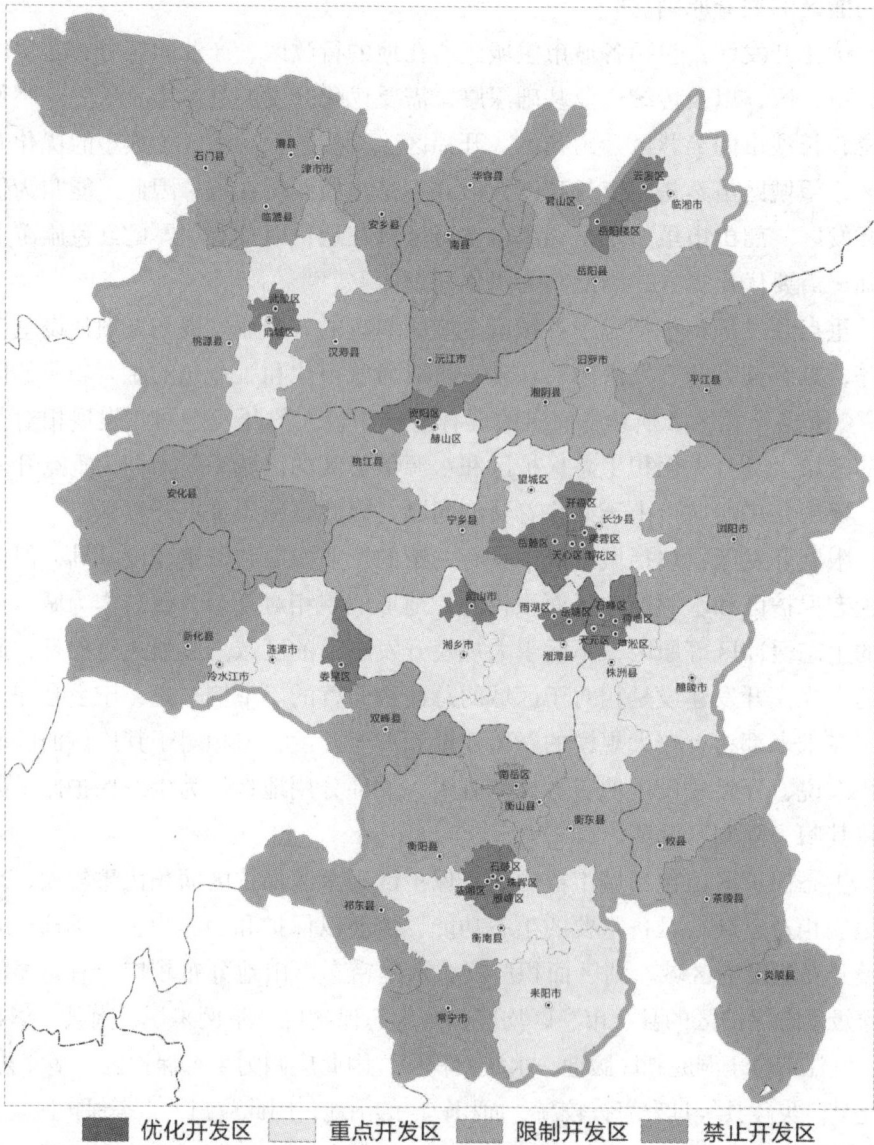

图 8-1　长株潭城市群主体功能分区

二、各类功能区发展与控制导则

在主体功能分区的基础上，对各类功能区制定因地制宜的发展与控制导则。

优化开发区：以提质发展作为指导思想，切实带动城市中心城区、传统工业区优化提升。优化开发区的主要任务不再是大规模的扩张建设，而是在现有的基础上，对城市老城区进行合理的旧城改造、城市更新，对城市衰退地段进行城市复兴，对传统工业区进行产业结构转型，使得各类区域均能发挥区位优势，在保持资源节约、环境友好特色的同时实现更大的经济、社会效益。

重点开发区：作为产业开发和城镇建设的主要场所，制定符合资源节约型、环境友好型社会建设要求的控制导则，积极引导城市的合理扩张。务求在集约节约使用每一寸土地的前提下，建设国际化、智能化、高端化的新城区，以及资源消耗少、环境污染小、技术附加值高的产业园区，致力于实现城市的环保、节能、高效扩张。必须注意的是，作为重点开发区的县、市、区亦具备一定的自然保护区、水源保护区、基本农田等禁止开发的区域。应在战略规划的层面划定这些区域的范围，加以严格保护，杜绝凭借重点开发区的名义进行侵占。

限制开发区：在一部分区域进行高效城市建设和产业开发的同时，严格保护另一部分区域的自然环境。应针对整个区域制定详细的发展规划，划定建设用地和作为保护区的用地。对于建设用地，应利用有效的空间，分阶段进行高效的开发。各项开发建设都必须经过合理规划和科学设计，保证土地效益的最大化。对于作为保护区的用地，则应明确保护界线，禁止逾越界线进行发展扩张。

生态保护区：在一小部分区域进行高效城市建设和环保产业开发的同时，严格地保护大部分区域的生态环境。应针对整个区域制定详细的分区规划，划定自然保护区和建设用地的范围。应充分集约利用有限的建设用地，配置必要的城市功能和基础设施，选择环境污染小、资源消耗少的产业进行发展，优先发展服务业和旅游业。对于自然保护区，仅允许旅游度假、休闲观光等基本无污染的产业入驻，并配置必要的基础设施。通过规划、行政、法律等手段严格禁止自然保护区内的侵占式建设行为。

三、与区域交通规划紧密衔接

在各主体功能区导则制定的基础上，优化方案的构建还必须紧密衔接长株潭城市群区域交通规划，对轨道交通、高速公路交通未来布局进行通盘掌握，保证优化方案符合区域发展形势。

　　首先，与长株潭城市群城际轨道交通结合。长株潭城市群目前已经公布了城际轨道交通建设规划，采取"一纵二横加半圆"的空间布局模式，分为近期、远期两个阶段进行建设。其中，近期为 2010 至 2020 年，重点建设长沙—株洲（湘潭）、长沙—益阳—常德、长沙—岳阳、株洲—衡阳、湘潭—娄底城际轨道线，共计 650km，投资 847 亿元；远期为 2021 至 2030 年，重点建设长沙—浏阳、长沙西环线、汨罗—益阳—娄底—衡阳、宁乡—韶山—湘潭、株洲—醴陵城际轨道线，共 550km，投资 656 亿元。具体内容见图 8 - 2。城际轨道将采用 200km/h 和 160km/h 两种速度的线路，可实现城市群内相邻地级城市间 0.5 小时直达，任意两个地级城市间 1.5 小时直达。除地级城市站外，城际轨道将在多个县、市、区设站，包括汨罗、湘阴、云溪、临湘、桃江、汉寿、宁乡、韶山、湘乡、双峰、浏阳、醴陵、南岳等。一方面，城际轨道交通将大大加强长株潭城市群 8 个地级城市的相互联系，增加在产业、社会、科技、信息方面合作的可能性，使长株潭城市群的生长处于联系更加紧密、协作更加频繁的环境中，加快进入有机生长成熟阶段的步伐。另一方面，城际轨道交通将进一步密切沿线设站的县、市、区与地级城市之间的联系，在为这些县级行政单位带来发展活力的同时，使得区域经济区、经济带的营造成为可能。

　　其次，与长株潭城市群高速公路交通结合。《湖南省高速公路交通规划 2009—2030》中提出了"五纵七横"的高速公路网络建设目标。其中，经过长株潭城市群的南北向高速公路有三条，分别为京港澳高速（已全线建成）、京港澳高速复线（包括岳长段、长潭西段、衡潭段、临衡段等）和二广高速（包括澧常段、涟常段、娄邵段等）；东西向高速公路有六条，分别为常张—岳常高速（包括常张段、岳常段）、长常—常吉高速（已全线建成）、上瑞高速（已全线建成）、娄怀高速（包括娄涟段、涟怀段）、泉南高速（包括衡炎段、衡邵段）、衡枣高速（已全线建成）。具体内容见图 8 - 3。该高速交通网络将大大改善各地级城市之间的公路联系状况，减轻京港澳高速、上瑞高速等过境国家交通干线的负担，并形成长株潭城市群专属的内部高速公路网络。对于有机生长具有两个方面的影响：第一，改变长株潭城市群以往依赖国家干线公路的状况，形成内部联络为主的高速公路网络体系，保证城市群拥有更加便捷、安全的内部联系，使有机生长总体局面更加完善，免受外部干扰；第二，为目前暂未形成直接联系的地级市之间，如岳

阳—常德、常德—娄底、娄底—衡阳之间，建立快速便捷的联系通道，保证
城市群的有机生长以区域统筹、密切联系的方式进行。

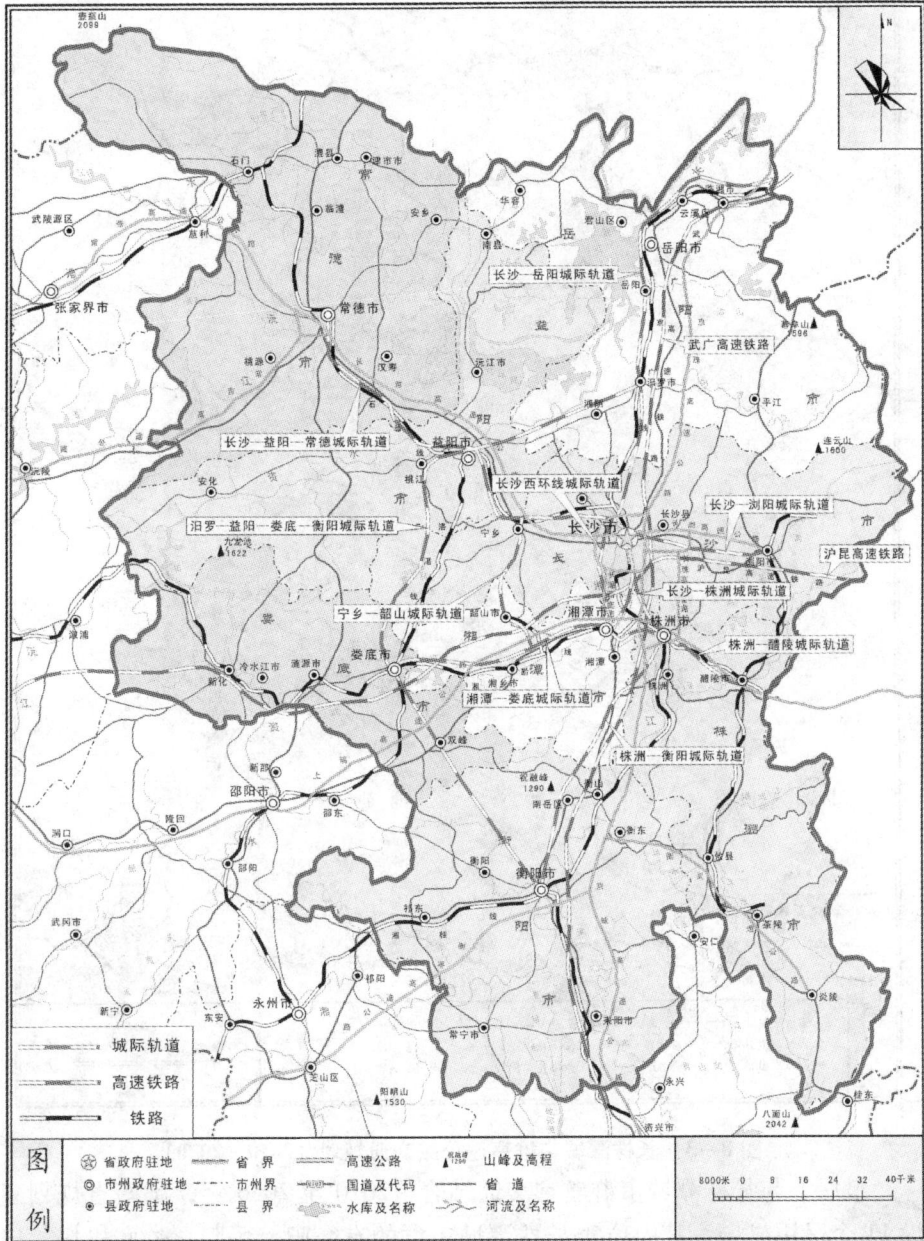

图 8-2　长株潭城市群城际轨道交通规划（2010—2030）

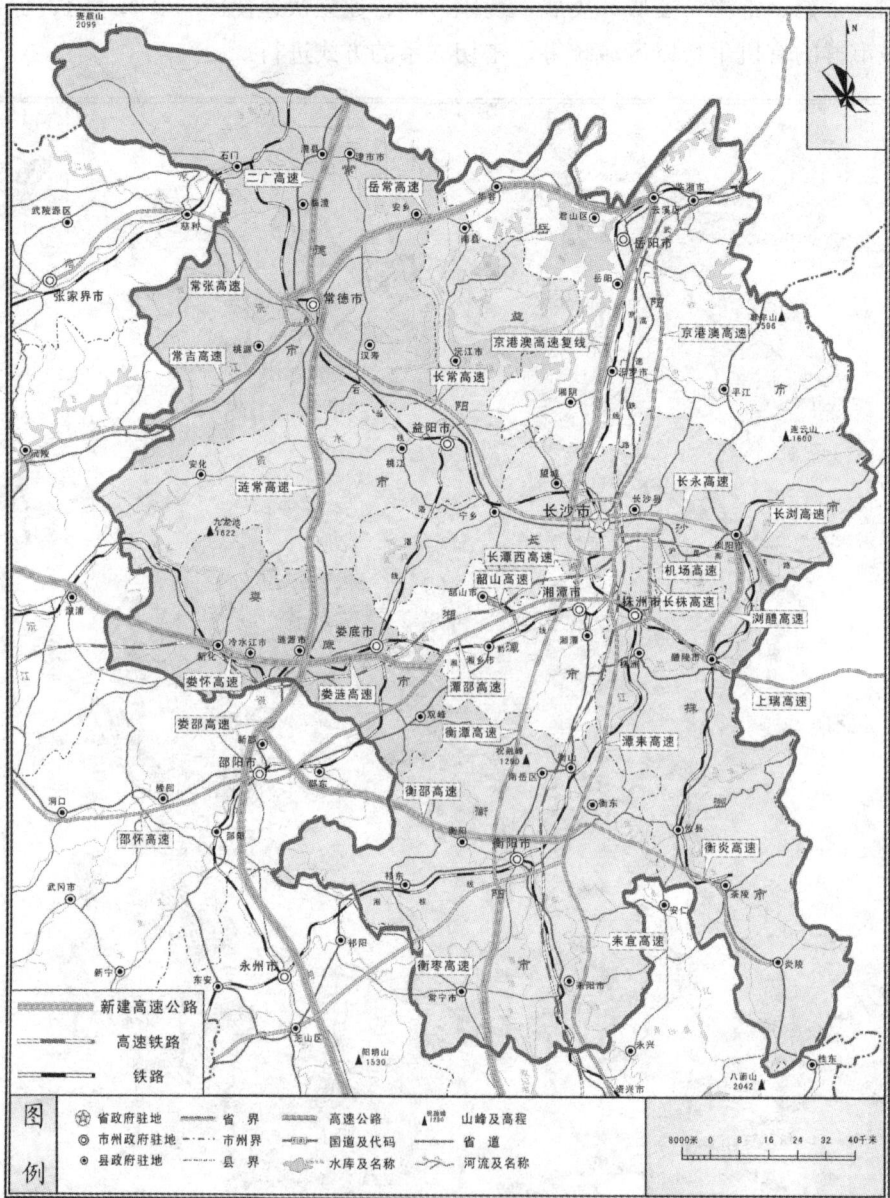

图 8-3　长株潭城市群高速公路交通规划（2010—2030）

最后，与长株潭城市群航空交通结合。2010 至 2030 年，湖南省规划建设 11 个民用机场，其中位于长株潭城市群的有衡阳、岳阳、娄底机场，以及改扩建中的长沙、常德两个机场。也就是说，至 2030 年，长株潭城市群中的 8 个地级城市将有 5 个机场。航空交通将对长株潭城市群有机生长带来三方面的促进作用：第一，新机场建设和旧机场扩建将增加长株潭城市群与国内其他地区乃至国外的航班数量，使得城市群的对外联络更加频繁，从而提升城市群整体生长质量；第二，机场的增加将增强长株潭城市群与世界各国的联系，使其积极参与国际经济产业分工，融入世界城市网络中，为区域性国际化城市群建设打下基础；第三，机场的增加将带来临空型经济的快速发展，为地级城市空港城的建设带来机遇，从而对城市群的有机生长带来良性拉动作用。

第二节　空间结构优化方案

一、城镇化引导的一核多心模式

上文中指出，长株潭城市群现行的空间结构为"由工业化引导的多中心、非均衡发展模式"。在自然生长情况下，该空间结构模式在2020、2030年将逐渐演化为"由城镇化主导的单核心、片状发展模式"。上述两种模式均非最优模式，不符合城市群发展的长远利益。在详细研究长株潭城市群的空间结构特征及自然生长趋势的基础上，本书试图采用一些规划层面的行为对长株潭城市群的生长进行干涉，变自然生长为优化生长，从而使空间结构能对长株潭城市群未来发展起到更积极的推动作用。

要实现长株潭城市群的优化生长，在明确主体功能分区的基础上，还必须提出优化生长的目标，即城市群演化发展的模式。本书认为，最适合长株潭城市群的空间模式可概括为"由城镇化引导的一核多心模式"。下面分析该空间模式的内涵。

"由城镇化引导"：2010年以前长株潭城市群的发展和扩张主要采取由工业化引导的模式。在由工业化引导的发展过程中，各城市不断在周边及外围区域规划建设产业园区及配套设施，随着城市主体部分的扩张，将这些产业园区纳入城市主体，又不断在外部设置新的产业园区，以此带动各个城市的不断发展。工业化主导的模式有利于在短时间内形成较强的产业部门，实现经济的快速增长，但发展建设的环境代价较高，属于一种粗放型的扩张模式。在 2010 年以后的发展过程中，长株潭城市群要实现优化生长，提升资源利用效率，就应转变发展方式，将由工业化引导转变为由城镇化引导。在由城镇化引导的扩张过程中，城市扩张的主体由功能单一、粗放型发展的产业园区转变为功能多元化、精细化发展的新城区。各个城市将有计划地在周边区域设置新的居住区、商业区、公共服务区、公共绿地以及产业园区。由城镇化引导的扩张造就的不是一片又一片的产业园区或工业基地，而是功能齐全、适宜人居、现代化、高水平的新城区。

"一核多心模式"：2010 年及以前，长株潭城市群空间结构可概括为多中心模式，8 个城市作为主次中心共同带动城市群发展。在自然生长的情况下，预计在 2020、2030 年时，长株潭城市群很有可能形成单核的极化空间结构，长沙、株洲、湘潭形成一个连接成片的发展核心，带动其余五个组团城市发展。这两种模式都不符合两型社会建设的需要。要实现长株潭城市群的优化发展，彰显两型特色，必须以一核多心模式为目标，鼓励城市群在有所偏重的情况下实现区域统筹发展。"一核多心模式"中的"一核"，指的是由长沙、株洲、湘潭三市联合组成的发展核心。从依照自然生长趋势的动态模拟预测可以看出，长沙、株洲、湘潭三市联合发展是大势所趋，是难以逆转的，且有利于形成强有力的增长极。城市群空间结构的优化，必须在顺应这一生长规律的背景下，保证三市的联合发展符合资源节约、环境友好标准。首先，长沙、株洲、湘潭三市必须统一进行规划，可参考荷兰兰斯塔德城市群的先进经验，为三市划定严格的发展边界，保证三市建成区之间有一定生态绿地分隔，在三市中央位置保留 500 平方公里以上的生态绿地，作为"绿心"。同时，积极引导三市的合理扩张，建设高水平的新城区和产业园区。致力于建设既具备强有力的经济实力、辐射带动力和区域竞争力，又能充分彰显两型社会特色的发展核心。"一核多心"中的"多心"，指的是衡阳、常德、岳阳、益阳、娄底这五个各具特色的综合性中心城市。自然生长情况下生成的"单核加组团"模式中，核心的辐射力强而组团的辐射力弱，距离发展核心较远的区域难以得到核心的辐射带动作用，城市群区域的整体提升受到阻碍。因此，长株潭城市群在拥有一个发展核心的同时亦需要具备多个区域的发展中心。以核心带动中心，再由中心带动城市群内的各区域，从而实现城市群的总体发展。衡阳、常德、岳阳、益阳、娄底这五个中心城市应从城市群战略规划的层面制定完善的发展定位、主导产业选择，理顺中心与核心的交流协作关系，保证中心城市能够承上启下，有力地带动周边县、市、区又好又快发展。

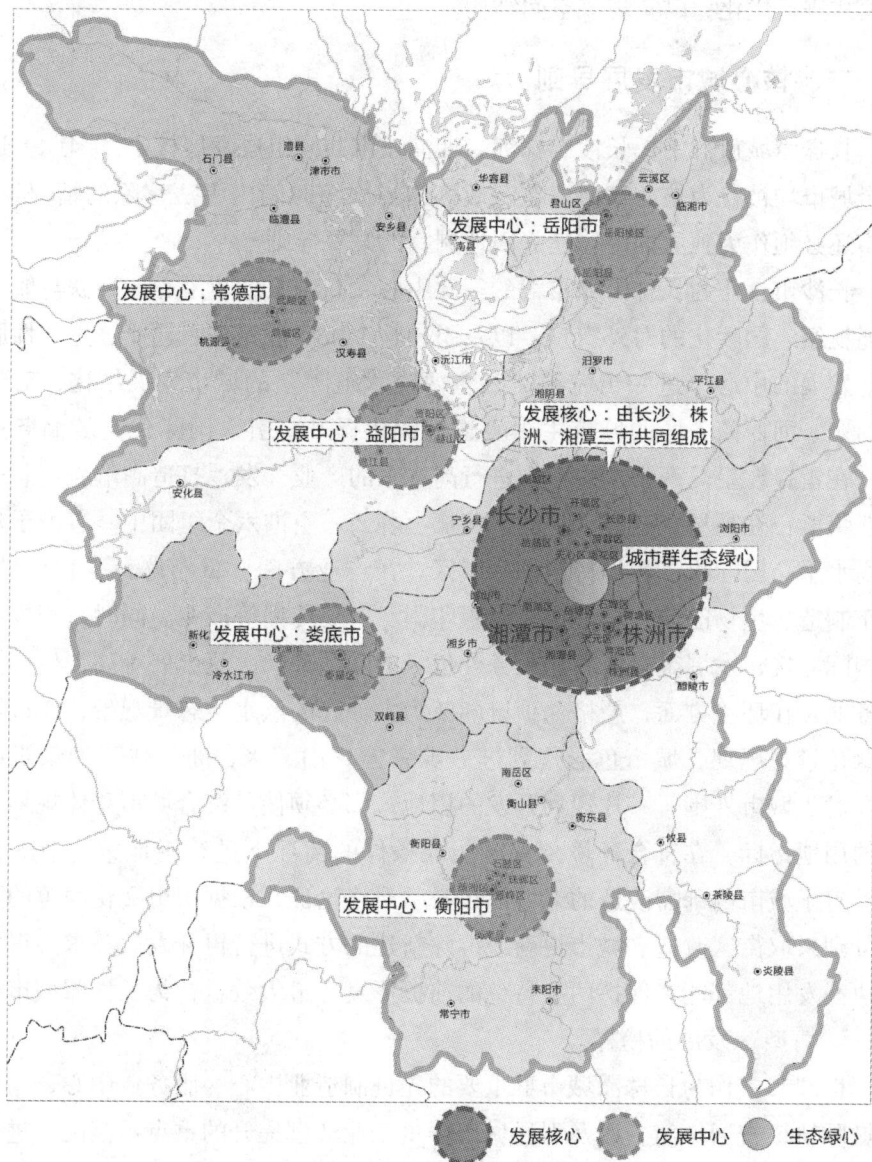

图 8 - 4 长株潭城市群空间结构优化模式

总的来看，由城镇化主导的一核多心模式有利于在坚持两型社会建设的同时快速高效地提升长株潭城市群的经济发展速度和区域竞争力，充分发挥各城市对区域的辐射带动作用，是一种精细化、聪明化、集约化、高效化的发展模式。应从各级城市发展导则和城市生长控制等方面对长株潭城市群空间模式进行优化，以实现该空间结构。

二、核心城市发展导则

长株潭城市群中，长沙、株洲、湘潭三市共同组成发展核心。因此，这三个城市均被视为核心城市。在行政区划界限短时间内无法移除的情况下，三市还必须作为独立的个体建立因地制宜的发展导则。

长沙市：作为长株潭城市群的行政中心、高端服务业中心、高铁与航空交通枢纽、国际化的对外窗口，以及引导整个城市群先进制造业、生产性服务业发展的中心。进一步完善"二主两次六组团"的城市发展结构，对包括河东、河西商务区的城市主中心进行优化提升，引入国际化高端商务业态；在雷锋、星马两个次中心中进行高水平的产业开发，打造高端先进制造产业集群；在高星、金霞、坪浦、黄榔、暮云、空港六个组团中，着力于建设高水平、国际化、各具特色的新城区。在产业方面，重点培育工程机械、汽车制造、生物医药、新材料、出版印刷、影视传播等产业。同时，积极加强国际对接，发展金融证券、服务外包、国际商务、会议会展等高端生产性服务业。在环境方面，严格保护以湘江为主轴线的滨水生态景观带，通过城市绿化景观规划、城市色彩规划进一步完善"山、水、洲、城"的景观结构。对于城市外围每一片规划开发的用地，都必须使其符合城市总体规划下达的用地指标，在符合环境条件和能耗条件的情况下进行土地集约节约开发。对于城市内部需改造的老城区，必须严格论证，根据历史文化底蕴的不同分别采取街区改造、城市更新或拆除新建的方式进行再开发。务求使得每一块开发用地都能在保持两型特色的前提下发挥最大效益，为长株潭城市群树立"两型"发展的榜样。

株洲市：作为长株潭城市群重要的先进制造业中心、服务业中心、高铁与城际轨道交通枢纽，以及引导城市群重工业转型提升的重点示范区。进一步完善"二中心五组团"的发展模式，在河西天元新城中心重点发展金融证券、商务办公、服务外包、会议会展等生产性服务业；在河东芦淞旧城中心优化提升商业贸易、餐饮服务、休闲娱乐等生活性服务业；对于栗雨、枫溪、荷塘、田心、石峰五组团，则应加强传统产业的提升改造，不断优化产业结构，建设产业发展与两型社会建设并重的新城区。重点发展尖端装备制造、有色冶金、新材料、精细化工等产业，并加强与长沙市的对接，积极发展金融证券、现代商务等生产性服务业。在环境方面，应继续加强对清水塘等传统工业园区的治理与改造，建议对污染排放大、能源消耗高的工业企业进行整体搬迁，在原址上引进"两低一高"的新型产业。结合湘江风光带的建设，进一步完善城市景观结构，在城市新区的建设中保持较高的绿地率，并设置大面积的公共绿地以降低产业对城市主体的不利影响。致力于打造长株潭城市群两型、绿色、循环产业发展示范区。

湘潭市：作为长株潭城市群重要的先进制造业中心、红色旅游中心、高铁与高速公路交通枢纽。进一步完善"一中心三组团三区"的空间发展结构，在岳塘、雨湖二区构成的中心城区中进一步提升城市发展品质，从地标建筑设计、中央商圈打造、景观轴线建设等方面强化中心区的凝聚力；对于九华、昭山、易俗河三组团，则应加强具有"两型"特色的产业园区的建设，打造能耗低、排放少、环境优美而技术附加值高的产业园区；对于姜畲高效农业示范区、杨嘉桥—河口城乡统筹服务区，则应积极引进国内外先进的农业技术、机械和种苗，打造高档次的现代农业基地，结合农业开发建设高水平的新农村，打造城市群城乡统筹发展示范区。在产业方面，湘潭市应重点发展装备制造、汽车制造、精品钢材、风力发电、电子信息等产业，并加强与长沙市的对接，积极发展金融证券、服务外包等生产性服务业。在环境方面，应加强对竹埠港等传统工业园区的治理，搬迁一部分污染排放大的工业企业，积极建设国家清洁能源装备制造基地。结合湘江风光带的建设，着力打造城市滨水景观轴，进一步完善道路绿化和城市公园的建设。同时，应充分依托韶山伟人故里这一宝贵的红色旅游资源，打造国际化的旅游接待中心和旅游目的地城市。

三、中心城市发展导则

长株潭城市群中的中心城市包括衡阳市、常德市、岳阳市、益阳市和娄底市。这五个中心城市作为城市群的区域发展中心，向上承接城市群核心的辐射力，向下带动其周边县市区的发展。要实现长株潭城市群区域统筹发展，就必须充分发挥中心城市承上启下的作用，找准发展突破口，实现区域的整体提升。下面，分别探讨五个中心城市的发展导则。

衡阳市：作为长株潭城市群重要的重工业中心、综合服务业中心、高铁与高速公路交通枢纽，以及老工业基地改造提升示范区，辐射带动下属的衡阳县、衡东县、衡南县、衡山县、常宁市、耒阳市、祁东县共同发展。进一步完善"一心三区"的城市空间结构。其中，中心城区应重点提升城市功能层次，大力发展高水平现代服务业，并建设高端居住区和商业区。高新技术开发区应致力于引进国内外先进技术，大力发展技术密集型产业，并对传统产业加强现代化生产技术改造。同时加大研发投入，培育研发机构，为各项产业发展提供技术支撑。白沙产业园区、松木产业园区应在现有基础上，对传统产业进行优化开发，搬迁一些污染大、能耗高、改造难度大的企业，积极引进传统产业的下游产业进驻，打造完善的产业链和产业集群。在主导产业选择方面，衡阳市应在现有基础上重点发展有色金属冶炼及深加工、钢材深加工、输变电设备、精细化工四大产业部门，避免与长沙等城市的产业同构。在环境保护方面，衡阳市应加强对市区以及南北两部工业企业的环境治理，搬迁污染企业，增加绿地面积，在工业园区和主城区之间设置充足的绿化隔离带。

常德市：作为长株潭城市群重要的轻工业中心、综合服务业中心、旅游业中心及航空与高速公路交通枢纽，辐射带动下属的石门县、澧县、津市市、临澧县、安乡县、桃源县、汉寿县共同发展。进一步完善"一带两轴三城多片区"的城市空间结构。"三城"中，江北城区应加强老城区的提质改造力度，在建设商务中心区的同时着力营造城市文化氛围；江南城区应充分利用丰富的土地资源进行高水平、集约化的开发，建设环境品质良好，又具备强有力产业的新城区；德山开发区应转变开发区的管理模式，引导城区功能多元化发展，进一步提升开发质量。对于河东、河洑、占天湖、东江、鼎城等片区，则应将其定位为各具特色的综合性新城区，进行有所偏重的发展，加强高水平的基础设施配套建设。在主导产业选择方面，常德市应重点发展卷烟、食品加工、纺织、造纸、生物医药等轻工业，避免与其他城市产业同构。其中，纺织、造纸等传统产业应大力引进先进技术，提升技术附加值，并不断发展高附加值的下游产业，如品牌成衣、礼品包装、出版印刷等。在环境保护方面，应严格保护江南、江北城区的环境质量，对于德山开发区及其他新建城区，应制定严格的制度以保证土地使用效率和绿地率。

岳阳市：作为长株潭城市群重要的石化产业中心、文化旅游业中心及高铁与高速公路交通枢纽，辐射带动下属的岳阳县、华容县、临湘市、汨罗市、湘阴县共同发展。进一步完善"一主三副"的城市空间结构。其中，作为主中心的岳阳楼区，应重点发展高端居住、现代商务、旅游服务等产业，发展高水平的楼宇经济，严格保护历史街区，建设文化底蕴浓厚、生态宜居的现代化城区。三个副中心中，云溪区应重点发展港口物流、精细化工、批发贸易等产业，依托港口保税区建设高水平的滨水新城；路口区应在石油化工产业的基础上重点发展化学建材、高分子材料等石化下游产业，同时依托石化产业园区建设生态宜居、服务齐全的居住区；君山区应充分依托洞庭湖生态旅游品牌，建设高水平、国际化的旅游服务设施，涵盖游客接待、特色餐饮、休闲娱乐、度假养生等功能。在主导产业选择方面，岳阳市应重点发展石油化工及其下游产业，建设综合性的石化产业集群。同时，大力发展食品加工、造纸印刷、精细化工、生物医药等产业，可将石化下游产业与其他产业联合，共同打造循环产业链。在城市建设方面，应重点保护岳阳楼周边的历史风貌街区，将主城区的建设重心向西引，使历史文化氛围浓郁的老城区和现代化、国际化新城区齐头并进发展。在环境保护方面，应注重对洞庭湖水系的保护，避免各类产业，尤其是造纸产业对于水体的污染影响。应提高先进技术引进力度，改变传统的高排放生产方式。对于君山等风景名胜区，应制定严格的保护规范，杜绝一切破坏性开发。

益阳市：作为长株潭城市群重要的现代农业与农产品深加工基地、旅游接待中心及铁路与高速公路交通枢纽，辐射带动下属的沅江市、桃江县、南县、安化县共同发展。进一步完善"三片区两组团"的城市空间结构。"三片区"中，资阳片区应重点做好旧城改造工作，以高水平的楼宇经济促进商贸业发展，着力建设强有力的商业中心区；赫山片区应注重多元化的新城建设，对生态居住、现代商务、会展、物流等功能进行合理布局，以顶层设计的标准规划各类基础设施；朝阳开发区应以国际化新城区作为建设目标，结合梓山湖、柘溪水库开发高端旅游服务业，同时建设以低污染、低排放为特色的绿色产业基地。迎风桥、沧水铺这两个组团应充分依托益阳市的现代农业优势，大力发展农产品深加工及相关产业，建设彰显绿色生态特色的产业园区。在主导产业选择方面，益阳市应重点发展食品加工、农产品深加工、生物医药等产业，同时应引进先进技术，着力发展生鲜食品冷冻、高档蔬果包装配送等产业，打造长株潭城市群农业产业化重点示范区。在环境保护方面，应加强对资阳老城区环境的治理与提升，进一步提升城市面貌。对于新开发建设的城区，应突出其国际化、生态化特色，在配置完善基础设施的同时做好城区景观规划，保持较高的绿地率。

娄底市：作为长株潭城市群重要的钢铁工业中心、综合服务业中心、生态旅游中心以及铁路与高速公路交通枢纽，带动下属的涟源市、新化县、冷水江市、双峰县共同发展。进一步完善"一区四组团"的城市空间结构。其中，娄星主城区应强化现代服务业功能，重点发展商贸服务、金融证券、现代商务、物流信息以及服务外包等产业，通过高水平楼宇和地标建筑的建设，打造现代化的中心城区。四组团中，涟滨组团应对钢铁产业进行技术改造和优化提升，进一步降低能耗，提升产品技术附加值，同时加强基础设施和服务设施配套建设；万宝组团应充分依托仙女寨生态优势，打造具有低碳特色、生态宜居的城市副中心；大埠桥组团应依托交通枢纽优势，结合水府庙风景区大力发展生态旅游接待、高端生态居住等产业，适度发展先进制造业；杉山组团应结合高速公路优势，积极承接沿海产业转移，大力发展低污染、低能耗的劳动密集型和技术密集型产业。在主导产业选择方面，娄底市应加强对传统钢铁产业的优化提升，大力开发钢铁下游产业，着力提高技术附加值。同时，应重点发展装备制造、汽车零部件、农产品加工、纺织服装等产业。在环境保护方面，应加强对涟源钢铁厂及周边区域的环境治理，划定较广的绿化隔离带范围以减轻对城市的不利影响。同时，应切实增加城市中心区的公共绿地，对城市周边开发区制定严格的绿化条例，从而大幅提升城市环境质量。

四、县级行政单位发展导则

在由城镇化引导的一核多心模式中，县级行政单位作为城镇化的基本单元，数量众多，在城市群发展的过程中起着基础性的作用。县级行政单位的发展一方面影响了城市群的总体发展质量，一方面也决定了城乡统筹发展的程度。必须按照各类县级行政单位性质的不同，制定不同的发展导则。本书按照主体功能分区的不同，将县级行政单位分为重点开发区、限制开发区、生态保护区三类。

属于重点开发区的县级行政单位：包括长沙县、望城区、株洲县、醴陵市、湘潭县、湘乡市、涟源市、冷水江市、衡南县、耒阳市、鼎城区、临湘市。属于重点开发区的县级行政单位，应致力于承接核心、中心城市的辐射带动力，在保证土地集约高效利用的前提下为核心、中心城市提供广阔的发展空间，积极承接产业、基础设施、城市功能的转移，从而谋求自身的提质发展。属于重点开发区的每个县级行政单位都必须选择 1~2 个主导产业作为发展支柱。主导产业应以装备制造、汽车制造、新材料、电子信息、生物医药等战略性新兴产业为主，同时亦可大力发展旅游业和文化产业。对于具备良好生态环境的县市，应从规划的角度充分保护自然环境，以生态旅游、休闲度假的方式利用自然环境，禁止城镇过度扩张导致的环境破坏。在城镇建设方面，应采取顶层设计的思路布局基础设施和市政设施，做好城镇绿化景观规划，建设功能全面、景观优美、环境良好、适宜人居的中小城镇。

属于限制开发区的县级行政单位：包括宁乡县、浏阳市、攸县、岳阳县、汨罗市、湘阴县、津市市、桃源县、汉寿县、衡阳县、衡山县、衡东县。属于限制开发区的县级行政单位必须在发展伊始做好区域规划、土地利用规划和城镇总体规划，确定城镇发展规模，划定城镇扩张边界，使城镇在有限范围内进行高效扩张。属于限制开发区的县级行政单位应选择 1~2 个主导产业作为发展支柱，但限于低污染、低能耗的产业，如食品加工、生物医药、电子信息、文化产业等。重点鼓励高端生态居住、生态旅游、红色旅游、休闲娱乐、商贸流通、物流配送等产业的发展。对区域范围内的农村与生态用地，应本着严格保护、合理开发的原则，结合生态环境适度发展现代农业和旅游业，严禁城镇跨越扩张边界，侵占生态用地。在城镇建设方面，应配置大容量的基础设施及市政设施，充分考虑到 20 年后的发展需求，与周边自然景观结合，做好城镇绿化景观规划，致力于打造设施齐全、环境优美、各具特色的中小城镇。

属于生态保护区的县级行政单位：包括平江县、君山区、南县、沅江市、华容县、安乡县、澧县、临澧县、石门县、安化县、新化县、双峰县、茶陵县、炎陵县、南岳区、祁东县、常宁市。属于生态保护区的县级行政单位应在以生态保护为第一要义的前提下编制区域规划、土地利用规划和城镇总体规划。合理确定城镇发展范围，划定城镇扩张的刚性边界，引导城镇在有限的空间内进行集约开发。属于生态保护区的县级行政单位应选择 1~2 个主导产业，但限于食品加工、农产品加工、文化产业等低污染、低能耗的产业，不允许任何污染型产业进驻。对于结合区域优势发展的旅游业、生态居住、休闲度假等产业，应加以鼓励。对于区域内的自然保护区、基本农田、水源保护区，应从规划和法规两个层面加以保护和监控，杜绝任何形式的侵占开发。在城镇建设方面，应配置容量充足的基础设施和市政设施，考虑20年后的发展需求。同时，结合城镇周边的自然山水做好绿化景观规划，使城镇建设与自然环境保护和谐并存。致力于打造环境优美、适宜人居、设施齐全的中小城镇，作为整个城市群的绿肺，为其提供大面积的制氧和净化基地。

第三节　有机生长优化方案

一、有机生长速度控制

近年来，长株潭城市群各城市生长速度较快，部分城市建成区年扩张速度达到了8%以上。如果按自然生长的趋势快速生长下去，长株潭城市群迟早将成为连片生长的巨型都市带，"两型社会"建设也将无法实现。因此，必须对各城市的生长速度进行调控。首先，计算出各城市在优化生长情况下所必须维持的合理增长速度，其次，以每年分配给各城市的建设用地指标为依据，将之落实。务必使得各城市利用有限的建设用地进行集约高效的城市开发，并将城市群的发展控制在优化生长的范围之内。

目前，长株潭城市群8个地级城市的生长速度普遍偏高。即使在自然生长的情况下，该速度在数年之内也将下降。这是由于城市的扩张将受到周边山地、水体、基本农田等的限制，城市要继续扩张，就必须付出更高的土地使用成本，而过高的成本将降低城市的扩张速度。根据上文的分析可知，按照自然生长的趋势，长株潭城市群各城市的生长速度将有小幅下降，在2010—2020年为7%左右，2020—2030年为6%左右。这个速度仍然偏高，无法遏制连片发展的巨型都市带的形成。因此，应在现阶段对长株潭城市群各城市的发展速度进行合理的调控，在避免过度开发和盲目扩张的同时，尽可能地保证每个城市都有足够的发展空间。依照各个城市的发展特征和自然条件，确定其 2010—2020、2020—2030 年的控制增长率。如表 8 - 1 所示。

表 8 - 1 **长株潭城市群地级城市生长速度调控**

年份	长沙	株洲	湘潭	衡阳	常德	岳阳	娄底	益阳
1980—2010 年平均增长率	6.24%	7.16%	4.73%	6.21%	7.22%	8.20%	8.21%	6.31%
2010 年建成区面积	273.44	162.38	102.52	158.58	114.93	105.74	76.71	108.24
2010—2020 年控制增长率	6%	6%	6%	5%	5%	6%	5%	6%
预测 2020 建成区面积（平方公里）	489.46	290.66	183.51	256.90	186.19	189.27	124.27	193.75
2010—2020 年控制增长率	4%	5%	5%	4%	5%	5%	4%	5%
预测 2030 建成区面积（平方公里）	724.40	470.87	297.29	380.21	301.62	306.62	183.92	313.87

作为核心城市的长沙、株洲、湘潭，必须获得较广阔的发展空间，方能在短时间内联合起来，发挥城市群核心的作用。因此这三个城市在 2010—2020 年的控制增长率定为每年 6% 。在 2020—2030 年，三市的联合进程已基本完成，开始精细化的发展扩张，因此增长率有所下降。长沙由于城市规模基数大，故定为 4% ，株洲、湘潭定为 5% 。必须避免长沙、株洲、湘潭向三市结合部过度扩张，应保留面积广阔的城市群生态绿心。五个中心城市中，衡阳目前的城市规模较大，但土地低效利用的情况较为突出，应注重提质发展而不是积极扩张，因此 2010—2020 年控制增长率定为每年 5% ，2020—2030 年为 4% 。常德目前的城市规模适中，近年来城镇扩张迅速，也需要注重土地提质发展和优化开发，尤其是在开发区范围内的提质开发，因此 2010—2020 年、2020—2030 年控制增长率均定为每年 5% 。岳阳和益阳城镇扩张的后劲较足，且城镇周边地形较为平坦，适宜较大规模的发展建设，因此 2010—2020 年控制增长率均定为每年 6% ，2020—2030 年有所减弱，为 5% 。娄底目前的城市规模有限，应保持较快的增速，但由于周边有仙女寨、水府庙等大面积的不可开发的生态保护区，限制了城镇的长期快速

扩张，2010—2020 年控制增长率为每年 5%，2020—2030 年为 4%。

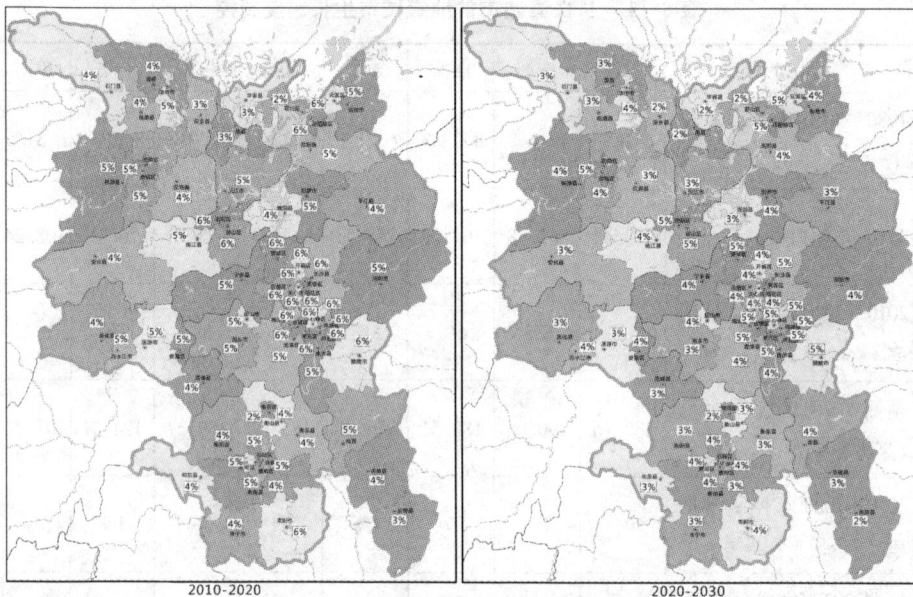

2010-2020   2020-2030

图 8 – 5　长株潭城市群县级行政单位生长速度调控（2010—2030）

在确定了长株潭城市群 8 个地级城市在 2010—2020、2020—2030 年的控制增长率后，必须依照各城市各时期的控制增长率，为城市群中 64 个县级行政单位分别制定科学合理的控制增长率。应按照三个方面的原则来制定：第一，城市主城区涵盖的行政区，增长率原则上与该城市控制增长率相同；第二，市域范围内的县级行政单位，视其在主体功能分区中所处的层次来确定控制增长率，一般来说，属于重点开发区的县级行政单位控制增长率低于所在城市控制增长率约 1 个百分点，属于限制开发区的则低 1~2 个百分点，属于禁止开发区的则低 2~3 个百分点；第三，有重要风景名胜区的县级行政单位，如韶山市、君山区、炎陵县等，控制增长率低于所在城市约 3~4 个百分点。2010—2020 年、2020—2030 年长株潭城市群 64 个县级行政单位的生长速度调控情况如图 8 – 5 所示。

二、城市生长方向引导

要优化长株潭城市群的有机生长趋势，仅有城市规模控制是不够的。长株潭城市群 8 个中心城市的自然条件、周边环境现状、城市生长趋势都有较大的差别，无序的生长很可能带来环境的永久性破坏。因此，必须对各个城市的生长方向进行引导，对生长扩张的用地进行合理安排，在保证环境代价最小化的情况下保持城市的优化生长。

引导方向必须遵循的原则包括三个方面：第一，用荒不用良的原则，所谓用荒不用良，即各中心城市在扩张过程中，应优先选择现状较荒芜、土壤较贫瘠、水肥条件较差，不适宜进行农业生产的区域作为主要发展方向，回避良田、丰产林、渔场等适宜进行农业生产的区域，从而处理好城市扩张与农业生产之间的利效关系；第二，用平不用丘的原则，所谓用平不用丘，即各中心城市应优先选择土地相对平整，相对高差较小的区域作为主要发展方向，回避丘陵、山体分布密集的区域，从而减少建设带来的土方成本以及对植被、小气候的破坏，处理好城市扩张与自然地貌之间的关系；第三，就近适度开发的原则，所谓就近适度开发，即各中心城市在扩张过程中，优先选择距离现有建成区较近的区域进行适度开发建设。不推荐在距现有建成区较远区域展开大规模建设，不提倡建设占用大量土地的卫星城，从而避免盲目扩张带来的低质开发，保证城市扩张的理性，降低城市发展的总体环境成本。依据上述原则，对中心城市生长的方向与幅度进行设计：

长沙：长沙市主城区近年来向各个方向均有较大幅度的扩张。主城区南部与株洲、湘潭主城区仅有 30 公里左右的间隔。如果再向南扩张，很有可能与株洲、湘潭连成一片，从而造成各种城市问题。而主城区南部的军用机场也对向南扩张造成了不利影响。长沙主城区的东部为重要的工程机械、汽车制造产业集聚区，近年来发展迅速，北部主要布有高端楼盘、宾馆酒店和生态娱乐设施，西部受到大河西先导区建设的拉动作用，重点打造行政办公、文化娱乐、生态居住、商务商业等功能区。结合内外发展要素，长沙应以东部为主要发展方向，沿交通干道向空港城进行高品质建设。西部、北部为重要发展方向，留足生态绿地和绿化廊道，建设高水平的生态新城。对南部现有城区进行综合提质，避免过度扩张。

株洲：株洲市主城区近年来向北部、西部扩张明显，与长沙主城区之间的距离不断缩短。主城区湘江以东主要是以商贸服务业、工业为主的传统城区，湘江以西主要是以行政办公和科研教育为主的新城区。其中，东部清水塘地区工业企业的污染较为严重。针对这些情况，株洲市应抓紧中心城区的提质发展，对清水塘工业园区进行整体搬迁，以西部的天元区作为主要发展方向，以南部为重要发展方向，对东部的旧城区、北部工业园区以提升优化为主，避免过度扩张。

湘潭：湘潭市主城区以湘江为界，可明显地划分为两个发展性质、发展速度不同的片区。湘江以北的雨湖区为以商贸服务业为主的传统城区，但也拥有以先进制造业为主的九华工业园；湘江以南的岳塘区则是以行政办公、综合服务、高端居住为主的新城区。湘潭市的主要工业亦布局在南部。根据这些情况，湘潭应以南部、西部为主要扩张方向，建设好岳塘区的城市新区；以西北部为重要扩张方向，做强九华工业园；不宜向东北部、东部过度扩张，以免侵占昭山、易家湾的生态用地，并与长沙、株洲主城区保持一定距离。

衡阳：衡阳市主城区近年来向北部、南部、西部均有较大幅度的扩张。其中，西部的蒸湘区主要是以行政办公、高端居住为主的新城区，北部主要以传统工业园区为主，南部则承载科研教育、商贸服务等功能，主城区向东部的扩张有限。根据上述情况，衡阳市应以西部、南部作为主要发展方向。其中，西部重点发展生产性服务业和先进制造业；南部则建设高水平的科研教育基地；北部应注重传统工业企业的优化提升，在有条件的情况下对污染企业进行整体搬迁，进行转型开发，但应避免继续大规模向北扩张；东部应充分保护自然环境，避免破坏性开发。

常德：常德市主城区可分为三大片区，分别是江北、江南片区和南部的德山开发区，近年来向北向南扩张的趋势均较为明显。其中，江北片区为以行政办公、商贸服务为主的传统城区，江南片区为以高端居住、旅游服务为主的城区，德山片区则为以轻工业为主的产业开发区。根据这些情况，常德应以南部为主要发展方向，依托德山开发区进行高水平的产业开发；在北部进行适度开发，与良好的生态景观结合，打造高端旅游服务和生态居住功能。

岳阳：岳阳市主城区可分为四个部分，分别是以行政办公、商贸服务、旅游业为主的岳阳楼区，以石化工业为主的云溪区，以港口物流为主的路口区和以生态文化旅游为主的君山区。这四个部分分布相对零散，彼此之间留有一定的农村与生态用地。根据上述情况，岳阳应以北部、东部作为重点扩张方向，将岳阳楼区主城区向北部、东部拓展延伸，大力发展路口片区的港口物流相关产业和云溪区的石化产业集群，并实现与岳阳楼区的高效对接；西部的君山区应以生态保护为主，适度开发旅游服务业，不宜进行大规模建设。

益阳：益阳市主城区可分为资阳、赫山两大片区，其中资阳区为以商贸服务为主的传统城区，赫山区为以行政办公、科研教育、综合服务、先进制造为主的新城区，朝阳开发区位于赫山区境内。近年来益阳主城区向南部、西部扩张的趋势明显。根据这些情况，益阳应继续以南部和西部为主要发展方向，在赫山区进行高水平的产业开发和城镇建设；对于北部的传统城区，应以提升改造为主要任务。

娄底：主城区可分为中心区、经济开发区和涟钢片区三部分。其中，中心区主要以商贸服务和传统工业为主，涟钢片区主要以涟源钢铁厂及配套设施为主，经济开发区则为以行政办公、高端居住、综合服务为主的新城区。娄底主城区周边的自然环境较为特别，东南部有仙女寨风景区，东部有水府庙风景区，必须在发展过程中加以回避。根据上述情况，娄底市应以西南部、北部作为主要发展方向，重点发展生产性服务业和先进制造业；西部应结合涟钢的提升改造，发展技术密集型的钢铁产业集群，以优化提升为主，以扩张增长为辅；东部应重点保护生态环境，进行适度的旅游服务开发。

第四节　基于优化方案的空间结构预测

一、基于优化方案的动态模拟预测

上文中确定了长株潭城市群空间结构、有机生长的优化模式，从总体空间发展模式、各级城市发展导则等方面构建了空间结构优化方案。从城市发展速度控制、城市发展方向引导等方面构建了有机生长优化方案。依据方案中城市发展方向、速度控制的导则，利用动态模拟预测方法，即可对长株潭城市群在优化方案引导下的 2020 年、2030 年的空间结构和生长趋势进行动态模拟。从而明确该优化方案将对长株潭城市群带来的具体影响。

上文中已给出了长株潭城市群在 1980—2010 年的动态模拟玫瑰图和 2010 年三维城乡区域分布图。同时，各城市、各县级行政单位在 2010—2020 年、2020—2030 年的控制增长率已经给定。在此情况下，只要将各城市各时期的增长幅度以及主要生长方向在空间上进行拟合，即可模拟出长株潭城市群 8 个地级城市基于优化方案的 2020 年、2030 年十二向动态模拟玫瑰图。如图 8-6 所示。

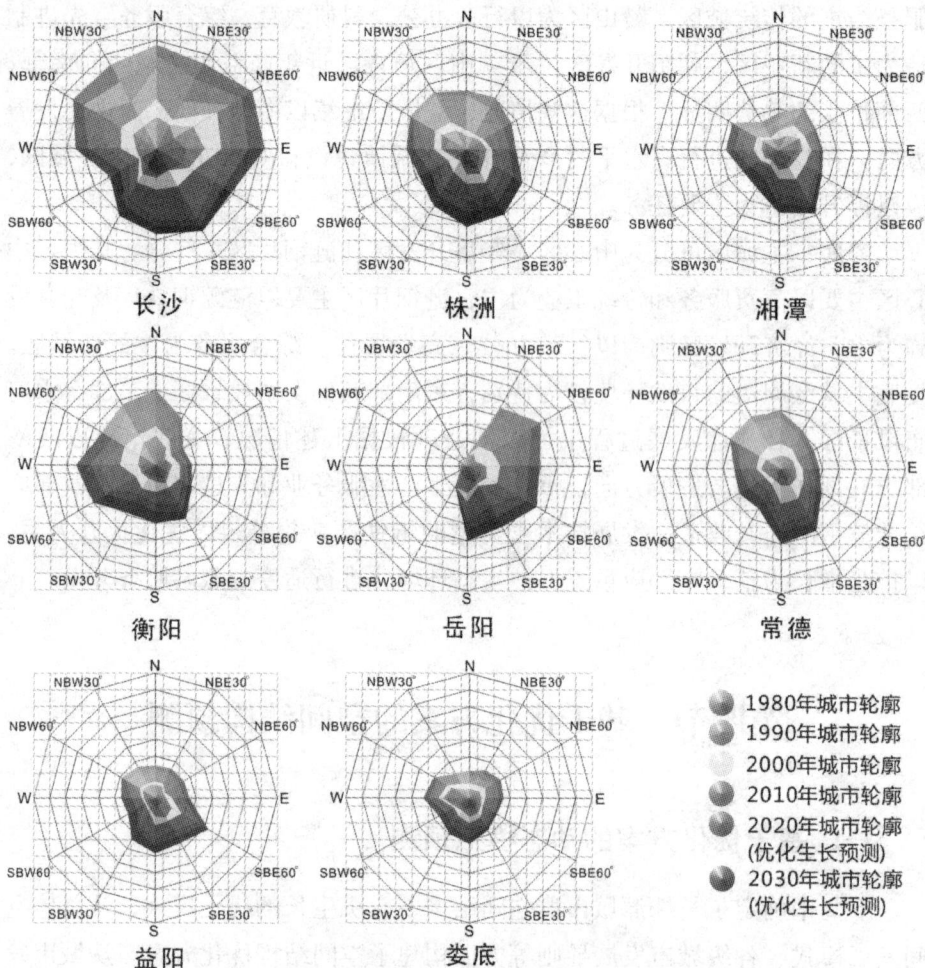

图例：
- 1980年城市轮廓
- 1990年城市轮廓
- 2000年城市轮廓
- 2010年城市轮廓
- 2020年城市轮廓（优化生长预测）
- 2030年城市轮廓（优化生长预测）

城市：长沙、株洲、湘潭、衡阳、岳阳、常德、益阳、娄底

图 8-6 各城市基于优化方案的动态模拟玫瑰图（2010—2030）

按照上文的动态模拟预测法，将动态模拟玫瑰图中 2020、2030 年各城市增长幅度以建成区密度增加值的形式在 2010 年的三维城乡区域分布图上进行表现。将各单元格中的城市用地增量加至该单元格 2010 年的方柱上，即可得到 2020、2030 年该单元格的模拟高度。对所有单元格以此方法进行模拟，即可得到优化方案中的 2020、2030 年长株潭城市群三维城乡区域分布动态模拟图。如图 8-7、8-8 所示。

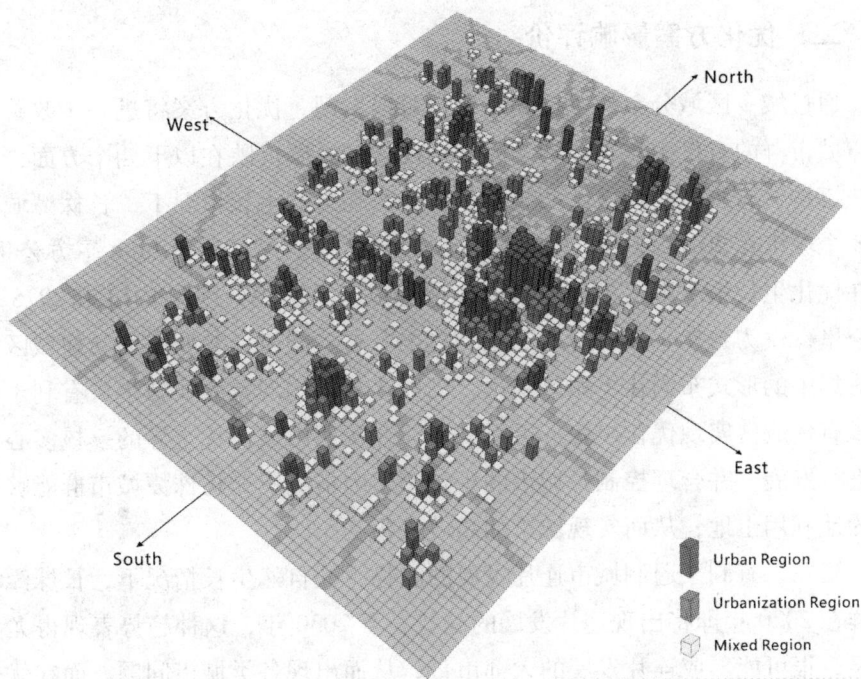

图 8-7　长株潭城市群优化方案中的三维城乡区域分布图（2020）

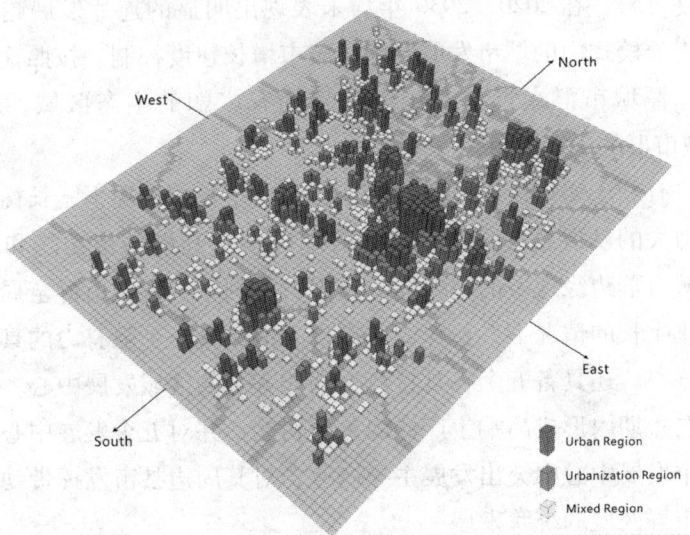

图 8-8　长株潭城市群优化方案中的三维城乡区域分布图（2030）

二、优化方案影响评价

通过城乡区域分布的三维动态模拟可以发现，优化方案将进一步改善长株潭城市群的有机生长趋势和空间结构模式，主要反映在以下四个方面：

第一，有利于实现城镇的集约化扩张。在自然生长情况下，长株潭城市群8个城市在2020、2030年的建成区总面积分别为2690和4508平方公里。而在优化生长情况下，2020、2030年的建成区总面积分别为1914和2978平方公里，仅为自然生长情况下的三分之二左右。同时，各城市的新建城区以相对集中的形式布局在主城区周边，飞地式布局的现象大大减小，有利于依托现有建成区实现优化扩张。可以认为，在按照由城市化主导的一核多心模式进行发展，并合理控制各城市的扩张速度的情况下，长株潭城市群能够更集约地利用土地，从而实现城市的高效扩张。

第二，有利于遏制城市连片发展的趋势。在自然生长情况下，长株潭城市群在2020年即将出现连片发展的趋势。至2030年，这种趋势表现得尤为明显，很可能形成连片发展的大都市带，从而出现各类城市问题。而在优化生长的情况下，长株潭城市群城市主体部分的建成区密度不断提高，但向外扩张的速度有限，在2020、2030年均未表现出明显的连片发展趋势。这得益于优化生长模式中的城市发展导则和城市增长速度控制。按照优化生长的趋势，长株潭城市群在近数十年内都将拥有广阔的生态区域，从而保持"两型"城市群的生态特色。

第三，有利于实现区域统筹发展。在自然生长的情况下，长株潭城市群具有一个强大的发展核心，能在较短时间内形成高端城市功能和区域竞争力，但对城市群边缘地带的辐射能力有限，不利于实现城市群全局的统筹发展。在优化生长的情况下，长株潭城市群不但具备一个强有力的具有生态特色的发展核心，还具备五个各具特色、功能齐全的区域发展中心。其中，发展核心能在短期内形成高端生产性服务业功能，并对五个发展中心产生辐射作用。五个发展中心则突出发展主导产业，对其周边县市发挥带动作用，从而保持城市群区域的统筹发展。

第四，有利于城市群的环境保护。在优化生长情况下，长株潭城市群在2020、2030年可分别省下776和1530平方公里的农村和生态用地。这些保留下来的用地中涵盖大量的农田、森林、水域等生态用地，将为城市环境品质的保护与优化产生强大的促进作用。同时，优化模式中提出的城市发展导则也对各个城市的产业发展进行了控制，保证各城市均以低污染、低能耗的"两型"产业作为主导产业，并对现有传统产业进行搬迁或技术改造。这有利于在未来发展过程中保持甚至优化城市群的总体环境品质，从而突出长株潭城市群的"两型"特色。

第九章 长株潭城市群空间 结构优化保障措施

第一节 以有机生长理论指导城市群空间规划

近年来，长株潭城市群编制了许多高水平的空间规划，包括发展战略规划、产业一体化规划、空间管制规划、交通组织规划、基础设施规划等等。如果能将有机生长理论作为规划编制的主导思想，在对城市群有机生长趋势进行分析的基础上制定各项空间规划，更有利于城市群的发展和建设。首先，利用有机生长理论中的要素分析法、空间分析法对城市群的发展趋势进行分析，并利用动态模拟法对城市群未来发展态势进行准确预测。在准确把握城市群的历史和未来发展趋势的基础上，做出更加科学可靠的城市群区域规划。第二，充分借鉴有机生长理论中关于土地集约利用、城镇高效开发的思想，将城市群的每一块土地都视为不可再生的宝贵资源，在新开发每一块用地前都必须做好环境论证和产出分析，避免以较大的环境代价进行低效开发。应贯彻提质发展优先于侵占扩张的思想，在占用农村与生态用地进行城镇扩张之前，充分利用城市老城区的土地进行提升优化。第三，参考有机生长理论中关于城市发展导则、城市发展速度控制、城市发展方向引导的思路，对长株潭城市群各主要城市的发展进行高效调控。在城市群土地利用规划的层面对各城市下达合理的扩张指标，保持城市科学的增长速度和发展方向。第四，参照有机生长理论中长效、动态发展的理念，将城市群区域规划由刚性、控制性的文件转变为具有弹性和引导性的方案。以往城市群的未来发展方案往往是落实到各个地块和具体时间点的刚性布局方案。长株潭城市群应转变这一思路，利用有机生长理论增加布局方案的弹性，分析该方案经历的阶段，为各个阶段设计主要的发展方向和措施，以动态的眼光指导城市群发展。

第二节　完善管理架构，削弱行政壁垒

目前，长株潭城市群中的 8 个主要城市均为地级市，彼此之间没有领导与被领导的关系，亦未形成多元化的紧密联系。在发展的过程中，各城市之间还存在着一定的竞争关系。这些现象是由于传统的发展思路和管理体制造成的，不利于城市群的优化发展。对此，应从上至下完善长株潭城市群的管理架构，削弱城市之间的行政壁垒。首先，可参照重庆两江新区、天津滨海新区的先进经验，将长沙、株洲、湘潭的主城区联合起来，设立一个副省级新区。这个新区的管委会对长沙、株洲、湘潭三市的城市建设、产业发展有领导权，对衡阳、岳阳、常德、益阳、娄底五个城市有协调权，主要负责长株潭城市群各项规划的编制和实施，旨在全面指导长株潭城市群的发展。其次，可成立 8 个城市联合而成的长株潭产业协作委员会，由省党政领导出任常务理事，各城市党政领导出任委员。定期召开产业协作联席会议，商讨各类产业联合发展的方案，旨在形成城市在产业方面的固定交流机制，促进跨地区产业集群和产业链的形成。最后，在衡阳、岳阳、常德、益阳、娄底这五个城市设立专门的长株潭城市群一体化办公室，与长株潭新区管委会和省长株潭两型办直接联系，随时传达并贯彻高层指示，使长沙、株洲、湘潭以外的五市能随时跟紧长株潭城市群的总体发展步伐。

第三节　城市群服务型政府建设

所谓服务型政府，即将自身定位为服务者的角色，坚持法治和民主特色，为全社会提供公共产品和全方位服务的政府。长株潭城市群必须加强服务型政府建设，为各城市的交流协作提供便捷的行政平台，为各类产业的进驻提供良好的政策环境。首先，自上而下地转变政府管理思路，将传统的管

理机制改变为服务机制。强调政府要为人民群众、开发商、外来游客、科研人员等各种主体服务，以提供的服务是否完善周到作为各级政府绩效考核的重要标准。第二，简化办事程序，推广绿色通道。对现有的行政审批、政务办理手续进行进一步简化，将办事流程中大部分的手续分派给政府办公人员去完成，尽量减少办事群众的负担。对重大项目、基础设施、外资项目、民生工程等开辟审批办证绿色通道，限时完成手续并发给证件。第三，强化监督机制，推进政务公开。各级政府将政府采购、财政支出等流程在政府官方网站上向广大市民进行公示，接受市民的监督。同时，将各类行政审批、证书发放的流程在网上进行公开，使市民能一目了然地监督行政办公的程序。第四，健全服务型办公机制。对于重要的基础设施、民生工程等项目，采取专任领导现场办公的机制，对项目进行上门审批核查。并派专门的办事人员，采取一盯一的形式将项目的各项手续负责到底。总的来说，要在长株潭城市群 8 个城市和 64 个县、市、区中建立服务型的政府体系，为企业、办事群众提供主动、简洁、全面的服务，并以公开透明的行政行为接受人民群众的广泛监督，从而促进城市群中各项建设的高效、健康开展。

第四节　建设区域共享的大容量基础设施

长株潭城市群的优化生长必须有覆盖全局的大容量基础设施作为保障。应从五个方面加强基础设施建设。第一，建设城市群内部专用的高速公路网络。目前，长株潭城市群境内的高速公路包括京珠、洛湛、长张、衡炎等。其中大部分为穿境而过的国家交通动脉，车流量很大，负担较重。长株潭城市群要实现各城市全面对接，不能完全依靠过境线路，必须建设城市之间的专用联络线。首先，应建设贯通长沙、株洲、湘潭三市的城市群核心的环状联络线，从三市的外围经过，与三市中心区间有快速干道相连，实现三市彼此之间 30 分钟可达。其次，应加快建设发展核心和五个中心城市之间的专用高速公路网络，以及连接岳阳、常德、益阳、娄底、衡阳的长株潭外环高速。第二，建设覆盖城市群全局的大功率输变电系统。目前，长株潭城市群各城市的供电量仅刚好满足生产生活需求，在未来发展过程中将很容易出现供不应求的现象。针对此现象，应加快长株潭城市群风力发电、太阳能发电以及水力发电设施的建设，大力提高供电量。同时，加快各城市电网改造扩容的工作，保证各新建产业园区、居住区、商业区均能享受到充分的电力供应服务。第三，完善城市群的电信网络系统。国际化发展将不断促进长株潭城市群与世界的交流，而高速又稳定的电信网络系统则是实现国际交流的重要保障。应对长株潭城市群现有的电信网络进行提速，并全面普及高性能光纤网络。同时，加快长株潭城市群电话、电视、宽带三网融合工程的进行，并积极推进 8 个城市在电信管理、服务方面的一体化。第四，对城市群的供水标准进行提升。直饮自来水的供应是国家和城市发达的重要标准之一。长株潭城市群应抓好供水源头环境的控制，在水处理环节增加多项净化指标，对老旧的供水管网进行集中更换，对供水终端的水质进行实时监控，务求使各城市的自来水均达到直饮水标准。第五，实现长株潭城市群湘江流域的集中治污。湘江由南至北流经长株潭城市群中的衡阳、株洲、湘潭、长沙、岳阳五个城市，益阳的资水、娄底的涟水均直接注入湘江。因此，应大幅度提升各城市的污水处理和循环利用能力，切实减轻湘江流域的水污染。一方面，广泛利用生物分解、重金属吸附等技术，加强各城市污水处理厂的净化能力。另一方面，对各类有污水排放的工业企业按照排污量收取高额的排污税，迫使其采取循环利用和深度净化的方法降低污水排放量。大容量的区域性基础设施将大大减少各个城市的重复投资和土地占用现象，并为城市之间的交流协作创造条件。

第五节　设立相对严格的产业准入门槛

长株潭城市群应实行严格的工业企业进园区的发展战略。2010 年后进驻的工业企业均必须进入各城市的产业园区进行集中发展，杜绝散乱布局，各自为政的行为。对于散布在城市群区域范围内已建成的中小企业，亦应加大搬迁改造力度，争取在 2020 年时实现所有工业企业基本进入园区。在此背景下，长株潭城市群的工业发展将全面进入集群发展阶段。对各类园区设置严格的产业准入门槛，是保持城市群"两型"特色的重要保障。首先，对于以先进制造业为主的园区，应制定较严格的能耗、排放标准，对各类先进制造产业的单位能耗和污染物排放量进行估算，对排放污染物种类进行统计，从而决定优先发展、适度发展、禁止发展的产业类别。对于通讯器材、家用电器、电子信息等基本零污染的产业，可优先发展。对于工程机械、汽车制造、新材料等有一定污染的产业，则必须在与企业签订排污协议的情况下适度发展。对于传统的钢铁冶炼、化工、水泥、化肥等高污染、高能耗产业，则应禁止发展，如确有发展的必要，则必须在引进环保生产技术的情况下适度发展。第二，对于以农产品加工、食品加工、生物医药等生物产业为主的园区，应建立严格的排放标准，阻止高污染、高排放的产业进驻。生态蔬果加工、罐头加工、熟食加工、棉麻纤维、生物医药等污染较低的产业应优先发展。鞣革、生物化学等污染严重的产业应禁止进驻。对进驻的各类生物产业企业设立较高的排污税，迫使企业采取循环生产的方式降低污染物排放量。第三，对于劳动密集型加工业、服务外包业等基本无污染的产业园区，则应设立能源使用标准，实行企业节能奖励政策，鼓励各类企业在生产环节中实现节能降耗。

第六节　重点培育高端城市功能

所谓高端城市功能，指的是总部经济、国际金融、国际商务、国际会展等高层次、国际化的城市功能。高端城市功能需要一定的城市发展门槛才能产生，如较大的城市规模、大量的进出口贸易、频繁的国际交流、优越的区位优势等。以往，这些功能往往只有伦敦、巴黎、纽约、东京等少数世界城市才能具备。随着全球化进程的不断深入，发展中国家的内地城市亦有培育高端城市功能的可能性。长株潭城市群要形成高端城市功能，首先，必须建设高水平的城市群发展核心。联合长沙、株洲、湘潭三市的力量，实现产业协作、优势互补，做大做强生产性服务业，以顶层设计为标准建设基础设施和城市建筑，进一步完善投资环境，从扩大城市规模、完善城市硬件设施、发展生产性服务业等方面为高端城市功能的培育打下基础。其次，必须加强对外交往，与世界产业、经济、金融协作组织建立密切的联系，积极吸引世界 500 强企业、国际金融机构进驻，并设立分支机构，打造强有力的总部经济集群。同时，督促本地企业加强国际技术交流，成立技术和信息共享平台，为国际产业协作提供便利。第三，参照德国著名会展城市汉诺威的先进经验，依托航空、高铁交通优势，建设大规模的工业会展、博览基地，在各个城市分别举办国际性的工程机械、新能源汽车、优质农产品会展活动，从而不断扩大城市影响范围，做大做强国际会展业。第四，依托长株潭城市群的人才优势和科研教育实力，大力发展知识密集型的服务外包产业。积极承接国际市场中的技术服务外包业务、管理服务外包业务，并依托交通区位优势，建设大规模的服务外包产业中心。高端城市功能有利于以较小的土地面积发挥出较大的经济效益，为长株潭城市群土地集约节约利用创造条件。

第七节　结合高铁交通打造产业经济带

目前，武广、沪昆高速铁路已全线贯通。其中，武广高铁在长株潭城市群境内设有岳阳东、汨罗东、长沙南、株洲西、衡山西、衡阳东、耒阳西7个站点。沪昆高铁在长株潭城市群境内设醴陵北、新长沙、湘潭北、韶山南、娄底南5个站点。长株潭城市群已成为我国重要的由两条高铁交汇的高铁交通枢纽。在此背景下，长株潭城市群应充分利用高铁带来的种种优势，打造强有力的高铁经济带，在服务高铁交通的同时谋求自身发展。第一步，应围绕武广高铁沿途各站点，建设各城市的高铁新城。其中，岳阳、长沙、株洲、衡阳的武广高铁新城应具备较大的规模，涵盖商务洽谈、会议会展、休闲娱乐等一系列功能。汨罗、衡山、耒阳的武广高铁新城应具备适中的规模，涵盖旅游接待、商务会议等功能。高铁新城之间应保持密切的联系与协作，并可联合开发旅游线路和商务项目。第二步，应在醴陵、长沙、湘潭、韶山、娄底的沪昆高铁站点附近合理规划用地，建设高水平的高铁新城。其中，长沙、湘潭、娄底的沪昆高铁新城应以高端生产性服务业为主，重点发展总部经济、现代商务与服务外包产业。醴陵沪昆高铁新城则应发挥瓷都优势，做大陶瓷博览产业。韶山沪昆高铁新城应充分依托红色旅游业，利用国内外旅客人次不断增长的优势，建设国际化的旅游接待中心，打造长株潭城市群的对外窗口。第三步，对沪昆、武广高铁新城进行协作开发，打造我国中部的高铁交通枢纽。应进一步完善12个高铁新城的基础设施建设，尤其是道路交通组织，使各城市能充分利用高铁的交通优势，并为高铁乘客提供全方位的服务。同时，进一步健全各高铁新城的协作机制，使其在产业、信息、技术等方面形成一个有机的整体，以高铁枢纽为立足点，与全国各地展开交流。

第八节　建设国际化的对外窗口

　　长株潭城市群在发展的过程中，正遇上了经济全球化的发展机遇。在此情况下，长株潭城市群应积极参与国际分工，利用高水平的产品和服务在国际市场中占据一席之地，并以国际化、高品质的城市风貌接待各国人士。这就要求长株潭城市群建设能够彰显城市群特色、促进国际交流的国际化对外窗口。首先，拥有高铁站和空港的城市应加快国际化高铁、空港新城的建设。新城必须经过统一规划设计，建筑风貌、绿化景观、道路设施都必须符合国际化的功能和审美标准。新城主要承载总部经济、国际商务、服务外包等高端功能，并具备高档次的国际化酒店宾馆、满足各国各民族需求的餐饮及娱乐设施、生态化的高端居住区。国际人士前来长株潭城市群时，即可通过高铁站和空港附近的城区获得完善的服务。其次，对长株潭城市群内各重要的旅游景点进行整合，实现旅游业的国际化对接。应从国际化旅游接待服务、多种语言的景点标示、双语导游培训、国际化餐饮休闲服务等角度入手，提升旅游业的国际服务能力。同时，加强对旅游市场的规范和管理，对旅游从业单位进行有效监督，大力提升国际旅游的服务质量。致力于吸引更多的国际旅游人士前来，增强长株潭城市群国际知名度和影响力。第三，在各城市建设数栋国际化地标性建筑。目前，长株潭城市群中8个主要城市均缺乏专供国际化交流的综合性建筑。在未来的发展过程中，应保证每个城市建设一栋集宾馆酒店、商务办公、会务会展、休闲娱乐、国际沙龙于一体的大型国际化综合性建筑，为国际交流提供高水平的场所。

第十章 结语

第一节 本书的主要结论

本书在对国内外有机生长理论、城市群空间结构相关理论进行深入学习和借鉴的基础上，针对中国城市群的实际情况提出了城市群有机生长理论。该理论认为，中国城市群的发展类似于生物体，是一个有机生长的过程，具备诞生、萌芽、发育、成熟等一系列阶段。有机生长过程中存在内在规律，对城市群的空间结构产生重要的塑形作用。在有机生长理论的指导下，本书对长株潭城市群 1980—2010 年的空间结构和有机生长趋势进行了全面研究，主要包括要素分析、空间分析、动态模拟预测、优化方案与预测四个部分。在四个部分的研究过程中，本书得出了长株潭城市群在空间结构、生长趋势、未来发展状况等方面的一系列结论。

要素分析结论：本书利用主成分分析法、聚类分析法对长株潭城市群 20 个方面的指标进行了分析，初步掌握了长株潭城市群在经济发展与对外交往水平、居民生活水平、环境质量等方面的空间结构表征。并归纳总结出了长株潭城市群空间结构现状特征，具体包括四个方面：第一，长株潭城市群目前呈现出多中心的城镇等级结构模式，不具备有绝对优势的核心城市；第二，长株潭城市群的总体发展态势具有明显的非均衡性，经济发展与对外交往水平、宜居程度、可持续发展能力、环境质量等方面都存在显著的区域差异；第三，长株潭城市群的产业发展未形成明显的轴或带，呈松散格局；第四，长株潭城市群大部分区域环境良好，环境品质具有一定优势。

空间分析结论：在要素分析的基础上，本书利用方格网、离心模型等空间分析手法，对长株潭城市群的有机生长趋势进行了进一步研究。得出了如下结论：长株潭城市群自 1980 年至 2010 年，经历了孕育、萌芽、发育、即将成熟阶段，与真正的成熟阶段尚有一定距离。在这 30 年来的发展历程中，长株潭城市群的有机生长趋势表现出四大特征：第一，城市群未形成一个带动整体生长的核心，而是以多中心齐头并进的形式生长；第二，采用膨胀式与飞地式结合的生长方式，各中心城市在生长过程中，既有由现有建成区向外扩张的膨胀式生长方式，也有跳过一定距离的农业与生态区，在城市外围建设卫星城的飞地式生长方式，更多时候是两者的结合；第三，产业拉动作用是有机生长的主要动力，在各城市生长过程中，产业园区的建设带动了工业区乃至配套的居住区、商业区、基础设施和绿地区的建设，是长株潭城市群生长的直接动力；第四，城市之间的联系形成较为缓慢，近 30 年来，长株潭城市群 8 个地级城市在自身发展方面都取得了长足进步，但彼此之间的联系和交流有限，未形成大规模的经济、产业协作机制，在空间上也未形成明显的产业经济带，城市之间尚存在着一定的内部竞争。总的来看，长株潭城市群近 30 年来的有机生长趋势可概括为工业化主导的多中心，非均衡发展模式。该模式对长株潭城市群近年来的发展有一定的积极作用，主要表现在提高经济发展增速，加速城市扩张等方面。但该模式也是一种传统的粗放型生长模式，不符合集约、节约、精细化的发展需求。

动态模拟预测结论：在空间分析的基础上，本书利用历史建成区叠加、制作建成区扩张动态曲线图、动态模拟玫瑰图等一系列方法对长株潭城市群 30 年来的生长历程进行动态模拟分析，预测了长株潭城市群在 2020 年、2030 年的建成区分布情况，并构建了直观的三维方格网图。可以发现，长株潭城市群在未来 20 年内的生长趋势将表现出各城市建成区快速扩张，城市之间存在连片生长趋势，城市区域平均密度提升不明显这三个主要特征。按照该生长趋势，长株潭城市群将生长为单核心、片状发展的城市群，城镇化将成为生长的主要动力。单核心、片状发展模式能突出核心城市对周边区域的辐射带动作用，有利于城市群生长速度的提升，但容易占用更多的农村与生态用地，提高城市群发展的环境成本。这样的生长方式并不符合资源节约型、环境友好型社会的建设要求，必须进行优化调整。

优化方案与预测结论：针对动态模拟分析的预测结果，本书提出了优化方案和一系列对策措施。通过对长株潭城市群的主体功能分区、区域交通规划的综合考虑，提出了"城镇化引导的一核多心模式"的空间结构优化方案，并从城镇生长速度控制、城市扩张方向选择、城市发展导则等方面实现对城市群有机生长的控制与引导。在此基础上，利用动态模拟法对优化方案所达成的效果进行预测。预测结果表明，该优化方案相对于自然生长情况节约了大量土地，构建了生态化发展核心，遏制了城市恶性膨胀趋势，降低城市群发展的环境成本，在彰显"两型"特色的同时增强了城市群的核心竞争力。

通过上述结论与相关规划的比对可以发现，本书的要素分析、空间分析、动态模拟分析、优化方案与预测中得到的模式、趋势结论与国家、省市所编制的区域规划、建设管制规划、城市总体规划的内容相差不大。所得出的空间结构模式、有机生长趋势、未来生长态势结论能相互印证，并能较准确地反映出长株潭城市群的实际情况。在此基础上制定的优化模式和保障措施，能对长株潭城市群的发展起到一定的积极作用。

在研究过程中，本书亦归纳出了长株潭城市群乃至中国城市群在有机生长、空间结构等方面的一些特征，突出表现在三个方面：第一，中国城市群的生长过程相对复杂，是国家政策、区域规划、发展战略、项目建设、人口规模、经济实力、发展意愿等因素共同影响、作用、制约的过程；第二，大多数中国城市群均由多个地级城市组成，管理机构的独立设置使得各城市之间存在不可避免的竞争关系，这种竞争关系在未来一定时间内将继续存在，是一个必须被正视的问题；第三，中国城市群中大中城市的生长扩张速度普遍高于中小城镇的发展速度。主要是由于两者间的建设投入产出相差较大，大中城市的建设与扩张能带来的利润，远高于中小城镇的利润。这制约了中小城镇的快速生长，并使得中国城市群未来发展重点仍在大中城市。

第二节　本书的主要创新点

本书的主要创新点在于五个方面：

第一，构建了静、动态结合的城市群空间结构研究方法。以往的中国城市群空间结构研究往往是偏重于时间断面或时间序列的单方面的研究。其中时间断面研究大多立足于城市群的建成区分布情况，利用相关软件分析城市群当时的空间结构特征。时间序列研究大多采集城市群的若干指标数据，以指标数据的多年变化情况来辨析城市群的变化情况。本书则试图将两者结合起来，一方面，以要素分析、空间分析确定各时间断面的空间结构特征，另一方面，以动态模拟法确定空间结构在时间序列中的演化规律。这样得到的空间结构结论，既能准确反映城市群的静态空间特征，又能表现其动态生长趋势。如果中国学界能参考并深化这一研究方法体系，将更为透彻地研究中国城市群发展的实质，把握其历史、现状、未来形态变迁的内部规律。

第二，提出了适合中国城市群区域规划的动态模拟法。中国城市群与欧美发达国家的城市群相比，有很大的区别，主要表现在城市在地理上存在一定距离，在交通、产业、信息上有密切协作，城市与乡村分野明显等方面。因此，国外城市群研究所采用的方法不完全适用于中国城市群。根据中国城市群的特征，本书以城乡区域方格网为基础，以城市群中的地级城市为研究对象，利用自创的十二向玫瑰图模拟法，预测出城市在十二个方向的扩张趋势，从而相对准确地模拟出城市群中各个城市的未来生长形态，最终演绎城市群未来总体生长态势。动态模拟分析法如能为中国城市群区域规划编制人士采纳，将更准确地把握城市群生长发展的脉络，从而制定出更符合中国城市群长远发展利益的区域规划。

第三，优化方案的制订以城市群未来发展预测为基础。以往的中国城市群研究中，优化方案往往根据城市群发展现状和历史特征进行制定，符合城市群目前发展需要。而本书利用动态模拟法对长株潭城市群空间结构未来20年的总体演变趋势进行预测，将趋势以十二向玫瑰图的形式落实到8个地级城市中去，并以三维形式的方格网柱状图进行直观表达。在此基础上制定的优化方案与政策体系，相对于传统方法更具有说服力。不但符合城市群近期发展需要，还能对城市群未来一段时间的发展进行引导和控制。这种思路如能被城市群管理层所采纳，将使得城市群发展目标和优化方案的制订更加趋于理性。

第四，试图以刚柔并举的规划手段确保优化方案实施。本书对长株潭城市群制定了时间周期长达20年的优化方案，并以四个手段保障该方案的实施：一、对城市群境内的64个县、市、区进行主体功能分区；二、对64个县、市、区的建成区扩张速度进行分阶段控制；三、对发展核心、中心城市以及县、市、区分别制定发展导则；四、以涵盖区域规划、基础设施、产业发展、对外交往等方面的政策引导城市群良性生长。这四个方面中，第一、二点属于控制性、刚性的规划手段，旨在使城市群的生长有章可循。第三、四点属于引导性、柔性的规划手段，旨在提升城市群生长的质量和效率。刚性、柔性结合的思路如能为城市群管理层所重视，将有利于提升优化方案的可操作性，实现城市群的高质量与可持续生长。

第五，为城市群管理决策层提供动态规划的新思路。以往的城市群空间规划多立足于规划几年内的城市群空间结构，在归纳其形式和特征的基础上，为城市群设计未来 10 年或 20 年内的空间结构目标。这实际上是由一个时间截面转变为另一个时间截面的过程，对城市群生长的历史动态及内部趋势考虑较少。本书则强调对城市群空间结构演变的动态过程进行研究，通过对历史演变趋势的分析掌握城市群生长的内部趋势，预测出城市群未来发展态势，再制定切实可行的优化方案。如果中国城市群管理决策层能够广泛采取这一规划思路，即可避免规划中的盲目扩张、高成本开发等弊病，由动态规划贯穿城市群发展全程，真正实现城市群良性发展。

第三节　需要进一步深入研究的问题

本书需要在今后研究中继续深入的问题包括五个方面：

第一，对长株潭城市群进行长期追踪研究。长株潭城市群自概念提出、初步形成，至今已近 30 年，但与欧美国家发达城市群相比，仍是年轻的处在生长成熟过程中的城市群。目前的研究仅能把握前 30 年的生长脉络和未来一段时间的发展趋势。要保持长株潭城市群长期的良性生长，就必须对其进行长期的追踪研究，不断考虑新的影响要素和发展机遇的作用，对优化方案进行不断调整和完善，从而切实合理地引导长株潭城市群的良性生长。

第二，明确长株潭城市群远景产业发展方向。本书侧重于空间层面的研究，对长株潭城市群中各城市主导产业做了一定的选择和设计，但暂时还停留在静态层面，未能与优化方案中 20 年后的空间结构模式同步发展。在未来的研究过程中，必须对整个长株潭城市群的产业发展进行通盘考虑，并结合未来新技术、新材料的发展趋势，利用一些新的方法进行预测和模拟，观察目前主导产业定位和选择存在哪些利弊。在此基础上，对长株潭城市群产业发展的远景方向进行科学合理的设计。

第三，明确城市群有机生长的质地。本书通过一系列方法对城市群建成区的有机生长进行了研究，找出了长株潭城市群扩张的脉络和趋势。但对于有机生长的质地，即以哪种功能区（居住区、商业区、工业区、绿地区等），进行生长扩张，没有进行详细的研究。这一方面是由于本书的研究站在整个城市群空间的角度，重点在于有机生长和空间结构两个方面，所做的分析较为宏观。另一方面则是由于现有的技术手法有限，难以在数千个单元格中表现不同城镇区域的划分情况。在未来的研究中，对城市群有机生长质地的研究还必须进一步深化。

第四，实现对长株潭城市群发展的实时监控。本书对长株潭城市群空间结构和有机生长趋势进行了分析，在此基础上制定了优化方案和保障对策，试图以方案及政策措施保证长株潭城市群的优化生长。但方案和措施还是以指导性和控制性的举措为主，无法在发展的每一个微观阶段实现对城市群的实时监控。如果能结合本书的动态模拟，再深入研究国内外在城市群调控方面的先进案例，应能发明出一种对城市群发展进行科学的实时调控，保持城市群各阶段均能科学、集约发展的方法。由于篇幅和现有技术水平所限，该方法将留待在下一步研究中继续完善。

第五，如何结合生态学的相关方法，保持城市群内部的生态占补平衡。本书中提出的长株潭城市群空间结构优化模式，虽然较自然生长状态下节约了近三分之一的土地，但仍需占用大量农村及生态用地进行城市开发。这种情况下的城市群的生态环境将不可避免地受到一定破坏。如果能利用生态学的相关方法，对环境的牺牲程度，如制氧量减少、负离子降低、净化能力削弱等，进行计算，再通过城市群内部的绿化、外部的植树造林进行补充，将能更明显地突出城市群资源节约、环境友好的特色。但由于作者在生态学方面的知识有限，该研究只能留待日后继续深入进行。

参考文献

（一）著作类

[1] 姚士谋. 中国的城市群［M］. 合肥：中国科技大学出版社，1995.

[2] 郑伯红. 现代世界城市网络化模式研究［M］. 湖南：湖南人民出版社，2005.

[3] 吴缚龙，等. 转型与重构中国城市发展多维透视［M］. 南京：东南大学出版社，2007

[4] 丁晓宇. 中国崛起方略——八大城市集群规划［M］. 北京：中国文联出版社，2007.

[5] 叶舜赞. 城市化与城市体系［M］. 北京：科学技术出版社，1994.

[6] 崔功豪. 城市发展战略研究［M］. 北京：新华出版社，1985.

[7] 崔功豪. 中国城镇发展研究［M］. 北京：中国建筑工业出版社，1992.

[8] 杜黎明. 主体功能区区划与建设——区域协调发展的新视野［M］. 重庆：重庆大学出版社，2007.

[9] 侯景新，肖金成. 行政区划与区域管理［M］. 北京：中国人民大学出版社，2005.

[10] 胡序威. 区域与城市研究［M］. 北京：科学技术出版社，1998.

[11] 方创琳，等. 区域规划与空间管治论［M］. 北京：商务印书馆，2007.

[12] 姚士谋. 中国城市群［M］. 合肥：中国科学技术大学出版社，1992.

[13] 张京祥. 城镇群体空间组合［M］. 南京：东南大学出版社，2000.

[14] 方在农，等. 区域科技创新的理论实践和政策研究［M］. 南京：东南

大学出版社，2003.

[15] 胡序威，周一星，顾朝林. 中国沿海城镇密集地区空间集聚与扩散研究 [M]. 北京：科学出版社，2000.

[16] 顾朝林. 经济全球化与中国城市发展 [M]. 北京：商务印书馆，1999.

[17] 迟福林. 城市化时代的转型与改革 [M]. 北京：华文出版社，2010.

[18] 冯健. 转型期中国城市内部空间重构 [M]. 北京：科学出版社，2004.

[19] 傅崇兰. 城乡统筹发展研究 [M]. 北京：新华出版社，2005.

[20] 顾朝林，张勤，蔡建明. 经济全球化与中国城市发展——跨世纪城市发展战略研究 [M]. 北京：商务印书馆，1999.

[21] 顾朝林. 中国城市地理 [M]. 北京：商务印书馆，1997.

[22] 郭丕斌. 新型城市化与工业化道路：生态城市建设与产业转型 [M]. 北京：经济管理出版社，2006.

[23] 季任钧，等. 中国沿海地区乡村——城市转型与协调发展研究 [M]. 北京：商务印书馆，2008.

[24] 李芸. 都市计划与都市发展——中外都市计划比较 [M]. 南京：东南大学出版社，2002.

[25] 陆大道. 区域发展及空间结构 [M]. 北京：科学技术出版社，1998.

[26] 陆军. 城市外部空间运动与区域经济 [M]. 北京：中国城市出版社，2001.

[27] 马道明. 城市的理性：生态城市调控 [M]. 南京：东南大学出版社，2008.

[28] 热若比，罗兰. 转型与经济学 [M]. 北京：北京大学出版社，2002.

[29] 阮仪三. 历史文化名城保护理论与规划 [M]. 上海：同济大学出版社，1999.

[30] 滕堂伟，曾刚. 集群创新与高新区转型 [M]. 北京：科学出版社，2009.

[31] 魏后凯，等. 中国地区发展——经济增长、制度变迁与地区差异 [M]. 北京：经济管理出版社，1997.

[32] 徐新，范明林，李友梅. 紧凑城市：宜居、多样和可持续的城市发展 [M]. 上海：上海人民出版社，2010.

［33］许学强，等. 现代城市地理学［M］. 北京：中国建筑工业出版社，1998.

［34］许学强，等. 中国乡村——城市转型与协调发展［M］. 北京：科学出版社，1998.

［35］闫小培，曹小曙. 城市·区域·可持续发展：港澳珠江三角洲可持续发展研究［M］. 广州：中山大学出版社，2006.

［36］阳建强，吴明伟. 现代城市更新［M］. 南京：东南大学出版社，1999.

［37］姚士谋，汤茂林，陈爽. 区域与城市发展论［M］. 合肥：中国科学技术大学出版社，2009.

［38］尹继佐. 世界城市与创新城市：西方国家的理论与实践［M］. 上海：上海社会科学院出版社，2003.

［39］周琳琅. 统筹城乡发展理论与实践［M］. 北京：中国经济出版社，2005.

［40］周振华，陈维. 城市转型［M］. 北京：社会科学文献出版社，2006.

［41］黑川纪章. 共生思想［M］. 覃力，等，译. 北京：中国建筑工业出版社，2006.

［42］林中杰. 丹下健三与新陈代谢运动——日本现代城市乌托邦［M］. 北京：中国建筑工业出版社，2011.

［43］丹下健三. 建筑与城市［M］. 世界文化出版社，1975.

［44］菊竹清训. 城市规划与现代建筑［M］. 安怀起，译. 上海：上海译文出版社，1985.

［45］亚历山大. 俄勒冈实验［M］. 刘小虎，赵冰，译. 北京：知识产权出版社，2002.

［46］亚历山大. 城市设计新理论［M］. 汤昱川，陈治业，译. 北京：知识产权出版社，2002.

［47］亚历山大. 建筑模式语言［M］. 王听度，周序鸣，译. 北京：知识产权出版社，2002.

［48］沙里宁. 城市，它的生长、衰败与未来［M］. 顾启源，等，译. 北京：中国建筑工业出版社，1986.

［49］吉尔·德勒兹. 资本主义与精神分裂（卷二）：千高原［M］. 姜宇

辉，译. 上海：上海书店出版社，2010.

［50］陈秀山，孙久文. 中国区域经济问题研究［M］. 北京：商务印书馆，2005.

（二）论文类

［1］姚士谋. 我国城市群区战略规划的关键问题［J］. 经济地理，2008（4）.

［2］郑伯红，陈瑛，重庆大都市区 CBD 系统演变的机制与规律［J］. 经济地理，2004（1）.

［3］陆化普. BRT 系统成功的关键：带形城市土地利用形态［J］. 城市交通，2006（3）.

［4］倪捷，刘志强，高亦益. 带形城市的公共交通规划［J］. 城市问题，2009（1）.

［5］邱秀文. 日本建筑师黑川纪章的创作与观点［J］. 建筑学报，1980（5）.

［6］余庆康. 丹下健三谈世界城市的发展［J］. 建筑学报，1980（4）.

［7］陈学明. 马克思"新陈代谢"理论的生态意蕴——J. B. 福斯特对马克思生态世界观的阐述［J］. 中国社会科学，2010（2）.

［8］朱渊. 从"十次小组"（Team 10）研究看当代基于时间纬度的城市与建筑关联［J］. 建筑学报，2009（S2）.

［9］朱渊. 网络化（network）城市建筑研究初探——从"十次小组"（Team 10）谈起［J］. 建筑师，2008（05）.

［10］陈洁萍. "小组十"、柯布西耶与毯式建筑［J］. 建筑师，2007（04）.

［11］李晓庆，郑先友. 浅析亚历山大"模式语言"的现实意义［J］. 工程与建设，2006（6）.

［12］王佐. 有机生长理论及思考——从有机生长理论到可持续发展理论［J］. 清华大学学报（哲学社会科学版），1997（2）.

［13］李王鸣，朱珊，翁莉. 山区城市空间发展的有机生长模式研究——以浙江省常山县城为例［J］. 规划师，2005（2）.

［14］邢海峰，马玫. 城市开发区空间有机生长的规划研究——以天津经济技术开发区为例［J］. 城市开发，2003（6）.

[15] 李保峰. 仿生学的启示［J］. 建筑学报, 2002（9）.

[16] 李敏. 从田园城市到大地园林化——人类聚居环境绿色空间规划思想的发展［J］. 建筑学报, 1995（6）.

[17] 唐子来. 田园城市理念对于西方战后城市规划的影响［J］. 城市规划汇刊, 1998（6）.

[18] 芮晶. 源自"田园城市"理论——英国新镇的发展与问题［J］. 北京规划建设, 2004（5）.

[19] 何刚. 近代视角下的田园城市理论研究［J］. 城市规划学刊, 2006（2）.

[20] 武廷海. 万变不离其宗——"有机疏散"论和"功能混合"论之共性分析［J］. 新建筑, 1998（1）.

[21] 陈宁. "带形城市"理论在岑巩县新城规划中的运用［J］. 科技资讯, 2007（14）.

[22] 金广君. 基于德勒兹"根茎"理论的生态城市形态审美研究［J］. 城市建筑, 2011（6）.

[23] 黄旭. C·亚历山大空间规划理论的逻辑——以《建筑的永恒之道》为例［J］. 华中建筑, 2010（2）.

[24] 胡佳文. 市民视角与城市活力——读《建筑模式语言》与《建筑的永恒之道》［J］. 长春理工大学学报（高教版）, 2009（4）.

[25] 李明超. 英国新城开发的回顾与分析［J］. 管理学刊, 2009（5）.

[26] 师武军. 英国新城建设的经验与启示［J］. 城市, 2006（5）.

[27] 迈克尔·布鲁顿, 希拉·布鲁顿, 于立, 等. 英国新城发展与建设［J］. 城市规划, 2003（12）.

[28] 赵煦. 英国"新城运动"述评［J］. 宁德师专学报（哲学社会科学版）, 2006（2）.

[29] 张捷, 赵民. 新城运动的演进及现实意义——重读 Peter Hall 的《新城——英国的经验》［J］. 国外城市规划, 2002（5）.

[30] 陈立. 英国新城建设、美国新城市主义和我国新住宅运动［J］. 城乡建设, 2002（12）.

[31] 吴良镛. 城市地区理论与中国沿海城市密集地区发展［J］. 城市规划, 2003（2）.

［32］陈群元，喻定权. 我国城市群发展的阶段划分、特征与开发模式［J］. 现代城市研究，2009（2）.

［33］郑伯红，张方，廖荣华. 资源型城市的核心竞争力的演变与调控［J］. 人文地理，2002（6）.

［34］周一星. 改革开放条件下的中国城市经济区［J］. 地理学报，2003（2）.

［35］张楠，郑伯红. 现代网络型城市的区域规划理论思辨——以长株潭地区为例［J］. 城市发展研究，2003（6）.

［36］顾朝林. 城市群规划的理论与方法［J］. 城市规划，2007（10）.

［37］周惠来，郭蕊. 中国城市群研究的回顾与展望［J］. 地域研究与开发，2007（5）.

［38］何力武，罗瑞芳. 城市群网络的物质内容与整体经济增长——我国14个主要城市群的实证研究［J］. 经济问题探索，2009（4）.

［39］姚士谋，陈彩虹，陈振光. 我国城市群区空间规划的新认识［J］. 地域研究与开发，2005（3）.

［40］姚士谋. 信息环境下城市群区的发展［J］. 城市规划，2001（8）.

［41］周一星. 建立中国城市的实体地域概念［J］. 地理学报，1995（4）.

［42］李瑞，冰河. 快速城市化背景下城市群和城市群脉的空间发展模式［J］. 武汉大学学报（工学版），2005（1）.

［43］许学强. 国外大都市区研究历程回顾及其启示［J］. 城市规划学刊，2007（2）.

［44］宁越敏. 国外大都市区规划体系评述世界［J］. 地理研究，2003（1）.

［45］顾朝林. 大都市伸展区：全球化时代中国大都市地区发展新特征［J］. 规划师，2002（2）.

［46］许学强. 20世纪80年代以来我国城市地理学研究的回顾与展望［J］. 经济地理，2003（4）.

［47］许学强. 珠江三角洲的工业化与城市化［J］. 地理学与国土研究，1995（1）.

［48］代合治. 中国城市群的界定及其分布研究［J］. 地域研究与开发，1998（2）.

［49］朱英明，孙钦秋，李玉见. 我国城市群发展特征与规划发展设想［J］.

规划师, 2001 (6).

[50] 周昌林, 李江. 长三角城市群的格局演进、动力机制与发展趋势探究 [J]. 经济经纬, 2007 (5).

[51] 何骏. 长三角城市群产业发展的战略定位研究 [J]. 南京社会科学, 2008 (5).

[52] 阎小陪, 郭建国, 胡宇冰. 粤港澳都市连绵区的形成机制研究 [J]. 地理研究, 1997 (6).

[53] 宁越敏. 长江三角洲都市连绵区形成机制与跨区域规划研究 [J]. 上海城市规划, 1999 (6).

[54] 顾朝林. 长江三角洲都市连绵区性状特征与形成机制研究 [J]. 地球科学进展, 2001 (3).

[55] 许学强. 改革开放 30 年珠江三角洲城镇化的回顾与展望 [J]. 经济地理, 2009 (1).

[56] 段杰, 阎小培. 粤港生产性服务业合作发展研究 [J]. 地域研究与开发, 2003 (3).

[57] 周振华. 全球城市区域: 我国国际大都市的生长空间 [J]. 开放导报, 2006 (10).

[58] 魏也华, 吕拉昌, 冯雨锋. 国际城市区域中二级城市的功能——以波士顿为例 [J]. 世界地理研究, 2005 (3).

[59] 宁越敏. 上海大都市区空间结构的重构 [J]. 城市规划, 2006 (S1).

[60] 姚士谋. 沪宁杭地区城市群发展规划探索 [J]. 长江流域资源与环境, 2005 (3).

[61] 顾朝林. 长江三角洲城市群发展展望 [J]. 地理科学, 2007 (1).

[62] 李晓莉. 大珠三角城市群空间结构的演变 [J]. 城市规划学刊, 2008 (2).

[63] 张攀, 徐长乐. 论长三角城市群空间演进中的竞争策略 [J]. 华东师范大学学报: 哲学社会科学版, 2007 (5).

[64] 徐伟荣. 大城市群中城际关系及场效应初探——兼论长三角地区新型城市化框架 [J]. 苏州教育学院学报, 2009 (1).

[65] 程玉鸿. 珠江三角洲城市群产业竞争力比较 [J]. 经济地理, 2007 (3).

［66］许学强. 珠江三角洲城市群的城市竞争力时空演变［J］. 地理科学，2006（3）.

［67］于涛方，李娜，吴志强. 2000 年以来珠三角巨型城市地区区域格局及变化［J］. 城市规划学刊，2009（1）.

［68］赵坤. 珠三角城市群经济一体化下的空间结构探析［J］. 现代乡镇，2008（4）.

［69］李红锦. 珠三角城市群空间结构演变研究［J］. 商场现代化，2007（2S）.

［70］贺建风，刘建平. 珠三角城市群的现状分析及未来发展战略［J］. 集团经济研究，2007（7S）.

［71］许学强. 技术流的动力机制、渠道与模式——以珠江三角洲为例. ［J］. 地理学报，2002（4）.

［72］张杜鹃，刘科伟. 基于 UGIS 的珠江三角洲城市群经济增长缓冲空间分析［J］. 地理科学进展，2009（2）.

［73］李红卫，王建军，彭涛. 改革开放以来珠江三角洲城市与区域发展研究综述［J］. 规划师，2005（5）.

［74］兰学莉，温夫成，李英. 京津冀城市群发展战略研究［J］. 企业经济，2009（9）.

［75］梁惠超，李燕飞，金浩. 京津冀城市圈经济与长珠三角之比较及发展取向［J］. 现代财经，2007（10）.

［76］盛广耀. 城市密集区人口变动研究——以长江三角洲、珠江三角洲、京津唐地区为例［J］. 现代财经，2007（6）.

［77］邱凤霞，陈凤新，王小东. 京津冀区域产业结构趋同分析［J］. 特区经济，2009（11）.

［78］杨连云，石亚碧. 京津冀区域协调发展的战略思想［J］. 河北学刊，2006（7）.

［79］于涛方，吴志强. 京津冀地区区域结构与重构［J］. 城市规划，2006（9）.

［80］姚士谋，王成新，解晓南. 21 世纪中国城市化模式探讨［J］. 科技导报，2004（7）.

［81］仇保兴. 国外城市化的主要教训［J］. 城市规划，2004（4）.

[82] 顾朝林. 中国城市发展的新趋势 [J]. 城市规划, 2006 (3).

[83] 邹德慈. 对中国城镇化问题的几点认识 [J]. 城市规划汇刊, 2004 (3).

[84] 周干峙. 高密集连绵网络状大都市地区的新形态——珠江三角洲地区城市化的结构 [J]. 城市发展研究, 2003 (2).

[85] 周干峙. 走具有自己特色的城市化道路 [J]. 城市发展研究, 2006 (4).

[86] 廖丹清. 我国城市化道路应考虑的主要因素 [J]. 经济研究参考, 2001 (23).

[87] 赵新平, 周一星, 曹广忠. 小城镇重点战略的困境与实践误区 [J]. 城市规划, 2002 (10).

[88] 丁建明. 试析我国城市化进程中新城建设 [J]. 现代城市研究, 2007 (4).

[89] 刘思民. 浅议中国城市化的多元化 [J]. 小城镇建设, 2003 (7).

[90] 陈彦光. 中国城市化水平的自回归与功率谱分析 [J]. 地理研究, 2007 (5).

[91] 陈彦光, 罗静. 城市化水平与城市化速度的关系探讨——中国城市化速度和城市化水平饱和值的初步推断 [J]. 地理研究, 2006 (6).

[92] 张培峰. 不同空间尺度的经济发展与城市化的相关分析 [J]. 资源环境与发展, 2006 (7).

[93] 吴良镛, 武廷海. 城市地区的空间秩序与协调发展——以上海及其周边地区为例 [J]. 城市规划, 2002 (12).

[94] 张燕, 吴玉鸣. 中国区域工业化与城市化的时空耦合协调机制分析 [J]. 城市发展研究, 2006 (6).

[95] 李建军. 保持我国城市规划学的科学本质——有感于当前我国城市规划实践的若干现象 [J]. 城市规划学刊, 2006 (4).

[96] 孙自铎. 试析我国现阶段城市化与工业化的关系 [J]. 经济学家, 2004 (5).

[97] 齐晓安, 林娣. 我国人口城市化制度创新问题探析 [J]. 东北师大学报 (哲学社会科学版), 2006 (1).

[98] 陈淮. 中国城市化战略回顾与反思 [J]. 中国发展观察, 2006 (1).

［99］陈前虎. 中国城市化发展面临的危机与出路［J］. 城市规划，2006（1）.

［100］杨波，朱道才，景治中. 城市化的阶段特征与我国城市化道路的选择［J］. 上海经济研究，2006（2）.

［101］白先春，凌亢，郭存芝，等. 中国城市化：水平测算与国际比较［J］. 城市问题，2004（2）.

［102］李爱军，谈志浩，陆春锋，等. 城市化水平综合指数测度方法探讨——以江苏无锡市、泰州市为例［J］. 经济地理，2004（1）.

［103］陈仲常，王芳. 中国城市化进程中的滞后城市化、超前城市化与城市中空化趋势［J］. 当代经济科学，2005（2）.

［104］张立建，陈忠暖. 中国城市化滞后根源新论［J］. 城市问题，2003（5）.

［105］赵新平，周一星. 改革以来中国城市化道路及城市化理论研究述评［J］. 中国社会科学，2002（2）.

［106］张力. 中国控制城乡人口迁移的体制根源［J］. 城市规划，2006（S1）.

［107］于涛方，吴志强. "Global Region"结构与重构研究——以长三角地区为例［J］. 城市规划学刊，2006（2）.

［108］刘羽平，何跃飞. 论发展小城镇在中国城市化道路中的重要意义［J］. 科技经济市场，2007（1）.

［109］杨开忠. 中国城市化驱动经济增长的机制与概念模型［J］. 城市问题，2001（3）.

［110］陈振光，宋平. 城市化进程中的区域发展与协调［J］. 国外城市规划，2002（5）.

［111］程俐骢，吴光伟. 我国城市化滞后于工业化的成因分析［J］. 同济大学学报（社会科学版），2005（1）.

［112］汪光焘. 关于中国特色的城镇化道路问题［J］. 城市规划，2003（4）.

［113］苗长虹. 城市群作为国家战略：效率与公平的双赢［J］. 人文地理，2005（5）.

［114］尚启君. 论城市化模式的决定因素与我国的城市化道路［J］. 经济

经纬, 2007（4）.

［115］浦善新. 改革城乡行政管理体制促进城镇化的健康发展［J］. 城市
规划, 2006（7）.

［116］陈甬军. 中国的城市化与城市化研究——兼论新型城市化道路［J］.
东南学术, 2004（4）.

［117］张雪梅, 孙武志. 资源型城市发展循环经济的途径及政策思考［J］.
理论前沿, 2005（13）.

（三）外文类

［1］ Peter B Evans. Livable Cities? Urban Struggles for Livelihood and Sustain-
ability［M］. University of California Press, 2002.

［2］ Chris Freeman, Lue Soete. The Economic of Industrial Innovation［M］.
London：Penguin Books, 1974.

［3］ Peter Hall. New Town—the British Experience［M］. The Town and Coun-
try Planning Association by Charles Knight & Co. Ltd. London, 1972.

［4］ Scott. Global City-regions Trends, Theory, Policy［M］. Oxford：Oxford
University Press, 2001.

［5］ Lo FC, Yeung YM. Emerging World Cities in Pacific Asia［M］. Tokyo：
United Nations University Press, 1996.

［6］ Friedmann J, Wolff G. World City Formation：An Agenda for Research and
Action［M］. Oxford：Oxford University Press, 1982.

［7］ Hall Peter. The World Cities［M］. New York：Toronto World University
Library, 1966.

［8］ Geddes Patrick. Cities in Evolution［M］. London Ben, 1915.

［9］ Gugler J. World Cities beyond the West：Globalization, Development, and
Inequality［M］. Cambridge：Cambridge University Press, 2004.

［10］ Patrick Geddes. Cities in Evolution：An Introduction to the Town Planning
Movement and to the Study of Civics［M］. Cambridge：Cambridge Uni-
versity Press, 1915.

［11］ Friedman John. The World City Hypothesis［M］. Development and
Change, 1986.

［12］Henderson J. Urban Development：Theory，Fact and Illusion ［M］. New York：Oxford University Press，1988.

［13］Herbert D，Thomas C J. Urban geography：A First Approach ［M］. Chichester：John Wiley Sons，1982.

［14］Kunzmann K R. World City Regions in Europe：Structural Change and Future Developments in F-c Lo and Y-m Yeung（eds）Globalization and the World of Large Cities ［M］. Tokyo：United Nations University Press，1998.

［15］Sassen S. Global Networks，Linked Cities ［M］. New York：Rout Ledge，2002.

［16］Sassen Saskia. The Global City ［M］. Princeton University Press，1991.

［17］Monzon，Andres，Cascajo，et al. Metropolitan Mobility in Spain 2002—2005 ［J］. Public Transport International，2007（5）.

［18］Leao S，Bishop I，Evans D. Simulating Urban Growth in a Developing nation's Region Using a Cellular Automata-based Model ［J］. Journal of Urban Planning and Development-ASCE，2004（4）.

［19］Muller K，Steinmeier C，Kuchler M. Urban Growth along Motorways in Switzerland ［J］. LANDSCAPE AND URBAN PLANNING，2010（3）.

［20］Bruce Anderson，W Edgar Watt，Jiakuan Chen，et al. Urbanization，Land Use，and Water Quality in Shanghai：1947—1996 ［J］. Environment International，2003（5）.

［21］Friedman J. The World City Hypothesis：Development & Change ［J］. Urban Studies，1986（2）.

［22］Kongjian Yu，Dihua Li，Nuyu Li. The Evolution of Greenways in China ［J］. Landscape and Urban Planning，2006（4）.

［23］Walker R. Industry Builds the City：The Suburbanization of Manufacturing in the San Francisco Bay Area，1850—1940 ［J］. Journal of Historical Geography，2001（1）.

［24］Yusuf S，Wu W. Pathway to a World City：Shanghai Rising in an Era of Globalization ［J］. Urban Studies，2002，39（7）.

［25］Wang C H. Taipei as a global city：A Theoretical and Empirical Examination [J]. Urban Studies, 2003, 40 (2).

[26] Lacroix V, Idrissa M, Hincq A. Detecting Urbanization Changes Using SPOT5 [J]. Pattern Recognition Letters, 2006 (4).

[27] Soltani Ali Allan. Analyzing the Impacts of Microscale Urban Attributes on Travel: Evidence from Suburban Adelaide [J]. Journal of Urban Planning and Development, 2006 (3).

[28] Marc Antrop. Landscape Change and the Urbanization Process in Europe [J]. Landscape and Urban Planning, 2004 (3).

[29] Mohammad A Qadeer. Urbanization by Implosion [J]. Habitat International, 2004 (3).

[30] Roberto Camagni, Maria Cristina Gibelli, Paolo Rigamonti. Urban Mobility and Urban form: The Social and Environmental Costs of Different Patterns of Urban Expansion [J]. Ecological Economics, 2002 (2).

[31] Richard Walker. Industry Builds the City: The Suburbanization of Manufacturing in the San Francisco Bay Area, 1850—1940 [J]. Journal of Historical Geography, 2001 (1).

[32] Alisson F Barbieri, David L Carr. Gender-specific Out-migration, Deforestation and Urbanization in the Ecuadorian Amazon [J]. Global and Planetary Change, 2005 (4).

[33] Kenneth Button. City Management and Urban Environmental Indicators [J]. Ecological Economics, 2002 (2).

[34] T Scarlett Epstein, David Jezeph. Development—There is Another Way: A Rural-Urban Partnership Development Paradigm [J]. World Development, 2001 (8).

[35] Qureshi Intikhab Ahmed, Huapu Lu, Shi Ye. Urban Transportation and equity: A Case Study of Beijing and Karachi [J]. Transportation Research Part A: Policy and Practice, Available online, 2007 (8).

[36] Akinobu Murakami, Alinda Medrial Zain, Kazuhiko Takeuchi, et al. Trends in Urbanization and Patterns of Land Use in the Asian Mega Cities Jakarta, Bangkok, and Metro Manila [J]. Landscape and Urban Planning, 2005 (2).

［37］ Hualou Long, Guoping Tang, Xiubin Li, et al. Socio-economic Driving Forces of Land-use Change in Kunshan, the Yangtze River Delta Economic Area of China ［J］. Journal of Environmental Management, 2007 (3).

［38］ Peter H Verburg, Ton C M de Nijs, Jan Ritsema van Eck, et al. A method to Analyse Neighbourhood Characteristics of Land Use Patterns ［J］. Computers, Environment and Urban Systems, 2004 (6).

［39］ Kay Leng Ng, Jeffrey Philip Obbard. Strategic Environmental Assessment in Hong Kong ［J］. Environment International, 2005 (4).

［40］ Shalini Sharma. Persistence and Stability in City Growth ［J］. Journal of Urban Economics, 2003 (2).

［41］ J C Bolay, A Rabinovich. Intermediate Cities in Latin America Risk and Opportunities of Coherent Urban Development ［J］. Cities, 2004 (5).

［42］ Kevin R Crooks, Andrew V Suarez, Douglas T Bolger. Avian Assemblages along a Gradient of Urbanization in a Highly Fragmented Landscape ［J］. Biological Conservation, 2004 (3).

［43］ Atef Al-Kharabsheh, Rakad Ta'any. Influence of Urbanization on Water Quality Deterioration During Drought Periods at South Jordan ［J］. Journal of Arid Environments, 2003 (4).

［44］ Deborah Potts. Urbanization and Migrancy in an Imploding African Economy—the Case of Zimbabwe ［J］. Geoforum, 2006 (4).

［45］ Barney Cohen. Urbanization in Developing Countries: Current Trends, Future Projections, and Key Challenges for Sustainability ［J］. Technology in Society, 2006 (1).

［46］ J-K Seo. Re-urbanisation in Regenerated Areas of Manchester and Glasgow: New Residents and the Problems of Sustainability ［J］. Cities, 2002 (2).

［47］ C Weber, A Puissant. Urbanization Pressure and Modeling of Urban Growth: Example of the Tunis Metropolitan Area ［J］. Remote Sensing of Environment, 2003 (3).

［48］ Joan Marull, Josep M Mallarach. A GIS Methodology for Assessing Ecological Connectivity: Application to the Barcelona ［J］. Metropolitan Area Landscape and Urban Planning, 2005 (4).

［49］ Boon Lay Ong. Green Plotratio: An Ecological Measure for Architecture and Urban Planning ［J］. Landscape and Urban Planning, 2003 (3).

［50］ Riccardo Buccolieri, Mats Sandberg , Silvana Di Sabatino. City Breathability and Its Link to Pollutant Concentration Distribution within Urban-like Geometries ［J］. Atmospheric Environment, 2010 (4).

［51］ Paul Z Gulezian, Dennis W Nyberg. Distribution of Invasive Plants in a Spatially Structured Urban Landscape ［J］. Landscape and Urban Planning, 2010 (5).

［52］ Thomas Crow, Terry Brown, Raymond De Young. The Riverside and Berwyn experience: Contrastsin Landscape Structure, Perceptions of the Urban Landscape, and Their Effects on People ［J］. Landscape and Urban Planning, 2006 (5).

［53］ Thomas L Hoffmann. Environmental Implications of Acoustic Aerosol Agglomeration ［J］. Ultrasonics, 2000 (3).

［54］ Weizhong Su, Chaolin Gu, Guishan Yang, et al. Measuring the Impact of Urban Sprawl on Natural Landscape Pattern of the Western Taihu Lake Watershed, China ［J］. Landscape and Urban Planning, 2010 (5).

［55］ Rodney H Matsuoka, Rachel Kaplan. People Needs in the Urban Landscape: Analysis of Landscape and Urban Planning contributions ［J］. Landscape and Urban Planning, 2008 (4).

［56］ Zev Ross, Michael Jerrett, Kazuhiko Ito, et al. A Land Use Regression for Predicting Fine Particulate Matter Concentrations in the New York City Region ［J］. Atmospheric Environment, 2007 (11).

［57］ Véronique Dupont. Conflicting Stakes and Governance in the Peripheries of Large Indian Metropolises—An Introduction ［J］. Cities, 2007 (2).

［58］ Keramatollah Ziari. The Planning and Functioning of New Towns in Iran ［J］. Cities, 2006 (6).

［59］ Ambe J Njoh. Urbanization and Development in Sub-Saharan Africa ［J］. Cities, 2003 (3).

［60］ Barbara Fraser. Latin America's Urbanisation is Boosting Obesity ［J］. The Lancet, 2005 (6).

[61] A Success Story: A Survey of Chicago [J]. The Economist, 2006 (18).

[62] Michael Neuman. Regional design: Recovering a Great Landscape Architecture and Urban Planning Tradition [J]. Landscape and Urban Planning, 2000 (7).

[63] Alderson A S, Beckfield J. Power and Position in the World City System [J]. American Journal of Sociology, 2004 (8).

[64] Carlabbott. The International City Hypothesis: An Approach to the Recent History of U. S Cities [J]. Journal of Urban History, 1997 (3).

[65] Alonso W. Urban and Regional Imbalances in Economics Development [J]. Economics Development and Cultural Change, 1968 (17).

[66] Beaver stock JV, Taylor PJ, Smith RG. A Roster of World Cities [J]. Cities, 1999 (6).

[67] Dr Karl Wolfgang Menck, Hamburg. Approaches to the Solution of Urbanization Problems [J]. INTERECONOMICS, 1976 (9).

[68] Godfrey, B J, Zhou Y. Ranking World Cities: Multinational Corporations and the Global Urban Hierarchy [J]. Urban Geography, 1999 (6).

[69] Forrest R, Grange A L, Yip N M. Hong Kong as a Global City? Social Distance and Spatial Differentiation [J]. Urban Studies, 2004 (1).

[70] Gu Chaolin, Zhen Feng. Growth of New Designated Cites in China [J]. Chinese Geographical Science, 1999 (4).

[71] Harris N. Cities in a Global Economy: Structural Change and Policy Reactions [J]. Urban Studies, 1997 (12).

[72] Hill G C, Kim J W. Global Cities and Development States: New York, Tokyo and Seoul [J]. Urban Studies, 2000 (12).

[73] Hugh Millward. Urban Containment Strategies: A Case-study Appraisal of Plans and Policies in Japanese, British, and Canadian cities [J]. Land Use Policy, 2006 (23).

[74] Olds K, Yeung H. Path Ways to Global City Status: Views from a Developmental City-state [J]. Review of International Political Economy, 2004 (11).

[75] Kunzmann K. The Attern of Urbanization in Western Europe [J]. Ekis-

tics, 1991 (2).

[76] Knox P L. Globalization and Urban Change [J]. Urban Geography, 1996 (3).

[77] Michael Greenberg. Brownfield Redevelopment as a Smart Growth Option in the United States [J]. The Environment, 2001 (21).

[78] Breheny. Urban Compaction: Feasible and Acceptable? [J]. Cities, 2002 (4).

[79] Roger C, K Chan, Yao Shimou. Urbanization and Sustainable Metropolitan Development in China: Patterns, Problems and Prospects [J]. Geo-Journal, 1999 (4).

[80] Smith D A, Timberlake M. World City Networks and Hierarchies 1979—1999: An Empirical Analysis of Global Air Travel Links [J]. American Behavioral Scientist, 2001 (6).